KAYHAN ÖZGENC & SOLVEIG GODE

Macht & Millionen

Die spektakulärsten Verbrechen und Skandale

BERLIN VERLAG

Mehr über unsere Autorinnen, Autoren und Bücher:
www.berlinverlag.de

ISBN 978-3-8270-1463-4
2. Auflage 2022
© Berlin Verlag in der Piper Verlag GmbH, Berlin/München 2022
Satz: psb, Berlin
Gesetzt aus der Scala Pro und der Proxima Nova
Druck und Bindung: CPI books GmbH, Leck
Printed in the EU

Inhalt

Vorwort

»Pausenschmaus« heißt die Raststätte an der A2 in der Nähe von Magdeburg. Sie zeichnet weder ein besonderer Charme aus, noch sticht sie durch ihr kulinarisches Angebot hervor. Ungewöhnlich ist die Tatsache, dass sie über einen Festsaal verfügt, falls einmal jemand eine Feierlichkeit direkt an der Autobahn ins Auge fassen möchte. Und doch ist die Raststätte mit dem »Pausenschmaus« ein ganz besonderer Ort. Denn dorthin führt die Spur der VW-Dieselaffäre, eines der spektakulärsten Betrugsskandale in der deutschen Wirtschaft.

Für die geheimen Recherchen zu »Dieselgate« verfügte der »Pausenschmaus« über einen unschätzbaren strategischen Vorteil. Auf halber Strecke zwischen der VW-Konzernzentrale in Wolfsburg und der Redaktion in Berlin gelegen, konnten wir in einer unscheinbaren Lokalität streng vertrauliche Gespräche mit Informanten führen. Es waren Vertreter der mittleren Führungsebene, die uns dort über Hintergründe und interne Details der illegalen Machenschaften beim Auto-Giganten ins Bild setzten. Im Laufe der Gespräche lieferten sie auch interne Dokumente, die im »Pausenschmaus« den Besitzer wechselten. So konnten die jahrelangen Abgas-Manipulationen rekonstruiert und die Beteiligung von Vorständen enthüllt werden.

Ohne die Hilfe solcher Informanten würden viele Affären und

Missstände niemals an die Öffentlichkeit gelangen. Ohne die Hinweisgeber und Whistleblower kämen die Kämpfe um Macht und Millionen nicht ans Licht. Deswegen sind diese Menschen die heimlichen Helden hinter den Geschichten, deren Identität aber stets verborgen bleiben muss. Sie liefern die Beweise, ohne die Veröffentlichungen von kriminellen Machenschaften in der Wirtschaft unmöglich wären.

Gerade in der Wirtschaft ist es viel schwieriger, an Informationen zu gelangen, als etwa in der Politik. Während dort direkt aus Fraktionssitzungen SMS verschickt werden, befinden sich Unterlagen aus Aufsichtsratstreffen der Unternehmen unter Verschluss. Wer gegen die Geheimhaltungsklauseln verstößt und Unterlagen weitergibt, macht sich strafbar.

Was aber treibt die Informanten an? Warum berichten sie über Interna, leaken Dokumente und riskieren damit alles – ihre Karriere, ihr Ansehen, ihr Vermögen? Die Motive unterscheiden sich. Sie reichen von dem Wunsch nach Gerechtigkeit, dem Wiederherstellen einer Ordnung, der Suche nach der Wahrheit bis hin zu kalter Rache.

Ein gutes Beispiel ist der Dieselskandal: Unsere Gesprächspartner aus dem VW-Reich ärgerten sich über die Strategie der Konzernspitze, die Fehler einigen Mitarbeitern in die Schuhe zu schieben. Nach Bekanntwerden der Abgas-Manipulationen durch US-Behörden im September 2015 sprach der Konzern vom Fehlverhalten »einiger Ingenieure« und schob die Verantwortung des Vorstands um den langjährigen CEO Martin Winterkorn weit von sich. Ein paar Techniker sollen demnach eine der größten Betrügereien erdacht und begangen haben, die zu Milliardenstrafen für den Autobauer führten – alles angeblich ohne Beteiligung oder Mitwissen der Chefetage.

Genau dieses Märchen aus Wolfsburg verletzte deren Ehrgefühl und sorgte dafür, dass wir mit den VW-Informanten ins Gespräch kamen. Stück für Stück packten sie aus. Sie waren bitter enttäuscht von ihren Chefs und wollten die Wahrheit ans Licht bringen. Etliche Vorstände wurden in der Folge der Berichterstattung belastet. Die meisten von ihnen mussten den Konzern verlassen, einige landeten vor Gericht oder zeitweise sogar hinter Gittern. Das Wichtigste ist: Keiner der Informanten wurde enttarnt, die Treffen im »Pausenschmaus« blieben geheim.

Für die Recherchen in Sachen Wirtschaftskriminalität ist es entscheidend, zu wissen, was die Motive der Informanten sind. So können wir Aussagen und Dokumente klarer einordnen. Wichtig ist ebenfalls, die Informanten zu treffen, sie gut kennenzulernen, ein Vertrauensverhältnis aufzubauen und sich einen Eindruck von deren Glaubwürdigkeit zu verschaffen. Dabei stellt sich im Gespräch meist zügig heraus, ob es sich um eine seriöse Quelle handelt – oder um eitle Wichtigtuer, die ihr angebliches Insiderwissen aus zweiter Hand erworben haben und ihre Widersacher lediglich kompromittieren wollen.

Bisweilen kommt es aber vor, dass die Hinweisgeber im Hintergrund agieren und einen Mittelsmann vorschicken. Das war bei dem CSU-Politiker Georg Fahrenschon der Fall. Der frühere bayerische Finanzminister war an die Spitze des Deutschen Sparkassen- und Giroverbandes gewechselt. Zwei Tage vor seiner Wiederwahl als Präsident im November 2017 bekamen wir über einen Dritten einen brisanten Tipp: Gegen Fahrenschon würde ein Strafbefehl wegen Steuerhinterziehung aufgrund zu spät eingereichter Steuererklärungen vorliegen. Der oberste Sparkassenchef als Steuersünder? Die Information stimmte. Seine Wiederwahl wurde erst verschoben, wenige Tage später trat Fahrenschon als Präsident zurück und tauchte danach nie wieder in der Öffentlichkeit auf. Sein Sturz beruhte auf einer bis heute unbekannten Quelle.

Für die Wirtschaftskrimis in diesem Buch haben wir mit vielen Informanten gesprochen und zahlreiche Dokumente ausgewertet. Wie wichtig umfangreiche Unterlagen sind, um der Wahrheit so nahe wie möglich zu kommen, zeigt der erbitterte Familienstreit bei den Albrechts, den Inhabern von Aldi. Dort kämpfen Gründer-Sohn Theo Albrecht und seine Schwägerin Babette samt deren Kindern erbittert um Macht und Milliarden im Discounter-Imperium.

Beide Seiten bringen seit Jahren Anwälte und PR-Berater mit aberwitzigen Stundensätzen in Stellung. In unserem Kapitel zur Aldi-Familienfehde zitieren wir deshalb ausführlich aus Original-Dokumenten wie etwa dem Testament der Patriarchin Cäcilie Albrecht und persönlichen Briefen. So kann sich jede Leserin und jeder Leser selbst ein Bild von dem Familienstreit und den Macht-kämpfen in einer der reichsten Familien unseres Landes machen.

Drei Arten von Wirtschaftsaffären behandeln wir in diesem Buch: Da sind zum einen die Familienstreitigkeiten wie bei den Albrechts, aber auch bei der milliardenschweren Familie Haub, den Inhabern von Tengelmann, sowie beim Fleischproduzenten Tönnies. Es wird gestritten bis aufs Blut. Diese Fälle sind hoch emotional. Es geht um Verletzungen aus der Vergangenheit, Demü-tigungen von Familienmitgliedern untereinander. Aber auch um Familiengeheimnisse sowie den Streit um Traditionen und Werte.

Die Kontrahenten, von Geburt an Erben, kennen das »normale« Leben nicht. Ihr Lebensinhalt ist der Streit um die Milliarden, wel-che die Generationen vor ihnen erwirtschaftet haben. Wem es mehr um Macht als um Millionen geht, lässt sich in vielen Fällen schwer beurteilen.

Bei der zweiten Kategorie von Wirtschaftskriminalität, bei den Hochstaplern, ist die Gier nach Reichtum und Ruhm am stärks-ten ausgeprägt. Die Protagonisten lügen und betrügen, um ihren Traum vom gesellschaftlichen Ansehen zu verwirklichen. Haben es die Außenseiter bis ganz nach oben geschafft, sonnen sie sich im erschlichenen Luxus – bis das Lügengebäude in sich zusam-menbricht. Das Möchtegern-It-Girl Anna Delvey aus dem beschau-lichen Eschweiler baute via Instagram eine Schein-Identität auf und avancierte so zum umschwärmten Society-Magneten der New Yorker Elite. Sie erleichterte diese um mehrere Hunderttausend Dollar, beinahe ohne dass sie es merkten. Erst nach Jahren landete sie wegen ihrer Betrügereien hinter Gittern.

Ein Leben mit Privatjets, Traumvillen und reichlich Champagner genoss Manfred Schmider, genannt »Big Manni«. Das Geld dafür ergaunerte er sich mit Bohrmaschinen, die es gar nicht gab und die nur auf dem Papier existierten. Sein Größenwahn war derart ausgeprägt, dass ihn ein Psychiater bei seinem Betrugsprozess auf Megalomanie untersuchte. Auch er wanderte in den Knast.

Die dritte Dimension von Wirtschaftskriminellen sind in Konzernen anzutreffen, wie etwa bei Volkswagen. Nicht nur bei den jahrelangen Abgas-Manipulationen griffen Angestellte von Europas größtem Autobauer zu illegalen Methoden. Auch bei dem Skandal um geschmierte Betriebsräte verstießen VW-Manager auf unglaubliche Weise gegen Recht und Gesetz. Hochrangige Gewerkschafter wurden durch Lustreisen, Bordellbesuche und Bonuszahlungen gefügig gemacht. Dem langjährigen Arbeiterführer Klaus Volkert finanzierte VW gar eine brasilianische Geliebte auf Konzernkosten.

Bei Siemens wiederum gehörten Schmiergelder in Millionenhöhe lange Zeit zum Geschäftsmodell. Mitarbeiter führten schwarze Kassen, schmuggelten Bargeld in Koffern über die Grenzen, richteten weltweit Geheimkonten ein. Sie wurden zu Wirtschaftsverbrechern, um für Siemens Aufträge rund um den Globus zu ergattern.

Bei den Konzern-Kriminellen geht es deshalb meist nicht um persönliche Bereicherung. Ihr Antrieb ist eher die Angst vor den Vorgesetzten und vor dem Jobverlust. Sie sind Teil einer korrupten Kultur, aus der es nicht so einfach ist auszubrechen. Das soll nichts entschuldigen, sondern nur erklären, warum Angestellte kriminelle Taten begehen, ohne dass sie finanziell direkt davon profitieren.

Das Buch beruht auf Ideen unseres Podcasts »Macht & Millionen« bei *Business Insider*. Für jedes Kapitel haben wir die Fälle weiter recherchiert, mit Informanten oder Beteiligten gesprochen und sie getroffen. Seit Dezember 2020 berichten wir unseren Hörerinnen und Hörern über die spannenden Wirtschaftskrimis. »Macht & Millionen« entwickelte sich zu unserer großen Freude zu einem der beliebtesten True-Crime-Podcasts mit mehr als vier Millionen Abrufen.

Wirtschaftskriminalität galt in Deutschland und der Welt lange als Kavaliersdelikt, die Straftat von Managern als weit weniger schmutzig als Raub oder Totschlag. Steuerhinterziehung, Bilanzbetrug, schwarze Kassen, Schmiergeldzahlungen, schmutzige Tricks bei Erbstreitigkeiten oder bei der Vergabe von Aufträgen – all dies wurde gesellschaftlich weit weniger geächtet als manche Tat eines Kleinkriminellen.

Oft fehlt den Tätern die Einsicht in ihre Straftat, wie etwa der Fall Boris Becker zeigt. Bis zum Ende hielt er es für ausgeschlossen, dass er ins Gefängnis wandert. Im April wurde die Tennis-Legende von einem Londoner Gericht wegen mehrerer Insolvenzstraftaten zu zweieinhalb Jahren Haft verurteilt.

Die Wirtschaftskriminellen, ob Superstar, Politiker oder Manager aus den Top-Etagen, nehmen für sich in Anspruch, dass Regeln für sie schlichtweg nicht gelten. Sie halten sich für unangreifbar, da es die Strafverfolgungsbehörden häufig schwer haben, ihre Taten zu beweisen.

Selbst wenn die Beweise vorliegen, gehen viele vor Gericht straffrei aus. Das ist fatal. Das große Interesse an den Fällen der Wirtschaftskriminalität insbesondere beim jungen Publikum zeigt, dass sich die gesellschaftliche Meinung geändert hat. Die Zeiten, in denen Bestechung von Auftragnehmern zum Business dazugehörte, in denen viele glaubten, Compliance sei ein neuer Duft von Yves Saint Laurent, gehören zunehmend der Geschichte an.

Die VW-Rotlichtaffäre

Mit Sex auf Konzernkosten macht der Autobauer
die mächtigen Betriebsräte gefügig

Ein grandioser Sommerabend an der Hamburger Außenalster. Bei Weißwein und Häppchen tummeln sich Politiker, Journalisten und Manager auf dem Medientreff eines Energiekonzerns. Die Stimmung ist entspannt. Unter den Gästen erkenne ich* einen langjährigen Informanten. Aufgeregt winkt er mich herbei, zieht mich an den Rand des Lokals, um ungestört mit mir reden zu können.

Was er in den nächsten Minuten erzählt, klingt abenteuerlich. Es geht um eine spektakuläre Affäre bei VW, einem der größten Konzerne des Landes und einem der größten Autobauer der Welt. Der Mann berichtet davon, dass Betriebsräte von Volkswagen über Jahre systematisch geschmiert worden seien. Die Arbeitnehmervertreter hätten sich auf VW-Kosten gar mit Prostituierten amüsiert. Die Chefetage wisse davon und versuche derzeit, den Korruptionsskandal zu verheimlichen. Viele prominente Namen seien in den Fall verwickelt. Räuberpistole oder Riesenaffäre? Genau dieser Gedanke schießt mir durch den Kopf.

Der Abend an der Alster ist der Beginn einer fulminanten Story. Der Informant, den ich seit Jahren kenne, enttäuscht mich nicht. Er nennt mir erste Hinweise und Namen für die Recherche. Eindringlich warnt er zugleich: »Denken Sie daran, dass Sie sich bei dem Fall mit den wirklich Mächtigen in diesem Land anlegen.«

---

* Kayhan Özgenc

Die erste Spur führt nach Mladá Boleslav in Tschechien. Dort ist die Zentrale von Skoda, der Tochterfirma des VW-Konzerns. Damals, im Juni 2005, hat der Personalvorstand Helmuth Schuster Skoda gerade verlassen. Die Personalie wird kurz und knapp auf der Internetseite von Skoda vermeldet.

Den Namen Helmuth Schuster kennen zu diesem Zeitpunkt nur Insider. Bei ersten Nachforschungen stellt sich heraus, dass er mit seinem Skoda-Job offenbar nicht ausgelastet war. Nebenbei betreibt er reichlich Geschäfte innerhalb des Konzerns, unter anderem mit einem Mann, der zu den mächtigsten Figuren im VW-Reich zählt. Es ist Klaus Volkert, der Vorsitzende des Betriebsrats und damals wohl einflussreichste Arbeiterführer der Republik.

Ende Juni veröffentliche ich die erste Geschichte zur Affäre.[1] Es geht um Korruption. Schuster steht im Verdacht, Schmiergelder von Zulieferern verlangt zu haben. Noch taucht der Name Volkert öffentlich nicht auf. Doch das ändert sich nur wenige Tage später. Auf einer Betriebsversammlung in Wolfsburg erklärt Volkert nach 15 Jahren an der Spitze der Arbeitnehmervertretung überraschend seinen Rücktritt. Der 62-Jährige begründet den Abschied mit seinem Alter und der strategischen Neuausrichtung des Betriebsrats. Nachfolger wird sein bisheriger Vize Bernd Osterloh. Angeblich sei der Wechsel von langer Hand geplant gewesen. Tausende VW-Mitarbeiter feiern ihren Vorkämpfer, verabschieden ihn mit riesigem Beifall.

Volkerts Karriere endet mit einer Lüge, ausgerechnet vor seinen Beschäftigten, für die er sich angeblich immer so vehement eingesetzt hatte. Denn der Betriebsratschef kommt mit dem abrupten Rückzug einem drohenden Rauswurf zuvor. Nach der Entlassung seines Freundes Schuster zieht sich die Schlinge für Volkert zu. Die Revisionsabteilung von VW, die sich um den Fall kümmert, stößt auf immer mehr Ungereimtheiten und Indizien bei Volkert. Es geht um Firmenanteile in Luxemburg und Tschechien, gemeinsame Geschäfte mit Schuster zulasten des Konzerns. Der VW-Vorstandsvorsitzende Bernd Pischetsrieder erklärt die Nachforschungen im Fall Volkert zur Chefsache, drängt auf eine lückenlose Aufklärung. Volkert weiß, dass noch viel mehr rauskommen wird, und entscheidet sich, die Betriebsversammlung in Wolfsburg für seinen raschen Abgang zu nutzen.

In diesen Tagen geht es Schlag auf Schlag. Als Volkert stürzt, ist eine weitere Schlüsselfigur in der Affäre gerade rausgeworfen worden. Klaus-Joachim Gebauer, langjähriger Manager in der Personalabteilung, erhielt die Kündigung von VW. Auch er war in die zwielichtigen Geschäfte mit seinen Duzfreunden Schuster und Volkert verwickelt. Aber zügig stoßen die internen VW-Ermittler auf ganz andere Machenschaften Gebauers. Er kümmerte sich über Jahre auf ungewöhnliche Weise um die Belange des Betriebsrats, als Chefanimateur der Arbeitnehmervertreter ließ er kaum einen Wunsch offen. Gebauer jettete mit den Gewerkschaftern um die Welt, stieg in diversen Luxushotels ab, zahlte die Restaurantbesuche und feierte ausgelassene Partys in Bordellen auf Kosten von VW.

Gebauer war Mitarbeiter in der Abteilung des zu diesem Zeitpunkt wohl prominentesten VW-Managers: Peter Hartz, Personalvorstand, Arbeitsmarktreformer, Kanzlerberater und SPD-Mitglied. Es ist der Mann, nach dem bis heute das Arbeitslosengeld umgangssprachlich als »Hartz IV« benannt wird. Von »hartzen« ist sogar die Rede, wenn jemand die staatliche Unterstützung bezieht. Damals, im Sommer 2005, war sein Name fast allen Menschen in Deutschland ein Begriff. Nur mit Rotlichtaffären hätte ihn niemand in Verbindung gebracht.

Hartz und die Edelprostituierte Joselia

Eine brasilianische Prostituierte namens Joselia bringt Peter Hartz Anfang Juli spektakulär zu Fall. Sein Mitarbeiter Gebauer kümmerte sich jahrelang nicht nur um die sexuellen Wünsche der Arbeiternehmervertreter wie Volkert. Er besorgte auch Hartz Prostituierte wie jene Joselia. Die *Bild-Zeitung* spürt die Frau nach einem internen VW-Hinweis in einem Nachtclub in Lissabon auf und zeigt ihr Fotos von Hartz. »Oh, das ist mein Peter!« Mit diesem Ausruf soll Joselia den VW-Vorstand »unter einem Dutzend Fotos anderer Männer sofort« wiedererkannt haben. Sie berichtet von heimlichen Sextreffen mit Hartz in Luxushotels in Paris und São Paulo. »Danach musste ich aber in einem anderen Zimmer auf einer anderen Etage übernachten«, erzählt sie der Zeitung. Peter sei »immer so geheimnisvoll« gewesen. Fragen habe er stets abgeblockt. »Wenn ich mehr über ihn wissen wollte, sagte er nur: Ich bin ein geheimer Mann.«[2] Die Bezahlung lief offenbar über Gebauer. Damit steht nur wenige Tage nach dem Abgang von Betriebsratschef Volkert ein weiterer ungeheuerlicher Verdacht im Raum: Hat VW eine Prostituierte für den Personalvorstand bezahlt? Die *Bild-Zeitung* konfrontiert den Konzern mit den Recherchen und kündigt die Story für den nächsten Tag an. Peter Hartz ist verzweifelt. Er weiß, sollte die Geschichte auf der Titelseite erscheinen, wäre seine lange und so ruhmreiche Karriere ganz schnell beendet. Und zwar auf eine Weise, die kaum peinlicher sein kann.

In diesen Stunden führt Peter Hartz seinen letzten Kampf. Er telefoniert viel, versucht, seine Kontakte zur *Bild* und zum Axel-Springer-Verlag zu nutzen. Doch alle Bemühungen schlagen fehl. Am Abend ruft er dann seinen Pressesprecher ins Büro. Eine letzte Idee, das ganze Unheil noch abzuwenden, ist ihm offenbar in den Sinn gekommen. Dem verdutzten Pressesprecher soll er folgenden Vorschlag schildern: VW könne doch sämtliche Ausgaben der *Bild* für den nächsten Tag aufkaufen. Dann würde niemand die Geschichte lesen können. Die Millionen Exemplare würde der Autobauer einfach vernichten, so als wäre nichts geschehen.

Peter Hartz muss in diesen Momenten einfach nur verzweifelt gewesen sein. Er, der einfallsreiche Manager, der immer eine Idee hatte, wenn es etwa um die Verhinderung von Jobabbau ging, ist gescheitert. Natürlich geht niemand auf die absurde Sache mit dem Kauf der *Bild*-Auflage ein. Hartz bietet am 8. Juli 2005 seinen Rücktritt als VW-Vorstand an, übernimmt die »politische Verantwortung«. Der Aufsichtsrat akzeptiert das Gesuch umgehend. Hartz räumt sein Büro in der Chefetage. Vorbei ist die Affäre für ihn aber noch lange nicht.

Erst Volkert, dann Hartz: Innerhalb weniger Tage stürzen zwei Männer, die jahrelang die Geschicke von Volkswagen maßgeblich geprägt haben. Noch ist das ganze Ausmaß nicht klar. Aber die Umrisse der brisanten Affäre sind bereits deutlich zu erkennen: Es geht um das System VW, ein Geben und Nehmen zwischen Management und Betriebsräten. Dabei spielt die besondere Machtstellung der Arbeitnehmervertreter eine entscheidende Rolle. Ohne deren Zustimmung läuft übrigens bis heute nichts in Wolfsburg. Der aktuelle Vorstandsvorsitzende Herbert Diess kämpft seit Jahren gegen den immensen Einfluss der Gewerkschafter auf alle wichtigen Entscheidungen im Konzern – bis hin zu der Frage, wer als Chef den Autobauer leiten darf.

Die Nazis und die Macht der VW-Betriebsräte

In keinem anderen Konzern in Deutschland sind Betriebsräte so mächtig wie bei Volkswagen. Genau das war der Nährboden für die Korruptionsaffäre im Sommer 2005. Um die Ursachen dafür verstehen zu können, muss man weit zurückgehen – und zwar in die Nazizeit. Denn Volkswagen ist auch deshalb kein normales Unternehmen, weil es in den 1930er-Jahren mit dem enteigneten Vermögen von Gewerkschaften gegründet und aufgebaut wurde. Adolf Hitler ließ das Werk nahe dem niedersächsischen Fallersleben errichten. Hitler träumte vom »KdF-Wagen« (Kraft durch Freude). Ein Wagen fürs Volk sollte dort vom Band rollen, im Krieg wurden aber vornehmlich Rüstungsgüter produziert.

Nach Kriegsende übernahm die britische Militärregierung die Führung des VW-Werkes. Die »Stadt des KdF-Wagens« wurde in Wolfsburg umbenannt. Fortan wurde der berühmte VW Käfer produziert. Den Briten war es wichtig, dass die Fabrik nicht in falsche Hände geriet. Im Jahr 1949 übergaben sie das Unternehmen in die Treuhandschaft des Landes Niedersachsen. Die Auflage der Briten lautete: Niedersachsen sollte gemeinsam mit dem Bund und den Gewerkschaften großen Einfluss ausüben. Bei der Privatisierung trat dann im Jahr 1960 eigens ein VW-Gesetz in Kraft, das bis heute – leicht verändert – gilt. Diese Regelung räumt dem Land Niedersachsen mit seinem Anteil von 20,2 Prozent eine Sperrminorität ein, also ein Vetorecht in allen wichtigen Entscheidungen.

Aus dieser Historie leiten die Betriebsräte ihren besonderen Machtanspruch ab. Sie fühlen sich als Miteigentümer von Volkswagen und bezeichnen sich selbst als Co-Manager. Besonders groß ist ihr Einfluss über den Aufsichtsrat: In dem zwanzigköpfigen Gremium sitzen zehn Arbeitnehmervertreter plus zwei Vertreter des Großaktionärs Niedersachsen. Das sind derzeit Ministerpräsident Stephan Weil (SPD) und Wirtschaftsminister Bernd Althusmann (CDU). Damit verfügt dieses Lager im Aufsichtsrat über eine Mehrheit von zwölf Stimmen und könnte jederzeit weitreichende Entscheidungen treffen, zum Beispiel den Vorstandsvorsitzenden abwählen.

Anfang der 1990er-Jahre gerät VW in eine tiefe Krise. Die Absatzzahlen sind schlecht, der Umsatz bricht ein, die Produktion gilt als veraltet. Der Autokonzern, der lange für das deutsche Wirtschaftswunder stand, ist plötzlich ein wankender Riese. Es besteht gar akute Übernahmegefahr. In dieser Phase wechselt Ferdinand Piëch auf den Chefposten in Wolfsburg. Er hat zuvor die Tochterfirma Audi saniert und modernisiert, stammt aus einer der bedeutendsten Autofamilien der Welt. Sein Großvater Ferdinand Porsche baute für Hitler einst die Fabrik in Fallersleben auf, konstruierte geniale Fahrzeuge und legte den Grundstein für die berühmte Sportwagenschmiede Porsche. Heute sind die Familien Porsche und Piëch die mit Abstand größten Aktionäre des VW-Konzerns.

Ferdinand Piëch steckt damals, Anfang der 1990er-Jahre, in der Bredouille. Aus betriebswirtschaftlicher Sicht müsste er Zehntausende Arbeitsplätze streichen. Doch Entlassungen in solch einer Dimension sind nicht durchzusetzen, vor allem nicht gegen die Betriebsräte und Gerhard Schröder, den damaligen Ministerpräsidenten und späteren Bundeskanzler. Es sind also kreative Lösungen gefragt.

Zur besonderen Form der Mitbestimmung gehört auch das Privileg der Arbeitnehmervertreter, dass sie über den Personalvorstand entscheiden dürfen. Den Posten darf demnach nur ein Mitglied der IG Metall bekleiden, der beherrschenden Gewerkschaft bei VW. Betriebsratschef Klaus Volkert ist auf Peter Hartz aufmerksam geworden, der sich in der saarländischen Stahlindustrie einen Namen gemacht hat. Auch Piëch findet Gefallen an Hartz und holt ihn in die Chefetage. Hartz legt gleich los und erfindet die Vier-Tage-Woche, um Massenentlassungen zu verhindern. Die IG Metall feiert ihn als Job-Retter, und auch Piëch ist zufrieden, weil er niemanden entlassen musste.

Drei Männer entscheiden über das Schicksal von VW

In Wolfsburg entwickelt sich nun ein neues Machtzentrum mit drei Männern, die unterschiedlicher nicht sein könnten: Ferdinand Piëch, Peter Hartz und Klaus Volkert. Da ist der Spross aus der reichen Auto-Dynastie, der wortkarg und mit harter Hand das Unternehmen führt. An seiner Seite Hartz, der Sohn eines Hüttenarbeiters aus dem Saarland, der sich nach oben gearbeitet hat und stets auf korrektes Auftreten achtet. Und dann ist da noch der gelernte Schmied Volkert, der sich als Arbeiterführer versteht und mit seinen Reden die Belegschaft mobilisieren kann. Das Männertrio bespricht und trifft alle wichtigen Entscheidungen für ein Unternehmen mit Hunderttausenden Beschäftigten. Kleiner Kreis, vertrauliche Absprachen, kurze Entscheidungswege: Das System VW startet durch.

Womöglich wären viele schlüpfrige Details und pikante Enthüllungen in dieser Affäre nicht herausgekommen, wenn der Konzern eine Schlüsselfigur besser behandelt hätte. Klaus-Joachim Gebauer war 32 Jahre in Diensten von VW. Er war der Mann, der alles zahlte und im Auftrag von Hartz den Betriebsrat bei Laune hielt. Kurz vor den Rücktritten von Volkert und Hartz wurde Gebauer gefeuert. Er hat viele abenteuerlich klingende Geschichten zu erzählen, als ich mich mit ihm in einem Café in Hannover treffe. Stundenlang sitzen wir zusammen, in den nächsten Wochen und Monaten folgen viele weitere Treffen.

Gebauer ist niemand, der auf den ersten Blick vertrauenswürdig wirkt. Der grauhaarige 61-Jährige wirkt fahrig, raucht Kette, trinkt reichlich Weißwein. Aber je länger er spricht, desto mehr glaube ich ihm. Bei solchen Treffen mit Informanten kommt es häufig aufs Bauchgefühl an. Kann ich dem Gegenüber vertrauen? Was ist seine Motivation, Interna auszuplaudern? Gebauer will seine Geschichte erzählen, die man bei VW nicht hören möchte. Es ist eine Geschichte von Macht, Gier und Sex. Und es stellt sich im Laufe der Recherchen heraus: Die Geschichte von Gebauer stimmt in großen Teilen.

Offiziell ist Gebauer als Leiter der Abteilung Personalprojekte bei VW beschäftigt. Sein tatsächlicher Job: Spaßbeauftragter der Arbeitnehmervertreter. Vor allem um Volkert soll sich Gebauer kümmern. Hartz habe ihn angewiesen, so Gebauer, dem mächtigen Betriebsratsboss »jeden Wunsch zu erfüllen«.[3]

Bei Volkerts Wünschen geht es immer wieder um Sex. Als Gesamtbetriebsratsvorsitzender ist er weltweit an den VW-Standorten unterwegs. Gebauer organisiert rund um die Sitzungen ein Amüsierprogramm, das häufig im Bordell endet. Besonders beliebt ist das Reiseziel Barcelona. Dort liegt die Zentrale der VW-Tochter Seat. Mal jettet Gebauer allein mit Volkert dahin, mal nimmt er ausgewählte Betriebsräte mit. Volkert übt seine Machtposition als Arbeiterführer aus und bestimmt, wer ihn auf den Spaßtrips ins Ausland begleiten darf. In seiner Vernehmung bei der Staatsanwaltschaft berichtet Gebauer: »Die Devise von Volkert war, man bezieht so viele Personen wie möglich ein.« So wollte Volkert laut Gebauer seine Kollegen erpressbar machen und sich selbst absichern, falls alles auffliegen würde. Manchmal nimmt Volkert auch befreundete VW-Kollegen wie den Werksarzt mit, der die Betriebsräte bei Auslandsreisen mit einem medizinischen Notfallpaket versorgt: eine

Tablette Imodium gegen Durchfall, eine Schlaftablette – und eine Viagra-Pille für alle Fälle.

In Barcelona nächtigt die VW-Truppe meist im Fünfsterne-hotel »Arts« und feiert in exklusiven Nachtclubs. Etliche Trips gehen auch nach Prag, in die Nähe des Hauptquartiers der Tochtermarke Seat. Dort bevorzugen die Betriebsräte das Etablissement »K5 Relax«. Bei insgesamt 25 Besuchen werden 43 049,99 Euro verprasst. Bisweilen steckt Gebauer den Betriebsräten auch Bargeld zu, meist Summen zwischen 1000 und 1500 Euro. Im Mai 2000 reist Gebauer mit Betriebsräten nach Las Vegas. In einem Spielcasino verzocken sie 4562,61 Euro. Wie er das alles bezahlt und abrechnet, klären wir später auf.

Ein Damenprogramm für Gattinnen und Geliebte

Gebauer kümmert sich nicht nur um die Sexreisen der Arbeitnehmervertreter. Auch die Ausgestaltung des Familienprogramms liegt in seinen Händen. Denn der Autokonzern lässt auch die Ehefrauen an den Reisen teilhaben. Einmal im Jahr organisiert Gebauer einen Kurztrip für die Mitglieder des Gesamtbetriebsratsausschusses. Es geht stets in Nobelhotels, die Gewerkschaftergattinnen dürfen gar kostenlos shoppen gehen. Die Ziele lauten zum Beispiel Island, Schottland, London und Paris. Im August 2003 etwa logiert die Truppe im Fünf-Sterne-Haus »Killarney Park Hotel« in Irland. Im VW-Firmenjet fliegen die IG Metaller samt Ehefrauen von Braunschweig zu einem Privatflugplatz nach Irland. Bei einer Reise im August 2000 nach St. Petersburg zahlt Gebauer allein fürs Hotel rund 9500 Euro.

Auch Volkert wird bei diesen Reisen von seiner Ehefrau begleitet. Doch sie weiß nicht, dass ihr Gatte über Jahre ein Doppelleben führt. Im Jahr 1998 lernt er im Club Méditerranée in Brasilien Adriana Barros kennen, verliebt sich in sie. Die beiden führen über Jahre ein Jetset-Leben auf Konzernkosten, organisiert von Chefanimateur Gebauer. Im Sommer 2003 etwa fliegt seine Geliebte von São Paulo nach Deutschland und weiter nach London. Dort besucht sie einen einwöchigen Englisch-Kurs und trifft Volkert. Die beiden jetten dann weiter nach Antalya, steigen im Hotel »Topkapi Palace« an der türkischen Riviera ab. Laut Rechnungen kosten Urlaub und Sprachkurs 4426 Euro, die Flüge 6269,98 Euro.[4]

Ein weiterer Spaßtrip auf VW-Kosten geht im Januar 2004 nach Indien. Auf dem Programm stehen der berühmte Palast Tadsch Mahal in Agra und die Andamanen-Inseln mit ihren traumhaften Stränden. Zum Abschluss verbringen Volkert und seine Geliebte noch ein paar Tage in einem Hotel in Frankfurt. Die Reise kostet insgesamt rund 165 000 Euro. Noch kurz bevor die Schmiergeldaffäre im Juli 2005 publik wird, logieren die beiden im Luxushotel »Lapa Palace« in Lissabon. Zur Tarnung erstellt Gebauer meist ein Programm mit offiziellen VW-Terminen, die teilweise nicht stattfinden. Insgesamt 48 Flüge bezahlt VW für Adriana Barros, damit sie sich weltweit mit Volkert treffen kann. Kosten: 147 579,84 Euro. Die von VW eingeschalteten KPMG-Wirtschaftsprüfer kommen später in einem vertraulichen Gutachten zu dem Ergebnis, dass Volkerts Geliebte Adriana Barros den Konzern insgesamt mehr als eine Million Euro gekostet hat.

Denn Barros schafft es sogar auf die Gehaltsliste von Volkswagen. Gebauer richtet bei der Sparkasse Gifhorn ein Konto für die Geliebte ein. Dorthin werden vom Autobauer pro Quartal 23 008 Euro überwiesen. Gebauer hebt das Geld meist in bar ab, übergibt es Volkert. Offiziell beschäftigt VW die frühere Animateurin als Journalistin für Werbefilme. Sie behauptet, für das Geld auch gearbeitet zu haben. Die konkreten Gegenleistungen sind jedoch ziemlich überschaubar. Als Volkert seinen Rücktritt erklären muss, trennt er sich von Adriana Barros und beichtet die langjährige Liebesaffäre seiner Frau. Adriana Barros sagt später in einem Interview: »In all den Jahren habe ich Klaus als integre Person und wahren Gentleman erlebt. Heute fühle ich mich von ihm betrogen.«[5]

Der Beschuldigte Volkert bricht sein Schweigen

Die Staatsanwaltschaft Braunschweig leitet ein Ermittlungsverfahren gegen Volkert wegen Verdachts auf Untreue ein. Der langjährige Betriebsratschef ist dann auch der Erste, der bei den Staatsanwälten – jedenfalls zum Teil – einknickt. Im September 2005, etwa zwei Monate nach seinem Abgang, erscheint er zur Vernehmung im Landeskriminalamt (LKA) in Hannover. In den folgenden sechs Stunden beim LKA bricht er sein Schweigen, räumt umfangreiche Begünstigungen ein, zum Beispiel diverse Lustreisen auf VW-Kosten. Die teure Indien-Reise etwa im Jahr 2004 sei vor allem privater Natur gewesen.

Auch zu Adriana Barros äußert Volkert sich ausführlich. Er berichtet vom Kennenlernen in Brasilien und diversen gemeinsamen Trips, die Gebauer bezahlt habe. Der Ex-Arbeiterführer gesteht zudem, dass er seiner Geliebten auf sehr unkonventionelle Weise einen hoch dotierten Job bei Volkswagen verschafft habe. Den Werbedeal mit Barros, der ihr 23 008 Euro pro Quartal einbrachte, habe er mündlich mit Personalvorstand Peter Hartz vereinbart. Es gab weder einen Arbeitsvertrag, noch musste die Brasilianerin Berichte über ihre Tätigkeiten für den Autokonzern vorlegen.

In seiner Vernehmung rechtfertigt Volkert allerdings auch seine teure Sonderbehandlung. Als Betriebsratschef und Aufsichtsrat habe er viel für Volkswagen geleistet und eine hohe Verantwortung getragen. Mit einem Jahresgehalt von rund 360 000 Euro habe er aber deutlich unter den Bezügen für die Vorstände gelegen. Deshalb wollte er zumindest bei den Spesen mit den Topmanagern einigermaßen gleichgestellt sein. Eine entsprechende Vereinbarung habe er deshalb mit seinem Duzfreund Hartz getroffen. Vehement bestreitet Volkert, durch die Begünstigungen vom Unternehmen gekauft worden zu sein: Die Extra-Spesen und Lustreisen hätten keinen Einfluss auf seine Tätigkeit als oberster Arbeitnehmervertreter gehabt.

Mit seiner Aussage bestätigt Volkert etliche Angaben Gebauers und belastet zugleich Hartz. Der langjährige Personalchef gerät nun immer stärker ins Visier der Staatsanwälte. Denn die Fahnder stoßen bei Gebauers Reisekostenabrechnungen auf die VW-Kostenstelle »1860 diverses«. Es ist das persönliche Spesenkonto von Hartz, über das Gebauer die Trips abrechnete. Darunter finden sich auch Rechnungen für Prostituierte. Die Konzernbuchhaltung hatte in mehreren Fällen Bedenken und legte Hartz die strittigen Belege vor, die er dann persönlich abgezeichnet haben soll.

Peter Hartz gibt sich bei seinem ersten Auftritt bei der Staatsanwaltschaft Braunschweig noch ahnungslos. Er habe von den Rotlicht-Rechnungen, die über sein Spesenkonto abgerechnet wurden, nichts gewusst. Seinen Rücktritt begründet er wie folgt: Er habe lediglich die Verantwortung für das Fehlverhalten einzelner Mitarbeiter übernommen.[6]

Der Vorzimmer packt aus

Kurz darauf erscheinen zwei VW-Sekretärinnen aus der Personalabteilung bei den Staatsanwälten. Sie schildern eine ganz andere Geschichte. Demnach habe Hartz sehr wohl von den Begünstigungen gewusst. Die Damen aus dem Vorzimmer berichten auch im Detail, wie das geheime Abrechnungssystem in Wolfsburg über Jahre ablief. Demnach beglich Gebauer die Rechnungen zunächst mit einer seiner Kreditkarten. Für besonders brisante Spesen, zum Beispiel Bordellrechnungen, wurden Ersatzbelege ausgestellt. Dort stand unter dem Verwendungszweck: »Im Interesse des Gesamtbetriebsratsausschusses«. Das reichte.[7]

Weiter erzählen die Sekretärinnen, dass sie Gebauers Ausgaben an die Personalabteilung »Topmanagement« weitergaben. Dort seien die Beträge dann über das Hartz-Spesenkonto »1860 diverses« abgerechnet worden. Die Buchhaltung von VW überwies die entsprechenden Summen auf Gebauers Konto bei der Sparkasse Gifhorn mit der Nummer 0196501944. Das sei alles über Jahre reibungslos gelaufen, so die Zeuginnen. Auch die knapp 20 000 Euro, für die Gebauer beim Juwelier Stern in Brasilien Schmuck kaufte, wurden anstandslos überwiesen. Offenbar besorgte Gebauer für

Volkert verschiedene Schmuckstücke, die dieser dann der Ehefrau und der Geliebten schenkte. Allein für zwei Jahre rechnete Gebauer Ersatzbelege in Höhe von 720 000 Euro ab.

Die unglaublichen Geschichten aus der VW-Welt gehen weiter. Die zwei VW-Mitarbeiterinnen packen über ein Liebesnest aus, das Hartz und Volkert exklusiv zur Verfügung stand. Es geht um einen verschwiegenen Ort, an dem sich die beiden mit Prostituierten trafen. Zusammen mit Gebauer hätten die VW-Sekretärinnen in Braunschweig nach einer unauffälligen Wohnung gesucht und diese in der Kurt-Schumacher-Straße 18 gefunden. Das Apartment sei renoviert und mit neuen Möbeln schick eingerichtet worden. Hartz und Volkert hätten je einen Schlüssel bekommen. Kurz vor deren geheimen Sextreffen hätten die Sekretärinnen bisweilen eine Flasche Champagner kalt gestellt. Sämtliche Kosten seien wie üblich abgerechnet und vom Konzern bezahlt worden.

Die Staatsanwälte stufen die Aussagen der beiden Frauen als überaus glaubwürdig ein, auch weil sie viele Angaben Gebauers bestätigen. Jetzt ist den Ermittlern endgültig klar, dass Hartz ihnen nicht die Wahrheit gesagt hat und stattdessen ganz tief in die Affäre verstrickt ist. Die Staatsanwaltschaft leitet ein Ermittlungsverfahren wegen Untreueverdachts gegen Hartz ein, sein ehemaliges Büro in Wolfsburg wird durchsucht. Der prominente Topmanager, der dachte, durch seinen Rücktritt die Affäre abgeschüttelt zu haben, steht nun im Fadenkreuz der Fahnder.

Die Staatsanwälte laden Gebauer erneut vor. Stundenlang erzählt er pikante Rotlicht-Geschichten, wie etwa vom Liebesnest in Braunschweig. »Beschaffung und Transport« der Prostituierten für Hartz und Volkert, so steht es im Vernehmungsprotokoll, mussten möglichst geräuschlos abgewickelt werden. Gebauer kannte zwar viele Edelbordelle rund um die Welt, aber keinen Zuhälter vor Ort. Das Problem löst Günter Lenz, Betriebsratschef des VW-Werkes in Hannover und niedersächsischer SPD-Landtagsabgeordneter. Lenz stellt den Kontakt zu einer Rotlicht-Größe aus Hannover her.

Im Restaurant »Clichy« treffen sich der Zuhälter, Gebauer, Lenz und noch ein weiterer VW-Betriebsrat mit dem Szenenamen »Schorse«. Schnell wird sich die Runde einig: »Schorse« chauffiert die Prostituierten zur Braunschweiger Wohnung, schickt sie nach oben, wartet im Auto vor dem Haus und fährt die Frauen dann wieder zurück ins Bordell. Er nimmt zudem von Gebauer den Liebeslohn von 500 Euro pro Stunde in Empfang. Der Zuhälter wählt für die diskreten Sextreffen die Prostituierten »Nina« und »Vivien« aus.

Die beiden Frauen sind die nächsten Zeuginnen der Staatsanwaltschaft. Sie bestätigen viele Angaben, belasten Hartz und Volkert. »Nina« erinnert sich nicht nur an ihren Kunden Hartz, sondern auch an Details in der Wohnung wie einen blauen Teppich. »Vivien« berichtet, dass sie neben den Treffen in Braunschweig mit Volkert auch auf Fehmarn Sex hatte. Sie sei dort eigens hinchauffiert worden, als Volkert auf der Ostseeinsel seinen Surfurlaub verbrachte.[8]

Die Braunschweiger Staatsanwaltschaft weitet ihre Ermittlungen aus, leitet Verfahren gegen weitere Betriebsräte ein, darunter befinden sich der SPD-Landtagsabgeordnete Lenz und der SPD-Bundestagsabgeordnete Hans-Jürgen Uhl. Die Verteidigungsstrategie der Gewerkschafter sieht so aus: Sie gehen auf Tauchstation. Entweder antworten sie auf Anfragen nicht oder weisen über ihre Anwälte die Vorwürfe zurück. Anfangs kommen sie mit dieser Taktik durch.

Frontalangriff auf den Patriarchen Piëch

Vorhang auf für den nächsten großen Auftritt in Braunschweig. Die Staatsanwälte befragen im Dezember zwei Tage lang Helmuth Schuster. Das ist der frühere Skoda-Personalvorstand, dessen dubiose Geschäfte, unter anderem mit Volkert und Gebauer, die ganze VW-Affäre im Sommer ins Rollen brachte. Seine Aussagen lösen in Wolfsburg ein Beben aus. Denn Schuster belastet den mit Abstand mächtigsten Mann im Volkswagen-Reich: Ferdi-

nand Piëch, langjähriger Vorstandschef und damaliger Aufsichtsratsvorsitzender, gefühlskalter Manager und gefürchteter Patriarch,
genialer Ingenieur und gewiefter Taktiker.

Laut Schusters Vernehmungsprotokoll waren die Privilegien
für Volkert »nicht nur eine persönliche Entscheidung von Herrn
Peter Hartz, sondern auch der Wunsch von Herrn Piëch«. Schuster berichtet von einem »sehr besonderen Verhältnis zwischen
Herrn Piëch, Herrn Hartz und Herrn Volkert«. Weiter sagt Schuster laut Protokoll: »Nicht ohne Grund hat Herr Hartz die Räume
im 13. Stock direkt gegenüber von Herrn Piëch erhalten, damit es
immer eine sehr enge Abstimmung gab.«[9] Vor seinem Vorstands-
job bei Skoda leitete Schuster das zentrale Personalwesen in Wolfsburg, war Mitverfasser der berühmten Arbeitsmarktreformen von
Hartz und galt als sein Vertrauter.

In seiner Vernehmung schildert Schuster das System VW. Demnach gehörte die Kumpanei zwischen Management und Betriebsräten zur Konzernstrategie. Laut Schuster, der jahrelang die Arbeit-
nehmervorbesprechungen für die Aufsichtsratssitzungen betreute,
war den Betriebsräten ihre besondere Machtstellung ziemlich klar:
»Man kann sich das nicht so vorstellen, dass die armen Betriebsräte dort sitzen, die um das Überleben der Belegschaft kämpfen;
vielmehr war ihnen sehr bewusst, dass sie im Unternehmen etwas
zu sagen hatten.«

Aus diesem Grunde sei der Vorstand sehr bemüht gewesen,
»alles zu tun, und zwar nicht nur ein Einzelner wie Peter Hartz,
sondern alle«. Die Topmanager hätten zudem gewusst, »dass sie
den Betriebsrat von Klaus Volkert für ihre Vertragsverlängerungen brauchten«. Schuster berichtet weiter: Wie kleine Schuljungs
haben die VW-Vorstände bei Betriebsratssitzungen vor der Tür
gewartet, bis die Arbeitnehmervertreter sie hereingerufen und zu
bestimmten Themen befragt haben. Die Begünstigungen für Volkert und seine Leute seien laut Schuster vom Vorstand gezielt eingesetzt worden, um die Arbeitnehmervertreter bei Laune zu halten
und auf Kurs zu bringen.

Ohne die Betriebsräte sei schließlich bei Volkswagen nichts gelaufen. Wenn es etwa um Investitionen in ausländische Märkte ging, so Schuster, pochten die Arbeitnehmervertreter stets darauf, dass das nicht auf Kosten der deutschen Standorte passierte. Betriebswirtschaftliche Maßstäbe wie in einem normalen Unternehmen galten da nicht. Wer sich übrigens heutzutage mit dem aktuellen Vorstandschef Herbert Diess zur aktuellen Rolle der Betriebsräte vertraulich unterhält, hört erstaunlich Ähnliches.

Die Aussagen Schusters sind ein Frontalangriff auf Piëch. Gerät er nach Volkert und Hartz nun auch in den Sog der Affäre? Kann es wirklich sein, dass der Mann, der angeblich alles Wichtige im Konzern wusste, keine Kenntnis vom umfangreichen Verwöhnprogramm für die Betriebsräte hatte? Oder hat Piëch das Ganze sogar angeordnet, um die einflussreichen Gewerkschafter einzukaufen? Plötzlich befindet sich Piëch in der Schusslinie.

Kurz nach Erscheinen meiner Geschichte über Schusters Aussage meldet sich überraschend Piëch bei mir. Er gilt als wortkarg, scheut die Presse, gibt nur sehr selten und ungern Interviews. »Hier Piëch«, sagt er, als ich den Hörer abnehme. Er müsse etwas mit mir vertraulich besprechen, ich dürfe ihn mit seinen Aussagen nicht zitieren. In diesen Momenten kann der ansonsten wenig empathische Piëch erstaunlich charmant sein. Minutenlang erklärt er mir, warum die Vorwürfe Schusters nicht zutreffen können und weshalb er von solch einem illegalen Treiben weder gewusst noch es geduldet habe. Ich merke, da kämpft jemand um sein Lebenswerk. Piëch will nicht so enden wie sein langjähriger Weggefährte Hartz.

»Behandlung wie ein Top-Manager«

In diesen Tagen meldet sich Piëch über seinen Anwalt Matthias Prinz auch bei der Staatsanwaltschaft Braunschweig und bittet um einen kurzfristigen Termin zur Vernehmung. Denn neben den Anschuldigungen Schusters belastet ihn auch ein vertraulicher Bericht der Wirtschaftsprüfer von KPMG, die VW mit der

Untersuchung der Affäre beauftragt hatte. Demnach habe Piëch nicht nur gewusst, sondern ausdrücklich zugestimmt, dass Volkert sogenannte Vertrauensspesen in Anspruch nehmen konnte. Bei Volkswagen durften die Vorstände und einige ausgewählte Topmanager damals Spesen ohne Belege abrechnen. Laut KPMG-Bericht basiere die exklusive Einstufung Volkerts als Topmanager auf »einer mündlichen Abrede zwischen Prof. Dr. Ferdinand K. Piëch und Dr. Peter Hartz, welche Ende 2000 bzw. Anfang 2001 erfolgte«.[10] Volkert habe zuvor diesen Wunsch geäußert. Die KPMG-Prüfer befragten Piëch dazu: Er bestätigte ihnen die »Absprache mit Dr. Peter Hartz hinsichtlich der grundsätzlichen abrechnungsmäßigen Behandlung von Dr. Klaus Volkert wie ein Top-Manager«.

Piëch wollte also, dass Volkert wie ein Topmanager behandelt wurde. Wie gefährlich wird ihm das? In seiner zweistündigen Vernehmung bei der Staatsanwaltschaft beteuert er seine Unschuld, er habe keine Kenntnis von derartigen Vorgängen bei Volkswagen. Laut Protokoll habe er nur einmal im Jahr als VW-Vorstandschef »ein Vieraugengespräch über die Unternehmensgesamtsituation mit Herrn Volkert für eine Stunde« geführt. Sonst sei zwischen dem Betriebsrat und dem Unternehmen alles über Hartz gelaufen. Zudem gibt er an, niemals Geld verteilt zu haben. In solchen Fällen habe er sich dadurch aus der Schlinge gezogen, indem er es an jemand anders delegiert habe. Zu den umstrittenen Vertrauensspesen für Volkert erklärt Piëch: »Vertrauensspesen waren zweifelsohne keine Privatausgaben, weder im Rotlichtmilieu noch zu Lustreisen oder Sonstigem, und mit Sicherheit nie und nimmer dafür gedacht.«

Über seinen Anwalt Prinz nimmt Piëch dann etwas später auf meine Anfrage hin Stellung zu dem Vorwurf, durch die Sonderbehandlung Volkerts dessen Gunst erkauft zu haben. Als »abwegig« bezeichnet das Anwalt Prinz. Es habe nicht die Absicht bestanden, Volkert »rechtswidrige Vorteile zuzuwenden«. Weiter erklärt der Piëch-Advokat: »Eine organisatorische Gleichbehandlung des

Repräsentanten der Arbeitnehmerseite und seiner Gesprächspartner auf Unternehmensseite ist durch die im Betriebsverfassungsgesetz angelegte vertrauensvolle Zusammenarbeit geregelt.«

Die Beträge von Volkerts Vertrauensspesen schossen jedenfalls in die Höhe, als Piëch grünes Licht für die Extrabehandlung gegeben hatte. Von diesem Anstieg habe Piëch angeblich keinerlei Kenntnis gehabt.»Einzelheiten der Organisation der Arbeitsbedingungen des Betriebsratsvorsitzenden und der Kontrolle seiner Spesen gehören nicht zu den Aufgaben des Vorstandsvorsitzenden«, so Anwalt Prinz.

Piëch kommt in dieser Phase eine besondere Eigenschaft zugute: Er agiert in seiner Karriere stets vorsichtig, misstraut allen und trifft Verabredungen selten schriftlich, um keine Beweise zu hinterlassen. Als die Affäre im Sommer 2005 beginnt, ist einer seiner größten Widersacher noch Christian Wulff. Der damalige Ministerpräsident und spätere Bundespräsident vertritt die Interessen des Großaktionärs Niedersachsen, sorgt für einen raschen Abgang von Hartz, will Filz und Kungeleien in Wolfsburg beenden. In seinem Kampf gegen das System VW gerät Piëch ins Visier. Wulff sieht die Affäre als Chance, den Patriarchen zu stürzen. Doch plötzlich wird Volkswagen von Porsche angegriffen. Der Stuttgarter Sportwagenbauer will den Wolfsburger Autoriesen übernehmen, das wird im Laufe des Jahres 2006 immer klarer. Zehntausende Arbeitsplätze in Niedersachsen sind womöglich in Gefahr. Jetzt verbünden sich Piëch und Wulff in der Schlacht gegen Porsche, die sie am Ende gewinnen.

In der Betriebsratsaffäre ist es dann Ex-Personalvorstand Hartz, der seinen langjährigen Chef endgültig rettet. Gegenüber den Staatsanwälten behauptet Hartz, Piëch habe von den illegalen Zuwendungen nichts gewusst. Auch nichts von den geheimen Sonderboni-Zahlungen in Höhe von insgesamt rund 1,95 Millionen Euro, die Volkert über Jahre neben seinem Gehalt kassierte. Volkert fühlte sich im Vergleich zu etlichen Topmanagern unterbezahlt und drängte auf eine bessere Entlohnung. Hartz kam ihm dann mit dem Sonderbonus entgegen. In seiner Vernehmung begründet Hartz das »mit der Bedeutung des Amtes des Konzernbetriebsvorsitzenden in einem weltweit agierenden mitbestimmten Konzern«.[11]

Geheimtreffen in Magdeburg

Piëch ist aus dem Schneider, aber für Hartz und Volkert wird die Luft in dem Untreue-Verfahren mit dem Aktenzeichen 400 Js 30553/05 immer dünner. Überraschend meldet sich Volkert bei Gebauer, bittet um ein vertrauliches Treffen mit ihm und seinem Anwalt Peter-Michael Diestel, bekannt als letzter Innenminister der DDR. Am 1. November 2006 kommen die drei in einer Mercedes-Vertretung in Magdeburg zusammen. Detailliert schildert Gebauer später den Staatsanwälten den Ablauf des Gesprächs: Demnach hätten Volkert und Diestel massiven Druck auf ihn ausgeübt, die Anschuldigungen gegen Volkert zu stoppen und seine Verteidigungsstrategie in der Affäre zu ändern. »Du hast keine Chance, wenn du dich nicht drehst«, soll Volkert gedroht haben. Wenn sich die Beteiligten nicht gegenseitig belasten würden, soll Diestel erklärt haben, könnte am Ende jeder davon profitieren. Sie würden ihm einen neuen Anwalt besorgen und hätten auch finanzielle Hilfe in Aussicht gestellt, so Gebauer.

Nach dem Magdeburger Geheimtreffen steht plötzlich der Verdacht im Raum, Volkert und Diestel wollten den Hauptbelastungszeugen Gebauer quasi kaufen. Auf Anfrage bestätigt Diestel das Gespräch mit Gebauer, will sich zu den Inhalten jedoch nicht äußern, bezeichnet Gebauers Version lediglich als »lächerlich« und »wahrheitswidrig«.[12] Die Staatsanwaltschaft Braunschweig reagiert prompt: Die Beamten verhaften Volkert in Wolfsburg wegen Verdunklungsgefahr. Er landet im Gefängnis, es ist die erste Verhaftung in der VW-Affäre. Erst nach einem umfassenden Geständnis Volkerts wird der Haftbefehl einige Wochen später aufgehoben, der Ex-Betriebsratsboss kommt wieder auf freien Fuß.

Eine Gefängnisstrafe fürchtet auch Peter Hartz, der sich in

seine saarländische Heimat zurückgezogen hat. Dort bereitet er sich auf seinen Prozess vor. Untreue und Begünstigung eines Betriebsrats in 44 Fällen wirft ihm die Staatsanwaltschaft in der Anklage vor. Es ist ein beispielloser Absturz: Der Mann, der in der VW-Welt eine Machtinstanz war und als Namensgeber der Hartz-Gesetze Geschichte schrieb, steht nun vor Gericht, weil er Betriebs-räte schmierte und mit Prostituierten Sex auf Konzernkosten hatte.

Hartz will sich beim Prozess im Januar 2007 in Braunschweig den letzten Rest seiner Würde bewahren und vor allem nicht ins Gefängnis. Deshalb bastelt er mit seinem Anwalt Egon Müller an einer Strategie, die ihm den peinlichen Auftritt von Prostituierten als Zeuginnen vor Gericht ersparen soll. Hartz, der anfangs viele Vorwürfe abgestritten hat, ist nun bereit, ein umfassendes Geständnis abzulegen.[13]

Gericht, Staatsanwaltschaft und Verteidigung einigen sich schließlich vor Prozessbeginn auf einen Deal. Das Braunschwei-ger Landgericht verurteilt den Ex-Vorstand zu zwei Jahren Gefängnis auf Bewährung und 576 000 Euro Geldstrafe. Hartz kann den Saal 141 des Landgerichts als vorbestrafter, aber freier Mann wieder verlassen, schlüpfrige und peinliche Details tauchen in der Öffentlichkeit nicht auf. Es ist das Ergebnis, das Hartz anvisiert hat. Doch der kurze Prozess mit nur zwei Verhandlungstagen und ohne Zeugen löst viel Kritik aus. Bekommt Hartz eine Promi-Behand-lung vor Gericht? Die *Zeit* kommentiert das Urteil so: »Er legt ein Geständnis ab, das Gericht erspart ihm den peinlichen Auftritt von Huren. Hartz sagt, was er über die zwei Millionen Euro Sonder-bonuszahlungen an Volkert weiß, und das Gericht vergisst die paar Tausend Euro, die aus der Firmenkasse für die Mädchen des Peter Hartz bezahlt wurden.«

Was für Hartz spricht: Er betritt das Braunschweiger Gericht bewusst durchs Hauptportal, kämpft sich durch eine lautstarke Truppe von Demonstranten, die ihn als »Arbeiterverräter« und »Lump« beschimpft. Die Justiz informierte ihn zuvor über die

Protestler, bot einen diskreten Zugang durch den Hintereingang an. Doch Hartz lehnte ab, er wolle sich nicht drücken. Mit geradem Rücken schreitet er zu seinem Platz auf der Anklagebank.

Es ist der letzte große Auftritt von Peter Hartz. Seit dem Urteilsspruch lebt er weitgehend zurückgezogen im Saarland. Er versucht sich zwar noch mit einem Buch ein bisschen zu rechtfertigen, aber sein Image ist ruiniert. Womöglich liegt das auch an seiner Fallhöhe. Hartz gilt lange als Hoffnungsträger für Millionen Arbeitslose. SPD-Kanzler Gerhard Schröder macht ihn zum Chef der Hartz-Kommission. Berauscht von seinen Ideen, verspricht er die Halbierung der Arbeitslosenzahlen, als er Schröder seine »Bibel für den Arbeitsmarkt« feierlich übergibt.

Viele warnen ihn, dass die Politiker seine Vorschläge zerpflücken werden. Und so passiert es dann auch: Hartz will zum Beispiel die Sozialhilfe an das höhere Arbeitslosengeld anpassen, am Ende kommt genau das Gegenteil heraus. Der Erfinder der Arbeitsmarktreformen ist entsetzt über das bürokratische Gesetzesmonstrum, das die rot-grüne Regierung im Jahr 2002 verabschiedet. Die größten und umstrittensten Sozialreformen werden nach ihm benannt, ohne dass er vorher gefragt wird. Bis heute gilt sein Name als Synonym für Sozialabbau. Durch die Affäre ist er endgültig zur *persona non grata* avanciert.

Mit einer ganz anderen, sehr überraschenden Verteidigungsstrategie versucht sich derweil Klaus Volkert vor einer Gefängnisstrafe zu retten. Er sitzt Monate nach dem Hartz-Prozess gemeinsam mit Chefanimateur Gebauer auf der Anklagebank in Braunschweig. In seinem Schriftsatz stellt Volkerts Anwalt folgende Rechnung auf: Den VW-Ausgaben für Bordellbesuche und Lustreisen stünden weitaus größere Einspareffekte gegenüber. Das von Volkert praktizierte Modell der Mitbestimmung sei ein wichtiger Faktor gewesen, dass VW »in den Kreis der führenden Automobilhersteller der Welt« zurückkehren konnte.[14]

Demnach hätte Volkert dem Konzern gar keinen Schaden zugefügt. Im Gegenteil: Ohne den Betriebsratschef hätte der Autobauer »einen wirtschaftlichen Schaden von mindestens 20 Millionen Euro« erlitten. Als Beispiele nennt der Verteidiger die wenigen Streiktage in der Volkert-Amtszeit sowie massive Lohnsenkungen durch die Vier-Tage-Woche Anfang der 1990er-Jahre.

Die Taktik von Volkert geht nicht auf: Das Landgericht verurteilt ihn wegen Anstiftung und Beihilfe zur Untreue und wegen Verstoßes gegen das Betriebsverfassungsgesetz zu einer Freiheitsstrafe von zwei Jahren und neun Monaten. Volkert muss hinter Gitter, wird nach 21 Monaten vorzeitig aus der Haft entlassen. Gebauer kommt mit einer Bewährungsstrafe von einem Jahr davon.

Das Lügengebäude bricht zusammen

Etliche einst mächtige Betriebsräte verlieren durch die Korruptionsaffäre ihre Posten. Ein Fall hat mich dabei besonders bewegt: Hans-Jürgen Uhl sitzt zugleich im VW-Betriebsrat und für die SPD im Bundestag. Gegen ihn gibt es massive Vorwürfe, an Sexpartys und Lustreisen auf Konzernkosten teilgenommen zu haben. Doch er streitet alles ab, geht gegen diverse Medien mit eidesstattlichen Versicherungen presserechtlich vor. Das Lügengebäude bricht zusammen, kurz bevor der Prozess gegen ihn vor dem Wolfsburger Amtsgericht beginnt.

Sechs Prostituierte sind als Zeuginnen geladen. Da erklärt der SPD-Politiker plötzlich: Er habe »im Umgang mit den gegen mich erhobenen Vorwürfen« nicht die Wahrheit gesagt. Uhl legt sein Mandat als Bundestagsabgeordneter nieder. Daneben tritt er aus der SPD aus, um einem Parteiausschlussverfahren zuvorzukommen. Anderthalb Jahre hat er alle belogen – seine Wähler, seine Parteifreunde, seine Kollegen, seine Ehefrau – und am Ende alles verloren. Die Verurteilung zu einer Geldstrafe vor dem Amtsgericht ist da sein kleinstes Problem.[15]

Die Rotlichtaffäre hat Karrieren zerstört, aber nicht die Mitbestimmung bei Volkswagen erschüttert. Volkerts Nachfolger Bernd Osterloh schweigt sich über die Verfehlungen lieber aus und hakt die Vergangenheit schnell ab. Erstaunlich angriffslustig präsentiert er sich bereits kurz nach seinem Amtsantritt, stuft die Betriebsräte weiterhin als Co-Manager ein. Schon bald kommt mit Martin Winterkorn ein neuer Vorstandsvorsitzender, der die Kräfteverhältnisse in Wolfsburg kennt und akzeptiert: Die Manager kommen und gehen, die Macht der Gewerkschafter bleibt bestehen. In Winterkorns Amtszeit geht das Jahresgehalt von Osterloh auf bis zu 750 000 Euro hoch. Im Vergleich dazu war Volkert wirklich unterbezahlt.

Im Frühjahr 2021 steigt Osterloh sogar zum Einkommensmillionär bei Volkswagen auf. Er wechselt zur Lkw-Tochter Traton, wird dort Personalvorstand. Den Vorwurf, er hätte sich als Arbeiterführer mit den Millionen kaufen lassen, weist er zurück.

Erstmals steht nun eine Frau an der Spitze der Arbeitnehmervertretung: Daniela Cavallo, Tochter italienischer Gastarbeiter, verzichtet auf markige Worte, tritt aber auch betont selbstbewusst auf. Im ersten großen Kampf mit VW-Vorstandschef Herbert Diess Ende 2021 demonstriert Cavallo ihren Machtanspruch, zeigt ihm seine Grenzen auf. Spätestens seitdem weiß Diess: Verscherzt er es sich mit Cavallo, ist er ganz schnell Geschichte als Volkswagen-Boss. Der Betriebsrat in Wolfsburg ist aktuell mindestens genauso mächtig wie zu Zeiten von Hartz und Volkert.

Der Cum-ex-Skandal

Der Krimi um die Warburg Bank,
Bundeskanzler Olaf Scholz und
den größten Steuerraub aller Zeiten

Es ist ein kleines Notizbuch aus dunklem Leder, das den Akteuren in diesem Fall zum Verhängnis wird. Auf dem edlen Einband des Büchleins sind die Initialen C. O. eingraviert. Der Banker Christian Olearius aus dem feinsten hanseatischen Manschettenknöpfe-Milieu, Miteigentümer der Hamburger Warburg Bank, führt Tagebuch. Minutiös hält er zwischen den Lederdeckeln handschriftlich fest, wen er trifft, was er mit wem bespricht, was ihm wichtig erscheint. Er protokolliert – ganz alte Schule – seinen Tagesablauf.

Auf den Seiten seines Notizbuchs finden sich Aufzeichnungen über die Treffen mit dem heutigen Bundeskanzler Olaf Scholz, der damals noch als Hamburgs Erster Bürgermeister im altehrwürdigen Rathaus residierte. Während Scholz sich nicht mehr zu erinnern scheint, was er mit Olearius besprochen hat, dient das Notizbuch als Beweisstück in einem der spannendsten deutschen Wirtschaftskrimis.

Scholz und Olearius spielen jeweils eine Hauptrolle in diesem Stück. Es geht um Cum-ex-Geschäfte, eine besonders trickreiche Form der Steuerhinterziehung. Dabei sollen die Hamburger Privatbank M. M. Warburg, die WestLB sowie zahlreiche andere Geldhäuser den Steuerzahler um insgesamt 30 bis 36 Milliarden Euro geprellt haben. Auch die Deutsche Bank ist – mal wieder – verwickelt.

Inzwischen sind die ersten harten Urteile gegen die Banker gefallen. Fünf Jahre Haft für einen Warburg-Angestellten, so der

Richterspruch des Landgerichts Bonn. Ein erster Warburg-Banker hat ebenfalls ein umfängliches Geständnis abgelegt, das nun viele Beteiligte in Bedrängnis bringen könnte.[1]

Worum dreht sich der Cum-ex-Skandal?

Cum-ex: Der aus dem Lateinischen stammende Begriff wirkt häufig eher komplex und undurchsichtig – genauso wie die Machenschaften selbst. Bei Cum-ex-Geschäften geht es im Kern um rechtswidrige Steuerrückzahlungen. So unglaublich es klingen mag: Die Beteiligten lassen sich eine Steuer rückerstatten, die sie nie entrichtet haben. Konkret handelt es sich dabei um die Kapitalertragssteuer. Diese müssen Anleger auf Dividenden zahlen, also den Gewinn, den Aktienunternehmen einmal jährlich an ihre Anteilseigner ausschütten. Investoren und Banken handeln Aktien eines DAX-Konzerns »mit« (*cum*) und »ohne« (*ex*) Dividendenanspruch, die untereinander hin- und hergeschoben werden.

Für unsere Recherche treffen wir den ehemaligen Bundestagsabgeordneten (Die Linke) und Finanzexperten Fabio De Masi. Er ist maßgeblich an der Aufklärung von Cum-ex-Deals beteiligt, gilt mittlerweile als Banken-Schreck. Er erklärt die komplexe Sache so: »Stellen Sie sich vor, Sie gehen in den Supermarkt, geben eine Pfandflasche ab und erhalten einen Pfandbon. Diesen legen Sie zu Hause auf den Kopierer und vervielfältigen ihn. Dann gehen Sie zur Supermarktkasse und holen sich ein Vielfaches des Pfandgeldes zurück.«

In diesem Fall seien die Steuerzahler die Supermarktkasse, also wir. Nur mit dem Unterschied: »Es geht um Milliarden, nicht um ein paar Cent.« Für den Supermarkt würde das einen dramatischen Verlust bedeuten. Das Gleiche gilt für den Fiskus und auch für den Steuerzahler. Denn Cum-ex-Gelder sind Steuern, die für das Allgemeinwohl eingesetzt werden sollten.

Ein Beispiel: Herr Hohenheim kauft Aktien der Firma VW. Einmal im Jahr, am Dividendenstichtag, zahlt VW ihm die Dividende aus. Im vergangenen Jahr waren das 4,86 Euro pro Aktie.

Je mehr Geld Hohenheim in VW-Aktien investiert hat, desto größer seine Dividende. Auf diesen Gewinn muss er die sogenannte Kapitalertragssteuer von 25 Prozent zahlen. Bei VW wäre das also 1,22 Euro pro Aktie.

Früher führte das Unternehmen die Steuer ab, heute zieht die Bank die Summe ab und leitet sie an das Finanzamt weiter. Herr Hohenheim erhält eine Bescheinigung über die Summe. Diese benötigt er, um sich das Geld später mit seiner Steuererklärung vom Finanzamt zurückerstatten zu lassen. So weit, so kompliziert.

Bei Cum-ex-Geschäften wird diese Steuerbescheinigung nun unzählige Male vervielfacht, damit mehrere Personen von der Rückzahlung profitieren können. Doch nur Hohenheim hat bezahlt und damit Anrecht auf eine Rückerstattung. Das Ganze läuft folgendermaßen ab: Hohenheim spricht sich mit mindestens zwei anderen Personen ab, am Dividendenstichtag seine Aktien an sie zu verkaufen und die Papiere zwischen ihnen hin- und herzuschieben. Das dient dazu, die Herkunft der Aktie zu verschleiern. Am Ende des Kreislaufs wird das Aktienpaket wieder an Hohenheim verkauft.

So ist jeder der Beteiligten kurzzeitig Aktieneigentümer und erhält jeweils eine Steuerbescheinigung, die beim Finanzamt eingereicht werden kann. Eigentlich hat aber nur Hohenheim Anrecht darauf, sich das Geld zurückzuholen.

Da dies ein Kreislaufgeschäft ist, beruhen diese Cum-ex-Geschäfte nur darauf, dass die Beteiligten eine Verabredung treffen, um die Beute aufzuteilen. Die Anzahl der Beteiligten ist dabei unbegrenzt. Ein Albtraum für jeden Finanzbeamten, der dies nachvollziehen will.

Milliarden verschwinden heimlich aus der Steuerkasse

Es geht um große Summen. Die gestohlenen Steuern aus Cum-ex-Transaktionen sollen nach Schätzungen von *Correktiv*[2] allein in Deutschland zwischen 30 und 36 Milliarden Euro betragen. Bei einer Summe von 30 Milliarden Euro macht Fabio De Masi folgende Rechnung: »Ich will das mal übersetzen. Wir haben 30 000 Schulen in Deutschland, das wäre eine Million Euro für jede Schule. Dieser Steuerraub hat also ganz konkrete Folgen für die Zukunft unserer Kinder.« Damit könnte man zum Beispiel die Schulen digitalisieren und neue Technik wie Tablets für die Schüler anschaffen. »Bei Cum-ex betrügen nicht nur ein paar Superreiche und Banken, wir alle werden betrogen. Es ist der größte Steuerraub in der Geschichte«, so De Masi.

Nun braucht man nicht das Gehirn eines Finanzgenies, um zu realisieren, dass man Steuern, die man nicht entrichtet hat, nicht auf legalem Weg zurückerhalten kann. Die irre Logik der Cum-ex-Täter verstößt gegen den gesunden Menschenverstand, meint auch Fabio De Masi im Gespräch mit uns. »Das war schon immer illegal.«

Nichtsdestotrotz glauben viele Banken, Kanzleien und vermögende Privatpersonen, die mit diesen Geschäften Kasse gemacht haben, dass sie rechtens sind oder zumindest in einer rechtlichen Grauzone stattfinden. Jahrelang haben sie es für rechtlich in Ordnung befunden, die Staatskasse zu plündern. Denn bis zum vergangenen Jahr gab es keine explizite Gesetzgebung und kein Urteil, die Cum-ex-Geschäfte als illegal eingestuft hätten. Erst im Juli 2021 fällte der Bundesgerichtshof ein Urteil, wonach Cum-ex-Geschäfte explizit strafbar sind.

Cum-ex ist allerdings kein neues Phänomen. Diese Art von Geschäften gab es sogar schon in den 1970er-Jahren, damals aber unter der etwas schillernderen Bezeichnung »Dividenden-Stripping«. Immer wieder tauchte es in der Folgezeit auf. In einem Bericht der Landeszentralbank Hessen von 1992 heißt es etwa, »die bewusste Produktion von Steuerbescheinigungen« ziele darauf ab, »Erstattungsansprüche für Steuern zu erlangen, die überhaupt nicht gezahlt wurden«.[3] Damals baute man noch auf die Moral und Verantwortung der Banker, sah deshalb von einer verstärkten staatlichen Aufsicht ab.

Doch diese lasche Haltung des Staates war ein Einfallstor für den Betrug. Jahrelang schickten Banken, Fondsverwalter, Anwälte und vermögende Privatpersonen in großem Stil Aktien untereinander im Kreis. Wer als Vermittler auftritt, erhält dabei Provisionen und Vermittlungsgebühren. Die Institutionen wie Rentenfonds und Banken, ohne die solche Geschäfte nicht abgewickelt werden können, erhalten Teile der Gewinne, ebenso wie Privatpersonen. Teilweise springen dabei Renditen von bis zu 20 Prozent heraus – und das innerhalb eines einzigen Monats.

Hanno Berger: Der Meister der Gier

Als Drahtzieher hinter dem profitablen Geschäftsmodell gilt Hanno Berger. Der heute 71-jährige Steueranwalt wird häufig auch als der Architekt der Cum-ex-Deals bezeichnet. Er hat sie hierzulande bekannt gemacht. Viele Jahre arbeitet Berger als hochrangiger Steuerbeamter für den Staat, schafft es bis zum Regierungsdirektor. Damals wissen alle: Berger ist einer der cleversten Finanzbeamten im Staat, den meisten Kollegen überlegen.

Seine Findigkeit entgeht auch den wachen Augen der Banken und Kanzleien nicht. Sie locken ihn auf die andere Seite, vergolden ihm seinen Abschied als Beamter. Künftig soll er sich in den Dienst der Steuervermeidung stellen, statt möglichst viel Steuern rauszuholen. Dafür brauchen sie offenbar nicht viel Überredungskunst, sondern müssen bloß sein Gehalt vervielfältigen. Berger wird im Alter von 45 Jahren Steueranwalt. Sein Spezialgebiet: Steuersparmodelle. Für die Vermögenden drückt er die Steuerlast zum Teil von 50 auf fünf Prozent.

Kaum einer zahlt gern Steuern. Viele freuen sich, wenn sie dem Fiskus ein Schnäppchen schlagen können. Bergers Erfolg gründet darauf, dass er an die niedrigsten Instinkte im Menschen appelliert und die Geldgier im Menschen weckt. Das *Manager Magazin* nennt ihn den »Meister der Gier«.[4] 2005 entdeckt er die vermeintliche Cum-ex-Steuerlücke. Mitten in der Finanzkrise 2008 erfreuen sich die Cum-ex-Deals wachsender Beliebtheit, denn die Wohlhabenden suchen neue lukrative Wege, um ihr Geld zu mehren. Bald schon berät Berger vermögende Kunden, darunter auch die Multimillio-

näre Rafael Roth sowie Warburg-Inhaber Christian Olearius. Er vermittelt ihnen Cum-ex-Geschäfte. Wie spätere Vernehmungsproto-
kolle zeigen, bringt Hanno Berger die Warburg Bank als Erster auf
die Idee mit Cum-ex.

Lange Zeit erscheint das Steuersparmodell als ein recht risiko-
armes Instrument. Viele Geldhäuser und Wohlhabende setzen auf
dieses Modell, die Gewinne sprudeln. Bis die Behörden realisieren,
dass ihnen tief in die Tasche gegriffen wird, vergehen Jahre. Vielleicht auch, weil Cum-ex-Geschäfte so verdammt kompliziert sind
und die behäbigen Finanzämter überfordern.

Ein Whistleblower schlägt Alarm, und es passiert – nichts
Whistleblower und Institutionen machen das Bundesfinanzministerium sowie die Bankenaufsicht (BaFin) immer wieder auf diese
Deals aufmerksam. Der Bundesverband deutscher Banken schreibt
etwa bereits 2002 einen Brief an das Bundesfinanzministerium,
in dem er darauf hinweist, dass Banken bei Leerverkäufen um den
Dividendenstichtag Steuerbescheinigungen für beide beteiligten
Parteien ausstellten. Selbst dann, wenn tatsächlich nur eine Steuer
abgeführt wurde.

Am 7. Mai 2007 schlägt um 10.07 Uhr eine E-Mail auf dem
Bildschirm eines Mitarbeiters der Bundesfinanzaufsicht auf, wie
ein Reporter des WDR herausfindet.[5] Sie sollte dem ganzen illegalen Treiben ein Ende setzen. In einem fünfseitigen Dokument
informiert ein Whistleblower die BaFin äußerst detailliert über
Cum-ex. Auch die skandalumwitterte nordrhein-westfälische Lan-
desbank WestLB ist darin involviert.

Wie reagiert die Finanzaufsicht? Anstatt den Verdacht der Polizei zu melden, kontaktiert die BaFin ausgerechnet die beschuldigte
WestLB. Die Bank beeilt sich dem Vernehmen nach, die Aufseher
wortreich zu beschwichtigen und einzulullen. Die E-Mail, welche
die Wende hätte bringen können, verschwindet wohl in einer ent-
legenen digitalen Ablage. Kaum zu glauben, aber wahr – es passiert
wieder nichts.

Mitte der 2000er-Jahre beginnen die Behörden, sich in Bewegung zu setzen. 2007 wird eine Gesetzesänderung verabschiedet, die solche Cum-ex-Deals vorerst verhindern soll. Lobbyisten blockieren jedoch den tiefgreifenden Wandel: Denn niemand Geringeres als der Bankenverband ist an dem Gesetzentwurf beteiligt. Wie sich später herausstellt, arbeitet der maßgeblich mit dem Gesetzentwurf befasste Finanzrichter und Referent aus der Steuerabteilung des Bundesfinanzministeriums, Arnold Ramackers, sowohl für den Staat als auch für den Bankenverband. Wie ist das möglich? Ermittler entdecken, dass er für seine beflissenen Dienste im Sinne der Banken ein eigenes Gehalt von der Bankenlobby erhält. Medien bezeichnen ihn damals als den Cum-ex-Trojaner.

Viele Banken sind in diese Geschäfte involviert. Fast alle renommierten Geldhäuser machen mit bei den Cum-ex-Geschäften, sahnen ihren Teil der Gewinne ab. Ein Grund dafür ist, dass Steueranwälte der Kanzlei Freshfields sowie auch Hanno Berger den Beteiligten versichern, alles sei legal. Berger bestreitet bis heute, gegen Gesetze verstoßen zu haben, und behauptet, es sei rechtlich alles sauber abgelaufen. Als Kayhan Özgenc ihn in der Schweiz zu einem Gespräch trifft, versichert er seine Unschuld. Er fachsimpelt über Gesetze, Urteile, bringt Argument um Argument und will sich als Experte in Szene setzen. Für ihn ist Cum-ex nur eine Lücke im Gesetz, die es auszunutzen galt. Wenn der Staat zu dämlich ist, ordentliche Gesetze zu machen, argumentiert Berger, dann sei das nicht sein Problem.

Der Betrug fliegt auf

Erst 2011 platzt die Cum-ex-Blase. Die Berliner Politik verabschiedet ein Gesetz, das dem Geldfluss in die Taschen der Vermögenden einen Riegel vorschiebt. 2012 durchsuchen Steuerfahnder bei einer Razzia Bergers Büro. Als Berger davon erfährt, befindet er sich gerade auf der Autobahn. Nach dem Telefonat dreht er kurzerhand um, passiert die Schweizer Grenze und ist seitdem nie wieder nach Deutschland eingereist. Frühzeitig hatte sich der Star-Anwalt einen Schweizer Pass besorgt – und eine Bleibe in einem Bergdorf nahe St. Moritz.

Unbehelligt lebt er dort über Jahre. Von der Schweiz aus führt er seinen Kampf gegen die deutsche Justiz, fühlt sich zu Unrecht an den Pranger gestellt. In Wiesbaden macht ihm die Staatsanwaltschaft derweil den Prozess, verlangt von den Schweizer Behörden seine Auslieferung.

Dann, im Sommer 2021, wird Berger doch noch in seiner neuen Heimat verhaftet. Monatelang wartet er in der Schweiz in einem Gefängnis auf seine Auslieferung nach Deutschland und versucht mit allen Mitteln, seine Abschiebung zu verhindern. Doch das Bundesstrafgericht lehnt seine Beschwerden ab. Im Februar 2022 ist es dann so weit: Berger wird nach Deutschland ausgeliefert, die Schweizer Polizei übergibt ihn an der Grenzstelle Kreuzlingen-Konstanz dem deutschen Bundeskriminalamt. Die Staatsanwaltschaft Bonn wirft dem Steueranwalt schwere Steuerhinterziehung und Betrug im Zusammenhang mit den Cum-ex-Geschäften der Bank M. M. Warburg vor. Im April startete sein Prozess, der sich nun wohl noch über Monate ziehen wird; auch weil Berger und seine Anwälte immer wieder Haftbeschwerden einlegen. In Wiesbaden wird Berger im Prozess um den Fall Rafael Roth als Zeuge gehört.

Eine mächtige Staatsanwältin gegen die Warburg-Banker

Aber Cum-ex-Mastermind Hanno Berger und der Warburg-Inhaber Christian Olearius haben eine starke Gegnerin: Seit 2012 ermittelt die Kölner Oberstaatsanwältin Anne Brorhilker gegen die mutmaßlichen Steuerstraftäter. Praktisch im Alleingang deckt sie zu Beginn der Ermittlungen das Netzwerk der international verzweigten Geldflüsse auf.

2019 beginnt unter ihrer Führung in Bonn der erste strafrechtliche Cum-ex-Prozess. Seitdem ermittelt die Staatsanwaltschaft in mehr als 86 Strafverfahren gegen über tausend Beschuldigte weltweit.

Die Spur zur Warburg Bank deckt 2015 ein Kronzeuge auf. Er ist an einem anderen Verfahren in Köln beteiligt. Insgesamt soll die Warburg Bank zwischen 2006 und 2011 bis zu 279 Millionen Cum-ex-Euro widerrechtlich zurückbekommen haben. Sie erwirbt Aktien im Wert von bis zu fünf Milliarden Euro kurz vor den Hauptversammlungen und verkauft sie wenige Tage später wieder. Als Geschäftspartner der Bank fungiert stets der Londoner Broker ICAP. Die Bank sollte bei den Geschäften mindestens 68 Millionen Euro Gewinn einstreichen, 44 Millionen Euro gehen an Berater, und noch weitere Millionen verdienen andere Beteiligte – natürlich auch Hanno Berger. Über Scheinrechnungen transferiert die Bank dem Mann offenbar Millionen auf Konten in einer Steueroase.

Die Kölner Staatsanwälte informieren 2015 die Steuerfahnder des Hamburger Finanzamts. Sie nehmen die Ermittlungen auf. Im Januar 2016 wird Christian Olearius Zeuge, wie Polizisten seine Firmenzentrale bei einer Razzia durchsuchen. Die Höchststrafe für den bislang so angesehenen Bürger der Stadt. Olearius hat nicht nur seinen guten Ruf in der Hansestadt zu verlieren, sondern auch einen Großteil seines Privatvermögens. Das soll zum einen in der Bank, zum anderen mutmaßlich in Cum-ex-Deals stecken.

Das Image ist verheerend. In der Hansestadt wird noch heute der ehrbare Kaufmann geschätzt. Sein Handschlag gilt als Besiegelung eines Vertrags. Die Hamburger blicken mit Stolz auf die Hanse, den Hafen und ihre Unternehmer. Man gibt sich als Förderer der Künste, der Museen oder der Elbphilharmonie. Das erklärt vielleicht, warum Politik und Finanzaufsicht in Hamburg womöglich nicht ganz genau hinsehen mögen, als einer der prominenten Bürger und Inhaber eines 1798 gegründeten Traditionsunternehmens in Cum-ex-Steuergeschäfte verstrickt ist.

Denn mittlerweile ist belegt: Allein im Jahr 2009 lässt sich Warburg 48 Millionen Euro Steuern vom Staat zurücküberweisen – 47 Millionen davon unberechtigt.

Um diese Summe geht es in den Ermittlungen des Jahres 2016. Die Inhaber Christian Olearius und Max Warburg behaupten damals wie heute, nichts Illegales getan zu haben. Nach der Razzia in der Warburg Bank und bei Olearius zu Hause kommen die Machenschaften der Bank Stück für Stück ans Licht. Auch das Hamburger Finanzamt für Großunternehmen ist inzwischen informiert.

Die erstaunlich gegensätzlichen Gutachten von Finanzbeamtin Daniela P.

Dort bearbeitet die Finanzbeamtin Daniela P. den Fall. Sie ist eine weitere Schlüsselfigur in dem Verfahren. Daniela P. steht in engem Kontakt zur Bank, telefoniert regelmäßig mit deren Vertretern und pflegt als »Blankeneser Perlenkettentochter«[6], wie sie sich selbst bezeichnet, auch enge Bande zu den Hamburger Bankiersfamilien. Auch sie stammt aus der Gegend nahe der Elbchaussee, wo die verschwiegenen gut situierten hanseatischen Familien mit altem Geld teils hinter hohen Hecken residieren, und eben auch Olearius.

Anfangs bleibt Daniela P. hart: Die Warburg Bank soll gegenüber dem Finanzamt nachweisen, dass sie die Kapitalertragssteuer tatsächlich gezahlt hat, sonst müsse sie das Geld zurückzahlen. Daniela P. begründet diese Entscheidung in einem 28-seitigen Gutachten.

Dann erfährt Daniela P. aus Gesprächen mit dem Geldhaus von dem Gerücht, dass die Bank angeblich pleitegehe, falls die Millionen fällig werden. Sie wird vorsichtig. Wie Olearius in seinem Tagebuch festhält, soll Daniela P. zu ihren Mitarbeitern gesagt haben, sie könne nichts mehr tun und rate der Bank, sich politischen Beistand zu suchen.[7] Die höchste politische Hilfe – das ist zu diesen Zeiten der Erste Bürgermeister der Stadt, Olaf Scholz.

Die Spur führt tief in die Hamburger SPD und mitten ins hochherrschaftliche Rathaus

Um mit Scholz in Kontakt zu kommen, engagiert Olearius einen Türöffner. Der gut vernetzte SPD-Mann Alfons Pawelczyk ist in der Hansestadt bestens verdrahtet. Der langjährige Bundeswehrsoldat, der es in seiner aktiven Zeit bis zum Dienstgrad des Majors schaffte, bekleidete gleich mehrere hochrangige Positionen in der Hansestadt. So zum Beispiel das Amt des Hamburger Innensenators und das Amt des Zweiten Bürgermeisters unter dem legendären SPD-Bürgermeister Klaus von Dohnanyi.

Problemlos fädelt die graue Eminenz der SPD einen Termin für Olearius bei Parteifreund Scholz ein. Für seine Mühen erhält der Mann vom Bankier ein Honorar.

Am 7. September 2016 trifft Scholz die beiden Gesellschafter der Bank, Christian Olearius und Max Warburg, zum ersten Mal. Sie sind um 18.45 Uhr verabredet, Scholz empfängt sie in seinem Arbeitszimmer in der Senatskanzlei. Die Details lassen sich später durch die minutiösen Tagebucheinträge von Olearius in seinem ledernen Notizbuch rekonstruieren, das bei einer Razzia beschlagnahmt wurde und das der Journalist Oliver Schröm publik machte.[8] Seine Veröffentlichungen und Recherchen sind zentral für die Aufklärung des Falls.

Scholz trifft sich also mit Olearius, gegen den zu dem Zeitpunkt bereits wegen schwerer Steuerhinterziehung ermittelt wird. Scholz wird später sagen, er habe sich in seiner beruflichen Laufbahn immer wieder mit Unternehmergrößen getroffen, ein ganz normaler Vorgang.

Olearius notiert nach dem Gespräch in seinem Tagebuch, Scholz habe sich den Stand bei der Finanzbehörde schildern lassen. Scholz soll gesagt haben, dass Olearius sich jederzeit melden könne und er dies sogar erwarte, schreibt Olearius.[9]

Unklar ist, ob Scholz Olearius möglicherweise schützen will, da der Bankier ihn bei der Wiederwahl zum Bürgermeister unterstützt hat. Scholz dürfte dabei selbstverständlich nicht selbst aktiv werden. Laut Tagebuch gibt er Olearius in einem weiteren Telefonat allerdings einen Hinweis: Er solle ein siebenseitiges Argumentationspapier aus Sicht der Bank an Peter Tschentscher verfassen. Der SPD-Parteikollege ist damals Finanzsenator und damit auch der oberste Dienstherr von Finanzbeamtin Daniela P.

Noch am Tag des Telefonats mit Scholz verfasst Olearius eine Mail mit dem Argumentationspapier an Tschentscher – ohne erklärenden Kommentar. Dieser leitet die Mail an das Finanzamt weiter. Auf dem Rand des ausgedruckten Papiers notiert er in grüner Tinte: »Mit der Bitte um Information zum Sachstand«.[10] Im Klartext: Finanzsenator Tschentscher möchte bezüglich der Sache persönlich auf dem Laufenden gehalten werden. Die Tatsache, dass die Mail Tschentscher kommentarlos erreichte und dieser sie sofort weiterleitet, lässt viel Raum für Spekulationen. Woher wusste Tschentscher, was er mit dem Argumentationspapier der Bank machen sollte? Jegliche Absprache über die Weiterreichung des Papiers bestreiten die beiden SPD-Politiker Scholz und Tschentscher jedoch bis heute.

Das Schreiben erreicht jedenfalls das Finanzamt, kurz darauf wird Finanzbeamtin Daniela P. zu einem Termin in den Senat für Finanzen einberufen.

Dann geschieht das Wunder: Kurz nach dem ominösen Termin revidiert P. ihre Entscheidung, man müsse die Millionen zurückfordern. Ihr neues Gutachten, mittlerweile nur noch wenige Seiten lang, kommt nun zu dem gegenteiligen Schluss: Warburg darf die Millionen behalten. Die Betriebsprüfer an ihrer Seite laufen Sturm. Einige quittieren den Dienst.

Acht Tage nach seiner Mail an Tschentscher erhält Olearius die frohe Kunde. Die Kuh ist vom Eis, das Finanzamt Hamburg verzichtet großzügig auf die Rückzahlung der 47 Millionen Euro.

Als Scholz 2018 als Hamburger Bürgermeister abtritt und ins Bundesfinanzministerium einzieht, wird Tschentscher Erster Bürgermeister und tritt die Nachfolge von Scholz an.

Pikante Details drängen ans Licht

Über Jahre gehören diese Machenschaften zu den bestgehüteten Geheimnissen der Hansestadt. Nur wenige verschwiegene Amtsträger sind eingeweiht. Wäre es nach ihnen gegangen, hätte das auch so bleiben sollen. Einige Journalisten und Politiker, wie etwa der damalige finanzpolitische Sprecher der Linken im Bundestag, Fabio De Masi, gehen der Sache auf den Grund. 2019 stellt seine Fraktion eine Anfrage an den Hamburger Senat. Man will wissen, ob es im Rahmen des Steuerverfahrens gegen die Warburg Bank Treffen zwischen Bank-Verantwortlichen und Olaf Scholz gegeben habe. Der Senat verneint.

Im Februar 2020 berichten die *Zeit* sowie das ZDF-Magazin »Panorama«[11] das erste Mal von einem Treffen zwischen Olaf Scholz und Olearius. Erst nach der Veröffentlichung räumt Scholz das Treffen ein. Es gehöre zu den Aufgaben eines Bürgermeisters, mit den Wirtschaftsvertretern der Stadt im Austausch zu stehen.

Was damals noch niemand weiß: Es geht dabei um eines von insgesamt drei Treffen. Scholz ist zu diesem Zeitpunkt nicht mehr in Hamburg, sondern auf bundespolitischer Bühne Finanzminister in der großen Koalition. Der Finanzausschuss im Bundestag lädt ihn im März 2020 zur Befragung. Dort leugnet er das Treffen mit Olearius nicht mehr, meint jedoch, die Vorwürfe gegen ihn seien »heiße Luft«. Dass es noch zwei weitere Treffen gegeben habe, verschweigt er. Fabio De Masi, der Scholz in dem Zusammenhang befragt, wirft ihm vor, Scholz habe hier gelogen: »Ich sage, dass er die Unwahrheit gegenüber dem Deutschen Bundestag gesagt hat.«

Das Gedächtnis von Olaf Scholz ist voller Erinnerungslücken

Bei einer Befragung des Hamburger Untersuchungsausschusses im April 2021 sagt Scholz aus, er könne sich an die weiteren Treffen mit Olearius sowie die Inhalte der Gespräche nicht erinnern. Scholz ist Jurist, gilt als geschickter Verhandler. Ausgerechnet er, der es in einer beispiellosen Karriere vom Hamburger Bürgermeister zum Bundesfinanzminister sowie zum Bundeskanzler geschafft hat, erinnert sich nicht mehr an drei Treffen mit einem großen Hamburger Unternehmer, gegen den in einem der größten Steuerskandale ermittelt wird?

Insgesamt drei Mal reden Olearius und der Hamburgs Bürgermeister, so notiert es der Banker in sein Tagebuch. Der damalige Finanzminister revidiert nun seine Aussage: Plötzlich kehren
wohl Erinnerungsfetzen zurück – er habe mithilfe seiner Kalen-
der rekonstruiert, dass diese Treffen mit Olearius tatsächlich statt-
gefunden hätten. Aber eine Sache wisse er ganz sicher: Politischen
Druck auf das Verfahren gegen die Warburg Bank habe es nicht
gegeben.

Scholz wird in verschiedenen Runden wiederholt zu den Terminen befragt. Einmal sagt der SPD-Mann, er habe zum Zeitpunkt
der Treffen nicht gewusst, dass gegen Olearius ermittelt wird. Doch
auch hier können die Beamten seine Aussage anhand von Unterlagen widerlegen. Ein Mitarbeiter schreibt Scholz für das Treffen
ein Briefing, verweist in dem Dokument auf die Cum-ex-Vorwürfe
ebenso wie auf Scheinrechnungen der Warburg Bank, Geschäfte
mit Fonds auf Malta sowie Geldflüsse in die Karibik. Scholz gerät
immer mehr unter Druck.

Im März 2020 urteilt schließlich der Bundesgerichtshof: Die
Warburg Bank muss 176 Millionen Euro an Steuergeldern zurückzahlen. Zum Jahresende 2020 begleicht die Bank die Summe aus
Cum-ex-Geschäften und überweist. Der Betrag kommt dabei von
den beiden Hauptgesellschaftern Christian Olearius und Max Warburg, wie die Bank mitteilt. Man habe nie die Absicht gehabt, zu
Unrecht von Steuererstattungen zu profitieren, geben die Herren
zu Protokoll.

Trotzdem fühlt sich Warburg-Bankier Olearius weiterhin
im Recht. Seine Anwälte wollen gegen das höchstrichterliche
BGH-Urteil vorgehen und legen im Oktober 2021 Verfassungs-
beschwerde ein. Damit scheitert Olearius vor dem Bundesverfas-
sungsgericht, es lehnt die Beschwerde ab.

**Die schmutzigen Details kommen
nach mehreren Razzien ans Licht**

Seit Anfang 2021 wird die Causa mit all ihren schmutzigen Details nun im Untersuchungsausschuss der Hamburger Bürgerschaft Stück für Stück seziert. Auch Finanzbeamtin Daniela P. erscheint mehrmals vor dem parlamentarischen Untersuchungsausschuss, erstmals kurz vor der Bundestagswahl im September 2021.

Zu dieser Zeit führen Experten sie noch als Entlastungszeugin der Warburg Bank. Schließlich hat sie ihr Gutachten zugunsten der Bank revidiert und den Bankern damit die Millionenzahlung erlassen.

Doch bereits kurz nach der Wahl führt die Polizei weitere Razzien durch: diesmal bei der Hamburger SPD sowie bei Daniela P. zu Hause. Fortan ermittelt man auch wegen des Verdachts auf Geldwäsche, Begünstigung, Strafvereitelung und Untreue gegen Daniela P. Dies sind schwere Geschütze, normalerweise zu finden im Mafia-Milieu.

Auch bei der Hamburger SPD, dem Bezirk Mitte unter der Leitung des ehemaligen Bundestagsabgeordneten und Scholz-Vertrauten Johannes Kahrs, werden die Ermittler fündig. Kahrs gilt als mächtiger SPD-Politiker und Strippenzieher. Der Jurist ist auch Oberst der Reserve in der Bundeswehr. Er hat die Politik mit der Muttermilch aufgesogen, bereits seine Eltern bekleideten für die Bremer SPD hohe Ämter.

Pikanterweise hat Kahrs' Bezirk Spenden der Warburg Bank in Höhe von 45 500 Euro erhalten, und zwar nach der erlassenen Steuerrückzahlung. Gegen Kahrs, der bereits zuvor sein Mandat als Bundestagsabgeordneter zurückgegeben hatte, ermitteln die Behörden nun wegen Beihilfe zur schweren Steuerhinterziehung. Ermittlungen laufen ebenfalls gegen die Hamburger SPD-Eminenz Alfons Pawelczyk, den Türöffner.

Ende 2021 wird nach Recherchen des *Manager Magazins*[12] und von »Panorama« öffentlich: Die Staatsanwaltschaft Hamburg führte fast anderthalb Jahre Vorermittlungen gegen Scholz wegen des Vorwurfs der Untreue durch. Grund waren insgesamt neun Strafanzeigen von Bürgerinnen und Bürgern im Zusammenhang mit Scholz' Rolle im Warburg-Skandal.

Fast ein Jahr lang hält die verantwortliche Staatsanwältin in dieser Vorermittlung jedoch die Füße still, bleibt demnach untätig. Drei Wochen vor der Bundestagswahl stellt die Hamburger Staatsanwaltschaft die Voruntersuchungen ein. Gegen Kanzlerkandidat Olaf Scholz wird nicht ermittelt. Es lägen nicht genügend Indizien für Verdachtsmomente vor, heißt es.

Mittlerweile hat der bekannte Hamburger Anwalt Gerhard Strate erneut eine Strafanzeige gegen Scholz und Tschentscher gestellt, wirft ihnen Beihilfe zur Steuerhinterziehung vor. Laut der Strafanzeige seien die Erinnerungslücken des heutigen Bundeskanzlers »nicht ansatzweise glaubhaft«.[13] Strate schreibt: »Eine völlige Erinnerungslosigkeit – wie sie Olaf Scholz für sich in Anspruch nimmt – ist eine Erscheinung, die in der Aussage- und Gedächtnispsychologie nur im Rahmen einer sog. Posttraumatischen Belastungsstörung gelegentlich diagnostiziert wird. Dafür gibt es hier keine Anhaltspunkte.« Die Staatsanwaltschaft Hamburg teilte ungewöhnlich schnell mit, von einem Ermittlungsverfahren abzusehen. Daraufhin legte Strate Beschwerde ein.[14]

Die Befragungen im Untersuchungsausschuss der Hamburger Bürgerschaft werden sich vermutlich noch Monate hinziehen. Zahlreiche Akten sowie die Aussagen von über zwanzig Befragten und Sachverständigen zeichnen ein verstörendes Bild der deutschen Beamtenbürokratie: Wenn Behörden unterbesetzt, ängstlich und überfordert sind, braucht es womöglich gar keine direkte Einflussnahme der Politik, um Dinge wie die Entscheidung über das millionenschwere Steuergeschenk für die Warburg Bank durchzuwinken. Wer widersetzt sich dem gefühlten Willen der Mächtigen?

Die Hamburger Privatbank hat derweil Konsequenzen aus den Skandalen gezogen und die Führungsetage umgebaut. Unter dem Druck der Cum-ex-Affäre ziehen sich die Gesellschafter Christian

Olearius und Max Warburg aus dem Vorstand zurück. Im Herbst 2021 gibt Olearius auch sein Amt als Sprecher der Gesellschafter auf. Ende Januar 2022 verkündet die Bank, dass der langjährige Vorstandssprecher der Hamburger Volksbank, Reiner Brüggestrat, neuer Aufsichtsratsvorsitzender wird.

Endlich ein Geständnis vor Gericht – der ehemalige Warburg-Geschäftsführer Detlef M. packt aus

Zum Zeitpunkt unserer Recherchen sieht es zunächst so aus, als würden sich die Gerichtsprozesse um die Warburg Bank noch lange hinziehen. Das werden sie auch, doch trotzdem kommt es plötzlich zum Durchbruch: Detlef M., ehemaliger Geschäftsführer des Tochterunternehmens Warburg Invest, legt vor dem Bonner Landgericht ein Geständnis ab. Er bestätigt, dass der Investment-Arm der Bank zwischen 2007 und 2011 wissentlich in Cum-ex-Geschäfte involviert war. Ein riesiger Erfolg für die Ermittler.

Detlef M. war zuständig für zwei Fonds, deren Profite fast ausschließlich aus Cum-ex-Geschäften herrührten. 2009 heißt der Fonds BC German Equity, 2010 lautet der Name BC German Hedge.[15] In diese Fonds sollen unter anderem deutsche Unternehmergrößen wie der Gründer der Drogeriekette Müller, Erwin Müller, investiert haben.

Vor Gericht erklärt Detlef M., er habe die Augen verschlossen und aus Angst um seine Karriere seine Bedenken beiseitegeschoben.[16] Demnach hätten die Anwälte von Hanno Berger sowie die Warburg-Gruppe Druck gemacht. Seinen Angaben zufolge habe die Warburg Bank die illegalen Geschäfte auf Anraten von Berger umgesetzt. Berger bestreitet die Vorwürfe.

Mit seinen Aussagen belastet Detlef M. auch Christian Olearius und Max Warburg, die ebenfalls beide die Vorwürfe bestreiten. Dem Warburg-Invest-Geschäftsführer zufolge habe es mehrere Mitarbeiter gegeben, die ihre Zweifel an der Rechtmäßigkeit geäußert hätten. Selbst Max Warburg solle in dem Zusammenhang von »Bauchschmerzen«[17] gesprochen haben.

Detlef M.s Aussagen belasten auch weitere Mitwirkende an dem Steuertrick: Unter anderem ist wohl auch die Deutsche Bank in den Skandal verwickelt. 2009 stellte das Geldhaus für die Geschäfte 742,9 Millionen Euro Fremdkapital zur Verfügung. Dass die Deutsche Bank und die M. M. Warburg gemeinsam Geschäfte gemacht haben, steht schon länger fest.

Beide Geldhäuser streiten seit Jahren öffentlich darum, wer die Verantwortung für die Cum-ex-Deals tragen muss. Laut verschiedenen Experten und auch dem Politiker De Masi versuche die Warburg Bank jedoch nur, die Schuld auf die Deutsche Bank abzuschieben. Die Deutsche Bank ist in diesen Cum-ex-Deals offenbar nur als Depotbank und Kapitalvermittler tätig geworden, nicht jedoch in Eigengeschäften. Letzteres sei als deutlich schwerwiegender zu werten, erklärt Fabio De Masi uns im Gespräch.

Schluss mit lustig: Das Landgericht Bonn verurteilt den ehemaligen Generalbevollmächtigten der Warburg Bank zu fünf Jahren Haft

Detlef M. wird wegen Steuerhinterziehung in zwei besonders schweren Fällen zu einer Haftstrafe von drei Jahren und sechs Monaten verurteilt. Nach und nach zieht die Oberstaatsanwältin Brorhilker aus Nordrhein-Westfalen die Cum-ex-Täter nun zur Rechenschaft. Im Juni 2021 erzielte sie bereits einen großen Erfolg: Das Landgericht Bonn verurteilte den ehemaligen Generalbevollmächtigten der Warburg Bank, S., zu fünfeinhalb Jahren Haft. Es ist die erste Haftstrafe für einen Cum-ex-Banker. S. ist einer von Olearius' wichtigsten Managern, gilt jahrelang als seine rechte Hand. Er ging gegen das Urteil in Revision, die der Bundesgerichtshof Ende Mai 2022 jedoch ablehnte. Das heißt: S. muss als erster deutscher Banker im Zusammenhang mit Cum-ex-Geschäften tatsächlich ins Gefängnis. Für die weitere juristische Aufarbeitung dieser Steuerstraftaten sind diese Urteile Meilensteine.

Insider und Beobachter meinen, dass es im Cum-ex-Skandal nun für Christian Olearius immer enger wird. Bislang haben die

Angestellten den Bankier geschützt. Doch mit dem Geständnis von Detlef M. hat sich dies dramatisch geändert. Weitere Beteiligte könnten jetzt vor Gericht umfallen. Zudem geht die große Klagewelle in der Cum-ex-Affäre gerade erst los.

Und was ist mit Olaf Scholz? Bislang konnte er die Angriffe abwehren, sprach von »haltlosen Schauermärchen«[18], schaffte es sogar, Kanzler zu werden. Doch je größer die Cum-ex-Affäre noch wird, desto gefährlicher könnte der Warburg-Krimi für den Bundeskanzler werden. Da helfen Erinnerungslücken nur bedingt.

Das volle Interview mit Fabio De Masi, Finanzexperte und Ex-Bundestagsabgeordneter der Linken

Business Insider (BI): Fangen wir mit der schwierigsten Frage an. Können Sie uns Cum-ex relativ einfach erklären?

De Masi: Stellen Sie sich vor, Sie gehen in den Supermarkt, geben eine Flasche ab, kassieren den Pfandbon und legen diesen zu Hause auf den Kopierer. Dann gehen Sie zur Supermarktkasse und kassieren ganz oft Pfand ab. Nur dass wir, die Steuerzahlerinnen und Steuerzahler, die Supermarktkasse sind. Und es geht um Milliarden, nicht um ein paar Cent.

BI: Und wie ist das konkret mit den Aktien-Deals abgelaufen?

De Masi: Im Kern sind Aktien rund um den Dividenden-Stichtag – den Tag, an dem die Aktionärinnen und Aktionäre ihre Gewinnbeteiligung bekommen – sehr oft im Kreis verschoben worden. Dadurch wusste der Staat nicht mehr eindeutig: Wer hat Anspruch auf die Erstattung der sogenannten Kapitalertragssteuer?

Das heißt, die Banken führen, wenn man eine Dividende kassiert, Kapitalertragssteuer automatisch ab. Unter bestimmten Voraussetzungen können sich Unternehmen, die Aktien von Unternehmen halten, diese Steuer erstatten lassen. Dadurch soll eine doppelte Besteuerung vermieden werden. Und das haben die Cum-ex-Täter ausgenutzt und haben die Aktien immer im

Kreis verkauft und dann so getan, als hätten sie einen Erstattungsanspruch, um sich das Geld vom Finanzamt zurückzuholen.

BI: Also eine Art Karussell-Geschäft, bei dem jeder Beteiligte profitiert?

De Masi: Diese Kreislauf-Geschäfte bringen nur Verluste, wenn ich nicht direkt in die Staatskasse greife. Das heißt, alle Beteiligten haben Absprachen darüber führen müssen, sonst hätten diese Geschäfte keinen Sinn ergeben. Das heißt, sie wussten, was sie tun.

BI: Waren diese Absprachen im Nachhinein nachweisbar?

De Masi: Das ist ja immer die Schwierigkeit, weil die Täter natürlich auch verschlüsselt kommunizieren und wissen, was sie da tun. Aber das Interessante ist, wie diese Geschichte eigentlich herausgekommen ist. Bei Finanzskandalen ist es immer dasselbe: »Gier frisst Hirn.«

BI: Die Superreichen werden gierig und dadurch unvorsichtig?

De Masi: Carsten Maschmeyer hat noch seine Ehefrau und Bekannte eingeladen, mitzumachen. Auch wenn der angebliche Finanzprofi bestreitet, davon gewusst zu haben. Er hat für diese Geschäfte eine Bank in der Schweiz genutzt, die Sarasin Bank. Und als dann der Staat nach einigen Jahren Cum-ex-Deals langsam begann, den Riegel vorzuschieben, und es erste Gerichtsurteile gab, blieb die Rendite aus. Herr Maschmeyer hat kein Geld gesehen. Und dann hat er versucht, die Bank mit einem Schreiben unter Druck zu setzen. Dadurch ist das Ganze öffentlich geworden. Dumm gelaufen.

BI: Aber er hat vor dem Bundestags-Untersuchungsausschuss gesagt, dass ihm nicht bewusst war, dass es sich um illegale Cum-ex-Deals handelte. Seiner Aussage zufolge habe die Bank ohne sein Wissen gehandelt, und er hat später auch das Geld von der Bank zurückerhalten. Er beruft sich auf Unwissenheit, andere Cum-ex-Dealer wie der Anwalt Hanno Berger argumentieren, das Steuergeschäft sei lange legal gewesen. Warum hat es so lange gedauert, bis die rechtliche Situation bei den Cum-ex-Geschäften klar war?

De Masi: Es gab damals eine politische Diskussion, ob es nicht ein Schlupfloch in der Gesetzgebung gibt. Denn statt Cum-ex klipp und klar zu unterbinden, wurden unter Einfluss des Bankenverbandes neue Hintertüren geöffnet. So hat man Cum-ex in Deutschland zwar untersagt. Das Gesetz war aber so formuliert, dass Banken das als Aufforderung verstanden, eine ausländische Institution mit dazuzunehmen, dann wäre das irgendwie okay. Allerdings haben die Gerichte sehr klar später festgestellt: Eine Steuer, die ich nicht bezahlt habe, kann ich mir nicht erstatten lassen. Das ist gegen den puren Menschenverstand und auch gegen die Rechtslage. Und das war schon immer illegal. Der Ex-Finanzminister und Bundeskanzler Olaf Scholz sagt übrigens, er sei schon immer der Meinung gewesen, Cum-ex ist und war illegal und eine Schweinerei.

BI: Was er aber nicht beantwortet, ist, warum er als Hamburger Bürgermeister 2016 dreimal Christian Olearius, den Eigner der Warburg Bank, die auch maßgeblich in Cum-ex-Geschäfte verwickelt war, getroffen hat und ihm diese Auffassung offenbar nie mitgeteilt hat.

De Masi: Und deswegen geht es bei der Warburg-Affäre um Olaf Scholz auch nicht nur um Geld. Es geht darum, dass ein Kanzler der Bundesrepublik Deutschland unsere Gesetze respektieren muss. Weder Sie noch ich können mit dem Finanzamt über unsere Steuerschuld verhandeln. Die würden uns auslachen. Wenn gegen einen Cum-ex-Bankier ermittelt wird und eine Razzia gegen die Bank stattfand, und der frühere Bürgermeister und heutige Kanzler empfängt den Mann, dem Gefängnis droht, dreimal in seinem Amtszimmer, um über die Steuerschuld zu sprechen, dann stimmt der Kompass nicht. Und der Kapitän von Deutschland braucht einen Kompass, der funktioniert.

BI: Scholz bestreitet bis heute jegliche politische Einflussnahme. Wie sehen Sie das?

De Masi: Herr Scholz wusste als Anwalt ganz genau, dass das stinkt, was er da tut. Er hat ihn dreimal getroffen, einmal mit einem Zeugen, einem Mitarbeiter, der ihn zur Vorbereitung für den Termin schriftlich gewarnt hatte, dass es um Cum-ex gehen wird. Danach hat sich Scholz noch zweimal mit ihm getroffen, und zwar bewusst ohne Zeugen. Laut Tagebuch des Bankiers hat Scholz ihm sogar gesagt, er erwarte, dass sich Herr Olearius in der Angelegenheit an ihn wende. Dabei hätte doch jeder vernünftige Bürgermeister gesagt: »Meine Verwaltung wird mich laufend unterrichten, aber für die Steuerschuld ist nur das Finanzamt zuständig, die wird hier nicht mit dem Bürgermeister verhandelt.«

Scholz hat Olearius stattdessen sogar aktiv angerufen und ihn aufgefordert, ein Papier mit den Argumenten der Warburg Bank gegen den Einzug der Cum-ex-Tatbeute an den damaligen Finanzsenator und heutigen Ersten Bürgermeister Tschentscher zu schicken. Und zwar kommentarlos. Offenbar wollte er damit Spuren in den Akten vermeiden. Und Herr Tschentscher hat dieses Schreiben dann in die Finanzverwaltung gegeben. Die Finanzbeamtin, die zuvor die Cum-ex-Tatbeute einziehen wollte und darüber ein fast 30 Seiten dickes Gutachten verfasst hatte, wurde daraufhin einbestellt, und die Entscheidung kippte.

Die Betriebsprüfer liefen gegen diese Verschonung der Bank Sturm, einer ging frustriert in Pension. Olaf Scholz hat später sinngemäß gesagt, er habe das Schreiben schließlich nicht selbst in die Finanzverwaltung gegeben, denn das hätte die Finanzbeamten beeinflussen können. Damit hat er gesagt, dass Tschentscher versucht hat, die Finanzbeamten zu beeinflussen. Wann tritt in Deutschland ein Politiker endlich mal für so etwas zurück? Wer übernimmt in diesem Land überhaupt noch politische Verantwortung?

BI: Scholz hat ja seine Version der Geschichte immer wieder verändert. Zunächst sagte er, dass er zu diesen Details nichts sagen kann, wegen des Steuergeheimnisses. Dann, Ende 2019, hatte er plötzlich Erinnerungslücken, als er zu diesen Treffen befragt wurde. Wie bewerten Sie das?

De Masi: Diese sogenannten Erinnerungslücken sind ja eine berühmte Ausrede in der Politik. Das sagt man immer dann, wenn man vermeiden möchte, vor einem Ausschuss zu lügen. Zumal der Hamburger Senat auf eine Anfrage meiner Fraktion Ende 2019 jegliche Treffen mit Olearius zu Cum-ex verneint hatte. Und dann kam die erste Veröffentlichung, wo ein Treffen bekannt wurde von diesen dreien. Das Verwirrende ist nur, das war das letzte von drei Treffen in der zeitlichen Reihenfolge, aber es war das erste, das bekannt wurde.

BI: Sie haben dann beantragt, dass Scholz am 4. März 2020 im Bundestag Rede und Antwort zu diesen Vorgängen steht. Wie lief das ab?

De Masi: Meine allererste Frage an Herrn Scholz war: »Hatten Sie weitere Treffen mit Herrn Olearius?« Und er hat sinngemäß gesagt: »Es gibt da nichts, außer das, was bereits in der Presse steht, was öffentlich ist.« Und das war ja nur eines von drei Treffen.

BI: Kurze Zeit später kam dann – dank der Tagebucheinträge von Herrn Olearius – heraus, dass es doch weitere Treffen gegeben hatte. Nach weiteren Medienveröffentlichungen stritt Scholz die Treffen nicht mehr ab und erinnerte sich plötzlich.

De Masi: Vor Gericht würde ein Richter Scholz sofort die Glaubwürdigkeit absprechen. Ich sage, dass er die Unwahrheit gegenüber dem Deutschen Bundestag gesagt hat. Da wackele ich auch keinen Millimeter. Er hat einen Eid geleistet, dem Wohle der Bevölkerung zu dienen, und wenn er das in der Vergangenheit nicht getan hat, dann wäre es das Mindeste, dies einzuräumen. Er müsste sagen: »Ich habe einen Fehler gemacht.« Natürlich kann er das gar nicht, weil ja schon die Einflussnahme auf das Steuerverfahren im Prinzip strafbar ist.

BI: Ist denn jetzt der Cum-ex-Raubzug vorbei? Oder wird es immer neue Steuerbetrugsmodelle geben?

De Masi: Das ist ein Markt mit hoher Beschaffungskriminalität, und das wird auch immer so bleiben. Und deswegen brauchen wir meines Erachtens eine Finanzverwaltung, die auch aktiv ihr Ohr am Markt hat und versucht, solche neuen Geschäfte zu verhindern. Ich glaube, dass Cum-ex-Geschäfte in Deutschland zwar erschwert wurden, aber es gibt immer noch ein ganz prinzipielles Problem, und das ist überhaupt nicht behoben.

BI: Und das wäre?

De Masi: Der Staat kann nicht überprüfen, ob derjenige, der die Erstattung einer Kapitalertragssteuer beantragt, sie wirklich schon einmal abgeführt hat. Wir haben also kein zentrales Register, wo ich dies automatisch quasi abgleichen kann. Das wäre die Lösung. Es ist eigentlich ein IT-Problem. Wir haben fünf große Rechenzentren in Deutschland in der Finanzverwaltung. Wir hinken vielen Ländern bei der Digitalisierung der Finanzverwaltung im internationalen Vergleich hinterher.

BI: Es geht also im Kern um viel mehr als nur ein paar Geldbeträge ...

De Masi: Gerade in Zeiten, in denen wir über Milliarden-Rettungspakete und über die Schuldenbremse sprechen, können wir es uns nicht leisten, dass wegen Cum-ex und Co. Deutschland 30 Milliarden Euro entgangen sind. Ich will das mal übersetzen: Wir haben 30 000 Schulen in Deutschland, das wäre eine Million Euro für jede Schule. Dieser Steuerraub hat also ganz konkrete Folgen für die Zukunft unserer Kinder. Das ist die Cum-ex-Rechnung.

Verfolgt von Kopfgeldjägern

*Die Flucht von Hedgefonds-Manager Florian Homm
und seine Wandlung zum gläubigen Christen*

Ein Teller mit kalt gewordenen Nudeln mit Ketchup steht noch auf dem Eckschreibtisch, als ich* das Büro betrete. An der einen Wand hinter dem Schreibtisch hängt ein billiges Schwarz-Weiß-Foto der Frankfurter Skyline, an der anderen ein Gemälde der Mutter Gottes in einem Goldrahmen.

In diesem Ambiente residiert der ehemalige Finanzjongleur Florian Homm. Das dreistöckige Reihenhaus im Taunus hat einmal seiner Mutter gehört. In dem Büro sollen wohl Homms Vergangenheit und Gegenwart verschmelzen, Finanzwelt und Glaube. Die Artefakte der Komposition passen auf den ersten Blick nicht zusammen. Aber es wird in diesem spektakulären Wirtschaftskrimi noch mehr kommen, was nicht zusammenpasst.

Es ist Anfang Februar 2019, mir gegenüber sitzt jener Florian Homm, ein in den USA angeklagter Investmentbetrüger und Hedgefonds-Manager, auch der »Antichrist der Finanzwelt« genannt. 2007 gerät er weltweit in die Schlagzeilen, als nach ihm gefahndet wird und er über Nacht untertaucht. Nach seinem Verschwinden stürzt der Aktienkurs des von ihm gemanagten Hedgefonds »Absolute Capital Management« ab, viele Anleger verlieren Millionen.

---

* Solveig Gode

Es geht um Betrug und Kursmanipulation mit Aktiengeschäften im großen Stil. Die Staatsanwaltschaft hat Homm in den USA angeklagt, ihm drohen 225 Jahre Haft. Er entzieht sich jedoch in seinem Heimatland Deutschland bis heute dem Prozess in den USA und kann daher nicht rechtskräftig verurteilt werden.

Die Geschichte vom Aufstieg und Fall sowie dem Verschwinden des Florian Homm liest sich wie das Drehbuch zu einer Netflix-Serie: Sowohl FBI als auch Kopfgeldjäger versuchen fünf Jahre lang, den Mann zu fassen, der seine Investoren und Anleger um ihr Geld geprellt hat. Nach Jahren auf der Flucht sitzt er 2013 für über ein Jahr in einem italienischen Untersuchungsgefängnis ein – der Ort, an dem er seinen Erzählungen nach der Gier abgeschworen und zu Gott gefunden habe. Seit 2014 lebt er in Deutschland wieder auf freiem Fuß, denn in seinem Heimatland wurde er nie angeklagt. Deswegen können wir uns 2019 treffen.

Mal sprechen wir im »Steigenberger Hotel« in Frankfurt, mal besuche ich ihn bei sich zu Hause im Taunus.[1] Homm darf das Land nicht verlassen, in anderen Staaten steht er auf der Fahndungsliste als flüchtiger Verbrecher und würde in die USA ausgeliefert. Er streitet die ihm vorgeworfenen Straftaten bis heute entschieden ab. Um die Metamorphose vom mutmaßlichen Investmentbetrüger zum geläuterten Christen zu verstehen, möchten wir die Geschichte von vorn erzählen.

Der kleine Großneffe des großen Josef Neckermann

Homm stammt aus einer mittelständischen Handwerkerfamilie im Taunus, doch wirklich wichtig ist ihm die mächtige Verwandtschaft im Hintergrund. Der Mann, dem er nacheifert, ist sein Großonkel mütterlicherseits und kein Geringerer als Josef Neckermann. Der allseits bekannte Versandhauskönig ist unter anderem aufgrund von Geschäften mit den Nazis sowie dem Ankauf von damals völlig unter Preis abgegebenen jüdischen Firmen zu Geld gekommen und hat das Neckermann-Imperium aufgebaut. Homm nennt ihn »Necko«, an ihm orientiert er sich. Dessen beruflicher Erfolg prägt

Homms Kindheit und spätere Laufbahn.»In allem, was ich machte, musste ich immer top sein«, erinnert er sich. »Das Streben nach Höchstleistungen, das Necko von mir erwartet hat, hat mich mein gesamtes Leben lang begleitet und mich zu einem Getriebenen gemacht.« Zu seinem eigenen Vater hatte er keine gute Beziehung, dieser habe ihn ein paarmal geschlagen und später enterbt.

Homm geht zum Studieren nach Harvard und an die Harvard Business School, danach arbeitet er an der Wall Street, unter anderem für Merrill Lynch. Von Mister Lynch persönlich lernt er damals die harten Regeln der Wall Street: »Du bist, was deine Rendite ist.« Aus dieser Zeit bleibt eine Botschaft bei ihm hängen: Ohne Gewinne bist du ein Nichts.

Auch privat läuft es zunächst nicht schlecht: Am 11. März 1989 heiratet Homm die in Rio de Janeiro geborene und in den USA aufgewachsene Susan Devine in Gruyère in der Schweiz. Bis heute nennt er sie seine Seelenverwandte. Die beiden bekommen einen Sohn, Conrad, und eine Tochter, Isabella. Doch von seinen Kindern bekommt Homm nicht viel mit.

Denn das Motto »Erfolg um jeden Preis« verfolgt auch seine Firma für Vermögensverwaltung, mit der er sich selbstständig macht. 1993 gründet Homm die Value Management & Research AG mit Sitz im Taunus. In den darauffolgenden Jahren eröffnet er zahlreiche Gesellschaften auf den Cayman Islands, mit denen er bei Unternehmen wie MLP, Sixt und WCM einsteigt und damit Millionen erwirtschaftet.

Vom Finanzhai zum mutmaßlichen Betrüger

Es sind diese entscheidenden Jahre, in denen sich Homm zum gierigen Finanzmanager entwickelt. »Hedgefonds-Manager sorgen dafür, dass Kunden in guten Börsenzeiten Geld verdienen, aber auch in schlechten Zeiten, eigentlich immer«, meint Homm. Um das zu erreichen, setzt er auf eine gefürchtete Börsen-Praktik: das Shortselling, das Setzen auf fallende Kurse. Wer shortet, leiht sich eine Aktie und verkauft, wenn die Kurse gefallen sind. Shortseller haben in der Börsenwelt damals einen miserablen Ruf. Denn sie stehen oft in Verdacht, von Pleiten von Unternehmen oder Skandalen zu profitieren und deshalb auch ein Interesse daran zu haben, diese selbst herbeizuführen. Genau da verläuft die rechtliche Grenze zwischen legalen Aktionen und Betrügerei.

Mit falschen Gerüchten den Kurs nach unten manipulieren

Auch Homm wird bereits zu dieser Zeit immer wieder beschuldigt, mit Gerüchten und schlechten Bewertungen die Kurse gezielt nach unten zu manipulieren und gleichzeitig auf das Fallen dieser Werte zu setzen. »Aus dem Start innerhalb von zwei Jahrzehnten eine Milliarde zu verdienen, geht nicht durch Nettsein. Das ist ein Verdrängungswettbewerb. Und alle, die meinen, das geht ohne Ellbogen und irrsinnigen Ehrgeiz – das wäre wirklich einfach naiv«, sagt er. Die Grenzen verschwimmen bei Homm. Rückblickend sagt er, zu dieser Zeit habe er gewissenlos und psychopathisch agiert.

Dann ereignet sich der erste private Rückschlag: Im Jahr 2000 diagnostizieren Ärzte bei dem damals 40-Jährigen die Krankheit Multiple Sklerose. Ein unheilbares Nervenleiden, das einige sogar in den Rollstuhl bringen kann. Er zieht mit seiner Familie nach Mallorca, wo er sich eigentlich ausruhen soll. Aber Homm kann die Füße nicht still halten und gründet das Unternehmen FM Fund Management, unter dem er seinen eigenen Hedgefonds »Absolute Return Europe Fund« auflegt. Auch hier betreibt er Shortselling bei sogenannten Pennystocks: Er soll den Wert von sehr günstigen Aktien durch Kursmanipulation massiv aufgeblasen und dann wieder mit Gewinn verkauft haben.

Mit dieser zweifelhaften Methode verdient Homm viel Geld, bis sich 2003 Mietwagenkönig Erich Sixt dagegen wehrt. Sixt zeigt Homm wegen Insiderhandel und verleumderischer Kreditschädigung an. In der Öffentlichkeit bezeichnet er ihn als »Antichristen der Finanzwelt«. Homm habe durch gezielte Falschdarstellung angeblicher Bilanzrisiken bei Sixt versucht, den Aktienkurs zu drücken, um davon beim Leerverkauf zu profitieren. Dabei waren die Bücher von Sixt frei von Risiken. Homms Glückssträhne reißt zum ersten Mal ab. Die deutsche Bankenaufsicht BaFin verurteilt ihn zu einer Geldstrafe von 50 000 Euro, er muss eine Unterlassungserklärung abgeben.

Für ihn ist es eine Lappalie, denn er zählt damals zu den wohlhabendsten Menschen im Lande. Jahrelang spielt er bei den Reichen und Schönen in Deutschland mit und berät Adelsfamilien wie die Thurn und Taxis. Er schafft es, die Menschen mit seiner hünenhaften Erscheinung – er ist circa zwei Meter groß – in den Bann zu ziehen. Lange Zeit verschafft er ihnen satte Renditen.

Großaktionär bei Borussia Dortmund

Heimlich träumt Homm von der ganz großen Bühne, von mehr Öffentlichkeit und Sichtbarkeit nach außen. Dafür steigt er 2004 beim klammen Fußballverein Borussia Dortmund (BVB) mit 20 Millionen Euro als Großaktionär ein. Der börsennotierte Verein hat damals finanzielle Schwierigkeiten. Homm wittert seine Chance aufs Rampenlicht und behauptet, er habe den BVB im Alleingang saniert. Fotos aus diesen Tagen zeigen ihn im Dortmunder Stadion in selbstgerechter Pose, die Zigarre darf nie fehlen.

Homm findet seine Rolle in der Öffentlichkeit und gibt gern den skrupellosen Finanzmanager. »Wenn ich schon für ein Arschloch arbeite, dann am liebsten für mich selbst«[2], ist so ein Satz aus dem Homm'schen Universum eines Gernegroß. In einem unserer Interviews 2019 weiht er mich in sein Denken ein: »Ich füllte bewusst die Marktlücke des harten Hundes, des Plattmachers, das war ein Business-Modell.«

Ich treffe Homm das erste Mal zur Premiere des Films *Generation Wealth*, in dem er von seinem Streben nach Macht und Reichtum erzählt. Seinen Besitz stellt er damals wie andere Emporkömmlinge gern zur Schau: Neben einigen Apartments in New York besitzt er auch ein großzügiges Anwesen auf Mallorca. Ein Helikopterlandeplatz, zwei Privatjets, eine Yacht und sogar ein Privatzoo sollen zeigen: Hier hat jemand Erfolg.

Im März 2006 schafft es Homm an die Finanzmärkte und bringt seine Investment-Aktivitäten unter dem neuen Firmennamen »Absolute Capital Management« (ACM) erst an die Londoner, dann an die Frankfurter Börse. Dafür gründet er gemeinsam mit einem langjährigen Geschäftspartner, dem Iren Sean Ewing, eine neue Hedgefonds-Gesellschaft auf den Cayman-Inseln. Homm und Ewing bilden auch den Vorstand der ACM und beherrschen mit zwei Dritteln der Anteile das Unternehmen.

Als ACM-Chefinvestor kauft Homm europaweit Aktienpakete aus unterschiedlichsten Branchen, etwa drei Prozent des angeschlagenen Touristikkonzerns TUI. Im Mai 2007 erwirbt er knapp drei Prozent des Telefon- und Internetanbieters Freenet. Zu Höchstzeiten verwaltet ACM drei Milliarden Dollar.

Die arrogante Inszenierung, gepaart mit den dubiosen Geschäftspraktiken, lässt Homm in Wirtschaft und Gesellschaft zur Hassfigur werden – inzwischen hat er viele Feinde. Der Hedgefonds-Manager umgibt sich mit zwielichtigen Geschäftspartnern. In seiner Autobiografie *Kopf Geld Jagd* schreibt Homm, er habe zeitweise in New York mit der italienischen Mafia verkehrt und mit Oligarchen, die Kontakte zu Geheimdiensten und Waffenherstellern pflegten. Er verschafft den Männern überdurchschnittliche Renditen, sie zahlen ihm satte Provisionen und sorgen im Tausch für seine Sicherheit. Aber jeder weiß: Mit der Mafia Geschäfte zu machen, ist kein Spiel, aus dem man wieder aussteigen kann.

Das Eis wird für ihn langsam dünner. Er hinterlässt immer mehr wütende Ex-Geschäftspartner oder Unternehmer, die er in die Pleite geführt hat und die ihn dafür bluten sehen wollen. Homm erhält laut eigener Aussage mehrfach Morddrohungen. Er engagiert Bodyguards, um seine Familie rund um die Uhr zu bewachen. Doch auch die können ihn letztlich nicht vor dem Ergebnis seiner Gier schützen.

Angeschossen in Caracas

Denn als wäre Homms Leben nicht schon turbulent genug, gerät seine Limousine während einer angeblichen Geschäftsreise im November 2006 im venezolanischen Caracas in einen Stau. Es ist dunkel, als neben ihm ein Motorrad hält und die beiden Fahrer einen Kugelhagel auf das Fenster des Wagens abfeuern. Sie schießen dem Bodyguard ins Knie, der Fahrer wird verschont. Einer der Täter will auf Homms Brust zielen, verfehlt ihn jedoch in der Dunkelheit. Homm steigt angeblich aus, ringt mit einem der Täter und versucht, ihm die Waffe abzunehmen. Dann stellt er sich nach eigenen Erzählungen tot, die Täter fliehen. Mit allerletzter Kraft schleppt er sich zu einem Krankenwagen, der ebenfalls im Stau steht, bezahlt die Sanitäter mit blutverschmierten Geldscheinen, die er an seinem Körper trug. Ob es sich genau so wirklich zugetragen hat, weiß natürlich niemand – außer Homm, der stets die Hauptrolle in seinen Drehbüchern spielt.

Im Krankenhaus angekommen, wird er notoperiert. Er verliert die Milz und einen Teil der Lunge. Eine Kugel bleibt im zwölften Wirbel stecken, wo sie laut seinen Aussagen bis heute steckt. Homm sagt, er habe nur durch ein Wunder überlebt.

Offiziell stuften die Behörden in Caracas die Tat als Überfall ein. In südamerikanischen Ländern mit hoher Kriminalität kein seltener Vorgang. Homm spricht von einem gezielten Attentat auf ihn. Feinde hatte er jedenfalls genug. Nachdem er angeschossen wurde, fertigt er zunächst eine Liste seiner zehn schlimmsten Gegner der letzten 20 Jahre an. Auf der Liste seien »sehr bekannte Menschen«, munkelt Homm, er habe jedoch bis heute nicht ausfindig machen können, wer das vermeintliche Attentat auf ihn beauftragt habe.

Bei meinen Recherchen stelle ich immer wieder fest, dass nicht alle Räuberpistolen aus Homms Leben, für das er stets der einzige Zeuge ist, übereinstimmen. Vergleiche ich Bücher, Artikel, Filme und Interviews, gibt es immer wieder Abweichungen. In einem unserer Interviews geht er so weit, zu behaupten, er sei sogar zu »so einer Art komischem Schauspieler geworden«. Andere nennen so etwas Hochstapelei. In der Literatur hat Thomas Mann in den *Bekenntnissen des Hochstaplers Felix Krull* seinen Protagonisten ebensolche Abenteuer in der besten Gesellschaft erleben lassen – nur dass diese eben auf seinen chronischen Lügen und Betrügereien beruhen.

Glaubt man dem mutmaßlichen Investmentbetrüger, war der Anschlag in Caracas der erste Anstoß für sein »Erwachen« und seine Flucht, die er selbst euphemistisch als »Exil« bezeichnet. Denn der Mann erkennt, wie vergänglich das Leben ist, wie wenig Zeit er mit seinen Kindern verbracht hat. Und dass er in seinem zwanghaften Streben nach immer mehr Reichtum auch seine Ehefrau und Seelenverwandte Susan durch sein Handeln und Seitensprünge verloren hat.

Susan Devine reicht 2006 die Scheidung ein. »Mein Leben war leer, obwohl ich alles hatte. Ich wusste nur nicht, was fehlt«, sinniert er. Laut der damaligen *Financial Times Deutschland* hat Homm wohl zu dem Zeitpunkt bereits seine Flucht vorbereitet.[3] Denn zeitgleich mit Homms »Erleuchtung« droht 2006 und 2007 in den USA gerade die Immobilien-Blase zu platzen. In den Jahren 2007 und 2008 gipfelt dies in der globalen Finanzkrise mit ihren zahlreichen Banken-Pleiten. Homm steckt mit seinen Investitionen, Beteiligungen und seinen Hedgefonds mittendrin.

Im Zuge der Finanzkrise gerät auch Homms Hedgefonds ACM unter Druck. Um Verluste auszugleichen, schlägt Homm angeblich den Spitzenmanagern vor, auf ihre Boni zu verzichten. Doch der Vorstand lehnt diesen Vorschlag ab, der Streit im Management eskaliert. Im September 2007 gibt Homm in einem Brief an Aktionäre und Investoren seinen sofortigen Rücktritt von seinen Positionen bei ACM bekannt. Er zieht die Reißleine und taucht unter, so seine Version. Strafverfolger verschiedener Länder vermuten später, dass sein Kartenhaus kurz davorstand, zusammenzubrechen.

**Vom Darling der Märkte zum Ziel von FBI
und US-Börsenaufsicht SEC**

In einer Nacht-und-Nebel-Aktion taucht Homm noch am Tag seiner Kündigung im September 2007 abrupt unter. Im Hafen von Mallorca wirft er sein Handy ins Hafenbecken. Insgesamt lässt er 1,2 Millionen Franken Bargeld mitgehen, gestopft in Aktentasche und Reisekoffer. Weitere Geldscheine trägt er an seinem Körper. Er reist mit falschen Pässen und Tarn-Identitäten. Er löscht sein altes Leben, steigt in seinen Privatjet und ist dann mal weg. Klar ist, dass diese Flucht von langer Hand geplant worden ist, denn falsche Pässe gibt es nicht über Nacht.

Für Außenstehende kommt sein Untertauchen dennoch überraschend. Noch am selben Tag stürzt der Aktienkurs von ACM um 90 Prozent ab. Die Anleger verlieren rund 200 Millionen US-Dollar. Das ruft die US-Börsenaufsicht SEC auf den Plan – das Worst-Case-Szenario ist eingetreten. Nicht nur die Anleger verlieren ihr Geld, auch ein Großteil von Homms Vermögen ist laut Einschätzungen des *Handelsblatts*[4] und der *Financial Times Deutschland* über Nacht pulverisiert.

In seinem Buch erzählt Homm, wie er zunächst unter einer falschen Identität von Spanien nach Kolumbien reist. Hier organisiert er Leibwächter und panzergeschützte Autos. In der Anfangszeit lebt Homm im Luxus: Die ersten vier Wochen residiert er in Cartagena in einer gemieteten Kolonialvilla. Sechs Schlafzimmer, Privatkoch, Pool, eine Dachterrasse mit Jacuzzi – das Nötigste für die ersten Wochen im Off. Danach wechselt er immer wieder sein Versteck. Jahrelang lebt er inkognito in verschiedensten Teilen der Welt. Das Fluchtgeld hilft ihm, seine Ressourcen sind jedoch begrenzt und versiegen allmählich.

Nach seinem filmreifen Untertauchen und dem Zusammenbruch der ACM-Aktie fahnden Behörden auf der ganzen Welt nach dem Mann. Die US-Börsenaufseher der SEC und das FBI kleben an seinen Fersen. 2011 erheben die amerikanischen Strafverfolgungsbehörden Anklage gegen Homm und seinen Komplizen, den Banker Todd M. Ficeto aus Malibu, Kalifornien. Die Anklage[5] lautet: Über den in Kalifornien ansässigen Broker Hunter World Markets (HWM), für den Ficeto arbeitet, sollen die beiden ein ausgeklügeltes Betrugssystem aufgebaut haben. Sie sollen mehrere US-Mikroaktien – die Pennystocks – manipuliert und dadurch illegal mehr als 63 Millionen US-Dollar erworben haben. Laut Anklage sollen Homm und sein Komplize Ficeto den Betrug zwischen 2005 und 2007 verübt haben, bis Homm von der Bildfläche verschwunden ist.

Auch die kalifornische Staatsanwaltschaft ermittelt gegen Homm und Ficeto. Während er es sich auf der Flucht gut gehen lässt, wird das FBI aktiv. Es setzt Homm auf die Liste der meistgesuchten Verbrecher. »Florian Homm, WANTED!« Jetzt prangt sein Kopf neben den Konterfeis internationaler Schwerverbrecher.

Flucht auf dem Klapprad in Chile

Auch seine Feinde und die geprellten Anleger jagen Homm. Ein anonymer Auftraggeber engagiert den deutschen Privatermittler Josef Resch. 30 Millionen Euro soll dieser von Homm wieder eintreiben. Also nimmt der Detektiv mit verpixeltem Gesicht und verzerrter Stimme 2012 ein YouTube-Video auf, in dem er ein Kopfgeld von 1,5 Millionen Euro für Hinweise auf Homms Aufenthaltsort verspricht.

Als ich Resch 2019 treffe, ist er mit 72 Jahren fast im Ruhestand. Nichtsdestotrotz gibt er sich als harter Kerl. Weil ich mehr über die Verfolgungsjagd erfahren will, treffen wir uns im »A-Rosa«-Hotel in Travemünde an der Ostsee. Hier grüßt ihn jeder Mitarbeiter mit Namen, stolz zeigt er sein Buch über seinen Beruf als Privatermittler mit dem Titel *Gefahr ist mein Beruf*, das im Regal des Souvenir-Shops zu haben ist. Resch könnte mit seiner Fleecejacke und dem ordentlichen Hemd auch als Urlauber durchgehen.

Er erinnert sich, wie er Homm auf der Flucht zusetzte, ein Katz-und-Maus-Spiel wie im Krimi. Mithilfe einer Haushaltshilfe verwanzt er sogar die Wohnung der Mutter. Viele ehemalige Freunde von Homm verraten diesen, das System mit dem Kopfgeld greift. Resch erhält Hunderte Hinweise aus der ganzen Welt. Die Panik treibt Homm in immer entferntere Regionen des Planeten. Laut eigenen Aussagen versteckt er sich in dieser Zeit an fast 350 verschiedenen Orten in Nord- und Südamerika, dem Mittleren Osten und Nordafrika. Nirgendwo fühlt er sich sicher. Resch jagt ihn buchstäblich mit seinem internationalen Team, zu dem angeblich Ex-Marine-Taucher und amerikanische Soldaten gehören.

Mehrfach kommt Resch dabei Homms Verstecken näher. Etwa auf einem Schiff in Frankreich, auf dem Homm seine Mutter treffen will, oder in der Botschaft von Liberia in Paris. Resch glaubt, Homm habe sich zeitweise dort aufgehalten. Knapp entwischt Homm immer wieder. In Chile ist Resch seiner Zielperson einmal ganz nah: Beinahe setzt er ihn in der Fußgängerzone fest, doch Homm flieht auf einem Klapprad.

Im Jahr 2012 kündigen die Auftraggeber das Mandat, da sie offenbar mehrfach bedroht wurden. Sie sollten das Kopfgeld lieber zurücknehmen, heißt es nebulös. Doch wohin die Spur führt, die Reschs Ermittlungen final begraben, bleibt genauso im Ungewissen wie viele andere Fragen. Resch muss die Suche einstellen.

Es wäre nicht die Geschichte von Florian Homm, wenn es nicht wieder zu einer überraschenden Wende käme. Nach fünf Jahren Flucht taucht Homm Anfang November 2012 plötzlich aus dem Nichts wieder auf. Er muss sein Buch *Kopf Geld Jagd* vermarkten, das sein Leben im Untergrund nachzeichnet. Heimlich trifft er sich in Paris mit deutschen Journalisten, die Bedingungen, Ort und Zeit diktiert er. Zu dieser Zeit weiß niemand, wo er wohnt. Scheinbar völlig unbehelligt tritt er in Talkshows auf, etwa mit Sahra Wagenknecht.

Er handelt, als würde er nicht auf internationalen Fahndungslisten geführt, als hätten die SEC oder das FBI die Suche nach ihm eingestellt. Seine neue schauspielerische Rolle zielt auf die Rehabilitation. Dazu erklärt er in einem *FAZ*-Interview, er glaube »an die positive Botschaft von Christus«.[6] Er verbreitet die Geschichte seiner Wandlung vom Saulus zum Paulus, vom Geldhai zum Gutmenschen, dessen Ansinnen es nun sei, Bildungsprojekte in Liberia zu unterstützen. Seine Geldgier bereue er, bestreitet jedoch weiterhin, jemals betrogen zu haben. Er behauptet in diesen Gesprächen, sich allen Anklagen stellen zu wollen, und versichert, sämtliche Anklagepunkte ausräumen zu können. Bis heute ist Homm jedoch nie vor einem Gericht erschienen. Ein Verfahren ist in der Schweiz noch anhängig, zum ersten Verhandlungstag ist Homm nicht angetreten. Aber darauf kommen wir später.

Der Tipp für die Festnahme in den Uffizien kommt vom FBI
Kurz nach seinem Wiederauftauchen unterläuft Homm ein folgenschwerer Fehler. Er wird unvorsichtig, trifft sich heimlich wieder mit seiner Familie, denn es soll eine Annäherung in die Wege geleitet werden. In einem Urlaub mit seinen Kindern in Florenz im März 2013 besucht er mit seinem Sohn Conrad die Uffizien, eines der berühmtesten Museen der Welt. Hier stellt ihn die italienische Polizei. Homm wird enttarnt. Das FBI habe der italienischen Polizei den entscheidenden Hinweis gegeben, heißt es.

Nach seiner Verhaftung sperren die Polizisten Homm in ein Hochsicherheitsgefängnis in Pisa. Hier sitzen Angehörige der Mafia und Serienmörder ein. Dort will ihn der italienische Staat festhalten, bis die Behörden über seine Auslieferung in die USA entscheiden. Homm beklagt mir gegenüber die miserablen Haftbedingungen, berichtet von traumatischen Erfahrungen. Er habe sich eine 19 Quadratmeter große Zelle mit sechs weiteren Männern geteilt, ohne Kopfkissen, ohne Privatsphäre, mit schlechten hygienischen Verhältnissen.

Seine Multiple Sklerose, die schon Anfang 2000 ausgebrochen war, verschlechtert sich im Gefängnis. Homm erleidet mehrere MS-Schübe, er verliert 30 Kilo, statt 103 Kilo bringt der Zwei-Meter-Mann nur noch 73 Kilo auf die Waage.

Als vermögender Mensch ist er im Gefängnis ein Ziel für Schutzgelderpressungen. So hat er kein Problem, sich der italienischen Mafia 'Ndrangheta anzunähern, damit diese ihn beschützt. Ausreichend Erfahrung in der Anbahnung mit Mafia-Mitgliedern bringt er schließlich mit.

Seine Anwälte kämpfen hart gegen die Auslieferung in die USA. Die inzwischen krebskranke Mutter schreibt Bittbriefe an die italienischen Behörden. Doch diese bleiben unerbittlich. Im April 2014, über ein Jahr nach Homms Verhaftung, soll das italienische Justizministerium laut seinen Anwälten die Auslieferung beschlossen haben.

Homm drohen in den USA 225 Jahre Haft. In einem unserer Gespräche spricht Homm sogar von Suizidgedanken während des Gefängnisaufenthalts. Dabei treten ihm die Tränen in die Augen. Er habe gedacht: »Gott, lass mich das nicht weitermachen! Gib mir eine halbe Stunde, einen kleinen Spaziergang, und lass mich von meinen Kindern Abschied nehmen, dann kannst du mich gern zu dir nehmen.« Genau in dieser dunklen Stunde im italienischen Gefängnis sei der Glaube sein einziger Halt gewesen, habe ihm Kraft gespendet und ihn gerettet.

Dann geschieht wieder etwas Überraschendes. Am 3. Juni 2014 entlässt ihn die italienische Justiz unvermittelt aus der Haft. Das oberste italienische Berufungsgericht entscheidet, dass Homm freikommt. War es Homms schwere Multiple Sklerose oder ein Formfehler bei der Dauer der Untersuchungshaft? Auch hier finden sich verschiedene Erklärungen. Die Erklärung von Homms Anwälten: Die zulässige Höchstdauer der Untersuchungshaft sei überschritten worden.

Auf freiem Fuß in Deutschland

Dann geht es Schlag auf Schlag: Am späten Nachmittag warten Homms Anwälte vor dem Gefängnis in Pisa mit einem Wagen, wenige Stunden später passieren sie bereits die deutsche Grenze. In Deutschland ist Homm sicher, denn hier liegt keine Anklage gegen ihn vor. Wichtigster Vorteil: Deutschland hat kein Auslieferungsabkommen mit den USA.

Hier lebt er nun in Freiheit in seiner alten Heimat, dem Taunus, die Frankfurter Börsenwelt liegt in Sichtweite. Nach dem Tod seiner Mutter erbt er das Reihenhaus, in das er mich nach einigen Treffen einlädt.

In dem unscheinbaren Haus verbringt er die Hälfte seiner Zeit, den Rest in einer kleinen Wohnung ebenfalls im Taunuskreis, sagt er zumindest. Bei unserem Treffen schenkt er mir ein kleines blaues Büchlein. *Die Botschaften der Barmherzigkeit der Jesusmutter Maria für die Welt* habe er selbst herausgegeben und verkaufe es über Amazon. Es wirkt skurril: Der Finanzbetrüger, der nun zu Gott gefunden hat, ist ein Marienverehrer.

Seine Kinder hätten ihm mittlerweile verziehen, sagt er. Er zeigt mir einen Brief seiner Tochter Isabella, die mittlerweile studiert. Das Gefängnis habe ihn verändert, sagt er. Früher sei es für ihn das Wichtigste gewesen, Millionen zu machen. Heute wolle er nur ein guter Vater sein. Kann man ihm all das glauben? Wie glaubwürdig ist seine Version der Geschichte? Auch hier passen die Puzzlestücke nicht immer zusammen.

Urteil in Kalifornien gegen den mutmaßlichen Komplizen

Erst im Juli 2020 fällt das erste Urteil in den USA. Ein kalifornisches Gericht verurteilt den Börsenmakler Todd Ficeto, Homms Komplizen beim Börsenbetrug seines damaligen Hedgefonds ACM, zu sechs Jahren Haft. Das Geschworenengericht befindet Ficeto in 18 Fällen des Wertpapierbetrugs, der Geldwäsche sowie der Behinderung der Justiz für schuldig. Dabei soll ein Schaden für Anleger in Höhe von 215 Millionen US-Dollar entstanden sein, die Ficeto nun laut Gericht wieder zurückzahlen muss.

Homms mutmaßliche Rolle bei dem Betrug geht aus der Pressemitteilung der kalifornischen Staatsanwaltschaft aus dem Sommer 2020 hervor.

Zwischen September 2004 und September 2007 nutzte Ficeto die Investitionsabteilung von HWM, um kleine private Unternehmen zu finden, die in börsennotierte Penny-Stock-Unternehmen umgewandelt werden konnten. Sobald die Penny-Stock-Unternehmen an die Börse gingen, arrangierte Ficeto Finanzierungsgeschäfte, bei denen Homm Millionen aus den ACM-Fonds investierte, um eine Mehrheit der Aktien des neuen Unternehmens zu erwerben. Im Rahmen dieser Finanzgeschäfte zahlten Ficeto und Homm sich selbst beträchtliche »Vermittlungsgebühren« und teilten sich selbst und ihren Mitverschwörern Millionen von Aktien der neu gegründeten Penny-Stock-Firmen zu.

Ficeto, Homm und andere Mittäter manipulierten in betrügerischer Absicht die Penny Stocks, um deren Preise in die Höhe zu treiben und die angebliche Gewinnspanne der ACM-Fonds höher darzustellen, als sie waren. Infolgedessen konnten die Komplizen ihre eigenen Anteile an den Penny Stocks zu den überhöhten Preisen an die Hedgefonds verkaufen.

So sorgten beispielsweise Ficeto, Homm und Colin Heatherington am 15. Mai 2007 innerhalb von vier Minuten gegen Ende des Handelstages durch manipulative Cross-Trades bei HWM dafür, dass der Preis für die Aktien eines Penny-Stock-Unternehmens von 3,25 Dollar auf 12 Dollar stieg. Die Inflation des Aktienkurses diente auch dazu, die Leistung der Hedgefonds überzubewerten, was wiederum dem Angeklagten Homm und seinen Komplizen beträchtliche Erfolgsprämien und andere Vergütungen einbrachte. Die Mitverschwörer nutzten dann die überhöhten Performance-Zahlen, um ahnungslose Opfer zu Investitionen zu bewegen.

Ficeto gab vor Gericht zu, zwischen 2005 und 2008 mit HWM mehr als 27 Millionen Dollar verdient zu haben; Geld, das er großzügig für Luxusautos, teure Häuser und eine Yacht ausgab. Als der Plan aufflog, trat Homm am 18. September 2007 mitten in der Nacht abrupt von der Firma zurück und floh, um einer Strafverfolgung zu entgehen. Rücknahmeanträge von besorgten Absolute-Funds-Anlegern gingen in Massen ein, als sie entdeckten, dass erhebliche Teile ihrer Investitionen in spekulative, illiquide und im Grunde wertlose Penny Stocks investiert waren.[7]

Ficeto sowie weitere Zeugen belasten Homm in dem Verfahren, doch aus der Ferne kann die kalifornische Justiz nichts unternehmen, weshalb sie ihn zwar anklagt, aber nicht verurteilen kann. Denn Homm lebt seelenruhig in Deutschland, wo weiterhin keine Strafanzeigen oder Anklagen gegen ihn vorliegen.

Vom Häftling zum YouTube-Star

Heute arbeitet Homm wieder in der Finanzwelt. Diesmal aber als Angestellter, in der Firma eines langjährigen Freundes, sagt er mir zumindest 2019. Das mittlerweile in der Schweiz ansässige Unternehmen heißt »Die Zweite Meinung« (DZM) und berät Unternehmen bei finanziellen Entscheidungen und Standortwechseln. Außerdem wirbt Homm mit seinem Namen und Gesicht für einen Börsenbrief, den »Homm Long & Short«. Zeitgemäß vermarktet er diesen nun über YouTube und Facebook. Auf YouTube hat Homm mit seinem Kanal mittlerweile 261 000 Follower, die sofort aufrufen, was er postet. Sie preisen ihn für seine Wirtschaftsanalysen und Börsen-Insights. Ihm gehe es darum, »abseits des Systems« zu informieren. Weil »etablierten Strukturen« – Medien, Politikern oder Wirtschaftsvertretern – nicht zu trauen sei, wie Homm auf seinem eigenen YouTube-Kanal verbreitet. Dort möchte er »Insider-Wissen aus der Welt der Wall Street und des Geldadels erzählen, damit Kleinanleger nicht enteignet werden«. Klingt ziemlich schräg. Doch bei seinen Followern genießt Homm Kultstatus.

Homm lebe zum Zeitpunkt unseres Treffens laut eigenen Aussagen von 1200 Euro im Monat. Von dem 300 bis 400 Millionen Euro schweren Vermögen von früher sei angeblich nichts mehr übrig. Niemand kann das nachprüfen. In der Schweiz sind seine Konten eingefroren. Erst im April 2021 wurde er dort von dem Bundesstrafgericht in Bellinzona wegen Untreue und mehrfacher Urkundenfälschung schuldig gesprochen. Die Justiz verurteilte ihn zu 36 Monaten Freiheitsstrafe, davon 18 Monate plus Geldstrafe auf Bewährung. Außerdem ordnete das Gericht an, seine Vermögenswerte einziehen zu lassen.

Die Strafe fällt gering aus, bedenkt man die vielen Straftaten, die Homm zur Last gelegt worden waren. Die Anklage hatte ursprünglich eine deutlich höhere Freiheitsstrafe gefordert. In mehreren weiteren Anklagepunkten wie etwa dem gewerbsmäßigen Betrug wird das Verfahren gegen Homm eingestellt, weshalb das Urteil von ihm und seinem Anwalt ein Stück weit auch als Sieg verkauft wird.

Von einem zentralen Anklagepunkt, der Geldwäsche und dem Betrug der Anleger und Investoren, spricht das Gericht Homm frei. Die Staatsanwaltschaft versuchte, ihm nachzuweisen, dass er im Zeitraum von September 2005 bis April 2008 eine ähnliche Strategie angewandt habe, wie er es mutmaßlich auch in den USA getan haben soll: Er soll billige Aktien, ähnlich den Pennystocks, gekauft und zwischen verschiedenen Investmentfonds hin- und hergeschoben haben, um den Aktienkurs künstlich in die Höhe zu treiben. Dann soll er diese mit Gewinn verkauft und verschleiert haben, woher das Geld eigentlich stammte. Laut Staatsanwaltschaft soll es dabei um mindestens 170 Millionen US-Dollar gegangen sein. Dies konnte die Anklage ihm anscheinend aber nicht nachweisen.

»Mein Mandant ist mit diesem Teil des Urteils sehr zufrieden«, verkündet sein Anwalt Marc Engler nach dem Urteil, das noch nicht rechtskräftig ist. Homm und die drei Mitangeklagten können es noch anfechten und in Berufung gehen. »Mit Bezug auf die Verurteilung wegen ungetreuer Geschäftsbesorgung werden wir in Berufung gehen und sind zuversichtlich, dass Florian Homm schlussendlich vollständig freigesprochen wird«, so sein Anwalt.

Die Haftstrafe musste er bislang nicht antreten, denn er ist nicht vor Gericht in Bellinzona erschienen. Die Schweizer Strafverfolgungsbehörden werden ihn auch nicht zu fassen bekommen, solange er nicht in die Schweiz einreist. Denn Deutschland liefert auch nicht an die Schweiz aus.

Homm streitet bis heute jede Schuld ab. »Ich? Schuldig? *No fucking way!*« Er habe nichts Illegales getan. Bei der US-Justiz steht er weiterhin auf der Fahndungsliste, er könnte theoretisch immer noch ausgeliefert werden, wenn er das Land verlasse. Das hat er jedoch nicht vor. »Deutschland ist mein großes Gefängnis.« Immerhin hat er hier mehr als 19 Quadratmeter Platz. Seine Bühne heißt jetzt YouTube. Homm hat wieder eine neue Rolle gefunden.

Die Wulff-Affäre

*Eine verhängnisvolle Mailbox-Nachricht führt
zum Sturz eines Staatsoberhauptes*

Der Mann, der stets kontrolliert auftritt, wirkt an diesem Abend ziemlich entspannt, für seine Verhältnisse geradezu enthemmt. Christian Wulff hat sein Sakko abgelegt, die Krawatte gelockert, hält ein Glas Weißwein in der rechten Hand. Er prostet seinen Gästen zu, scherzt mit ihnen, strahlt und genießt sichtbar den Moment des Triumphes. Es ist der wohl größte seines Lebens.

An diesem warmen Sommerabend im Juni 2010 weiß Wulff, dass er das höchste Amt im Staate übernehmen soll. Ein paar Stunden zuvor hat Kanzlerin Angela Merkel verkündet, die Regierung habe sich auf den niedersächsischen Ministerpräsidenten als Kandidaten für die Wahl zum Bundespräsidenten geeinigt. Spontan lädt er ein paar Vertraute und Journalisten in die niedersächsische Landesvertretung nahe dem Brandenburger Tor ein. Auch ich* bin dabei und erlebe einen glückseligen Christian Wulff, der wenige Wochen später zum jüngsten Bundespräsidenten in der deutschen Geschichte gewählt wird.

Christian Wulff hält allerdings noch einen weiteren, traurigen Rekord: Er ist das Staatsoberhaupt mit der kürzesten Amtszeit. Nach nur 598 Tagen tritt er im Februar 2012 zurück. Es ist ein beispielloser Absturz, ausgelöst durch eine Hauskredit-Affäre, beschleunigt durch eine Mailbox-Nachricht und ein katastro-

---

* Kayhan Özgenc

phales Krisenmanagement. In den turbulenten Wochen im Winter 2011/12 geht es viel um Werte wie Anstand, Vertrauen und Ehrlichkeit. Die Affäre Wulff zeigt eindrucksvoll, wie schnell Politiker ihre wichtigste Währung – die Glaubwürdigkeit – verspielen und vom beliebten Amtsträger zur unerwünschten Person mutieren können.

Es war ein langer, beschwerlicher Weg ganz nach oben, bis ins Schloss Bellevue. Christian Wulff wächst in Osnabrück auf – eine mittelgroße Stadt in Niedersachsen, erzkatholisches Milieu. Seine Eltern trennen sich, als er zwei Jahre alt ist. Er lebt bei seiner Mutter und muss früh sehr viel Verantwortung übernehmen. Denn die Mutter erkrankt an Multipler Sklerose, auch der Stiefvater verlässt nach einigen Jahren die Familie. Christian Wulff kümmert sich bereits als 16-Jähriger um die Pflege der Mutter und die Erziehung seiner jüngeren Halbschwester. Er bleibt auch zum Jura-Studium in Osnabrück, lernt dort seine spätere Frau Christiane kennen. Die beiden bekommen eine Tochter.

Gerhard Schröder schlägt ihn gleich zweimal

Schon früh engagiert sich Wulff in der Politik, tritt mit 16 Jahren in die CDU ein und steigt zum Bundesvorsitzenden der Schüler Union auf. Bereits mit 24 Jahren sitzt er im Landesvorstand der Niedersachsen-CDU, gilt als großes politisches Talent. Bundesweit bekannt wird Wulff, als er 1994 gegen SPD-Ministerpräsident Gerhard Schröder antritt. Er verliert deutlich, sichert sich aber nun die Macht in der niedersächsischen CDU. Auch vier Jahre später hat er im Duell gegen Schröder keine Chance, doch der zieht jetzt als Kanzler nach Berlin. Wulff weiß genau: Er hat jetzt nur noch einen Schuss frei. Verliert er bei der nächsten Landtagswahl erneut, ist die große politische Karriere vorbei.

Wulff holt sich als Berater und Parteisprecher Olaf Glaeseker. Und der erfindet seinen Chef neu, krempelt dessen Image komplett um. Bisher stand Wulff für Langeweile, jetzt wird daraus Verlässlichkeit. Der PR-Stratege formt aus dem Bild des biederen

Oppositionsführers einen vertrauenswürdigen Politiker. Dem bei Journalisten bestens vernetzten Glaeseker gelingt es auch, Wulffs Verhältnis zu den Medien zu verbessern.

Bei der Landtagswahl im Jahr 2003 heißt der Gegner von der SPD Sigmar Gabriel. Wulff gewinnt, ist endlich am Ziel angekommen. Glaeseker wird Regierungssprecher und engster Vertrauter des neuen Ministerpräsidenten. Jetzt ist Wulff sein Verlierer-Image endlich los. Er bewährt sich im Amt und wird immer populärer. Schon 2005 steigt er zum beliebtesten Politiker Deutschlands auf, auch nach der Wiederwahl im Jahr 2008 bleibt er auf Erfolgskurs. Plötzlich wird er auch als möglicher Kanzler gehandelt, gilt als Rivale von Merkel. Später, nach der Affäre, heißt es, Glaeseker habe Wulff womöglich größer gemacht, als er eigentlich war.

Wie eng das Verhältnis der beiden damals ist, dokumentiert die Trennung von Christian und Christiane Wulff Pfingsten 2006. Der CDU-Politiker hat sich in die 14 Jahre jüngere PR-Beraterin Bettina Körner verliebt und will seine Familie verlassen. Bevor er seiner Frau Christiane davon erzählt, spricht er mit Glaeseker. Bei der geplanten Trennung gilt es einen Imageschaden zu verhindern. Denn Wulff stammt aus dem konservativ-katholischen Osnabrück und hat mit seiner vermeintlich heilen Familienwelt auch Wahlkampf gemacht. Gerade beim CDU-Klientel verlieren Ehemänner, die ihre Frauen für eine jüngere Geliebte verlassen, massiv an Glaubwürdigkeit. In Wulffs katholischer Heimat ist die Ehe ein Sakrament der Kirche, und für viele gilt sie, »bis dass der Tod euch scheidet«.

Glaeseker entwirft einen PR-Schlachtplan für das Pfingstwochenende: Wulff informiert Frau und Tochter über das Ehe-Aus. Zeitgleich bereitet Glaeseker ausgewählte Medien auf die Story vor, die am Dienstag nach Pfingsten veröffentlicht wird. Der Spin ist dabei weniger die verlassene Gattin als vielmehr die neue Frau an seiner Seite. Ein Foto der beiden wird aufgenommen und den Boulevard-Medien zugespielt. *Bild* und *Bunte* werden mit Details bevorzugt behandelt.

Der Plan geht auf: Die Trennung schadet Wulff nicht. Im Gegenteil: Mit Bettina Körner an seiner Seite erscheint er in der öffentlichen Wahrnehmung plötzlich viel lockerer und lebenslustiger. Um die verlassene Christiane Wulff kümmern sich derweil Olaf Glaeseker und dessen Ehefrau Vera, fahren mit ihr und der Tochter mehrmals in den Urlaub. Christiane verliert öffentlich kein Wort über ihren untreuen Ehemann. Glaeseker hat seinen Job perfekt erledigt.

Die deutschen Kennedys im Schloss Bellevue

Die Wulffs sind fortan der neue Liebling des Boulevards. Sie heiraten, Sohn Linus kommt zur Welt, besonders Bettina begeistert die Medien. Als die Familie dann auch noch ins Schloss Bellevue einzieht, wird schon von den deutschen Kennedys fabuliert.

»01« steht nun auf dem Kennzeichen des Dienstwagens, mit dem Christian Wulff chauffiert wird. Und als »Nummer eins« führte er sich fortan auch auf, berichten langjährige Weggefährten von der Wandlung Wulffs im Präsidentenamt. Er habe sich plötzlich wie der Größte gefühlt. Die gesetzten Abendessen mit Staatsoberhäuptern aus aller Welt seien ihm zu Kopf gestiegen. Auch sein Verhältnis zu den Medien verschlechtert sich. Ein zugesagtes Interview mit dem *Spiegel* zieht er kurzfristig zurück, die *Bild* bootet er bei einer Afghanistan-Reise aus. Er gibt den Journalisten plötzlich das Gefühl, dass er sie nicht mehr brauche. Sein Sprecher Glaeseker ist schockiert. Doch auch sein Verhältnis zum Präsidenten kühlt sich immer mehr ab.

Die investigativen Recherchen im Fall Wulff beginnen. Es geht um die Finanzierung seines Hauses in Großburgwedel bei Hannover. Dort lebt er seit 2008 mit seiner neuen Familie. Aber woher hat Wulff das Geld für die Immobilie? Seine Scheidung soll sehr teuer gewesen sein. Gerüchte um prominente Geldgeber machen die Runde. Namen wie der des Unternehmers Carsten Maschmeyer tauchen dabei auf, in dessen Feriendomizil die Wulffs Urlaub machten.

Als Erster fragt *Stern*-Reporter Hans-Martin Tillack im Februar 2011 beim Bundespräsidialamt offiziell an. Mit grüner Tinte (damit schreibt nur der Präsident) korrigiert das Staatsoberhaupt mehrere Antworten zum 500 000-Euro-Kredit fürs Haus. »Wer war der Kreditgeber für das Wohnhaus?«, lautet die erste Frage. Die Antwort »BW-Bank«, die das Präsidialamt vorformuliert hat, ändert Wulff in: »Die BW-Bank war und ist der Kreditgeber.« Das stimmt, ist aber nur die halbe Wahrheit. Die Baden-Württembergische Bank (BW-Bank) übernahm den Kredit von einer anderen Person, die Wulff lieber verschweigen will. In einer handschriftlichen Notiz regt er zudem an, die Bank solle dem *Stern*-Reporter den Kreditvertrag bestätigen. Dafür sollte die BW-Bank vom Bankgeheimnis befreit werden.[1] Alles soll nach einem unverfänglichen Darlehen aussehen. Die Tarnung funktioniert – noch.

Auch ein Team vom *Spiegel* fahndet nach Wulffs Finanzquellen. Das Magazin setzt sogar vor Gericht durch, dass *Spiegel*-Redakteure die Grundbuchauszüge des Hauses in Großburgwedel einsehen dürfen. Der Coup gelingt jedoch den *Bild*-Reportern Martin Heidemanns und Nikolaus Harbusch. Am 12. Dezember 2011 erscheint ihre Geschichte mit dem Titel: »Wirbel um Privatkredit über 500 000 Euro. Hat Wulff das Parlament getäuscht?«[2]

Finanzspritze vom väterlichen Freund

Jetzt kommt heraus, wer hinter dem Hauskredit wirklich steckt: Es ist Edith Geerkens, die Ehefrau von Egon Geerkens, einem langjährigen väterlichen Freund Wulffs. Er betrieb einst einen Juwelierladen in Osnabrück, stieg dann ins Immobiliengeschäft ein und zum Multimillionär auf. Mittlerweile lebt er in der Schweiz. Egon Geerkens war bei beiden Hochzeiten, also mit Christiane und Bettina, Wulffs Trauzeuge. Er unterstützte ihn auch immer wieder finanziell. Denn Wulff ist immer wieder klamm gewesen. Sein Lebensstil überstieg wohl seine eigenen finanziellen Möglichkeiten.

Egon Geerkens verhandelte den Kredit mit Wulff. Der private

Darlehensvertrag wurde dann zwischen seiner Frau und dem Ehepaar Wulff im Oktober 2008 geschlossen. Laut Kaufvertrag bezahlten die Wulffs für das Einfamilienhaus mit 658 Quadratmetern Grundstück die Summe von 415 000 Euro.

Zum Problem wurde der Hauskredit durch einen Auftritt Wulffs im niedersächsischen Landtag. Denn im Januar 2010 wurde bekannt, dass die Wulffs in der Businessclass in den Weihnachtsurlaub nach Florida geflogen waren, ohne den vollen Preis für die Flugtickets zu zahlen. In Florida besitzt Egon Geerkens eine Villa, dort verbrachten sie die Ferien. Das Upgrade für die Wulffs hatte ein politisches Nachspiel. Im niedersächsischen Parlament wurde Wulff gefragt, ob er zum Unternehmer Geerkens »geschäftliche Beziehungen« unterhalte. Der Ministerpräsident ließ im Landtag daraufhin offiziell erklären: »Zwischen Ministerpräsident Wulff und den in der Anfrage genannten Personen und Gesellschaften hat es in den letzten zehn Jahren keine geschäftlichen Beziehungen gegeben.«

Den Hauskredit von Edith Geerkens verschwieg Wulff damals. Und nicht nur das: Kurz nach der parlamentarischen Anfrage wurde die unverdächtige BW-Bank plötzlich der Kreditgeber. Den Kontakt stellte Geerkens her, der Großkunde der Bank war.

Vor Erscheinen der Story schicken die *Bild*-Reporter, wie üblich, Fragen ans Bundespräsidialamt. Chefredakteur ist damals Kai Diekmann, der ein wenig enttäuscht ist, als die Stellungnahme eintrifft: Denn Wulffs PR-Stratege Glaeseker hat mit ausführlichen Statements die Geschichte gezielt torpediert. Doch dann bessert sich die Laune von Diekmann, der sich zu dem Zeitpunkt in New York befindet, schlagartig: Seine Redaktion informiert ihn, das Präsidialamt habe die Antworten überraschend zurückgezogen.

Wulff ist damals mit einer Delegation in den arabischen Ländern unterwegs. Sein Sprecher Glaeseker kann es nicht fassen, dass die Antworten von Wulff persönlich gestrichen wurden. In diesen Stunden kommt in die Hauskredit-Affäre immer mehr Dynamik. Und das bereits vor Erscheinen der Story. Denn Wulff versucht, Diekmann auf dem Handy zu erreichen. Der telefoniert gerade, und so landet der Bundespräsident auf der Mailbox des Chefredakteurs. Der hört die Nachricht ab, erkennt sofort die Brisanz und ruft, wie von Wulff gewünscht, dessen Staatssekretär an. Und Diekmann macht dem Staatssekretär klar, dass die Story selbstverständlich gedruckt werde.

Die wichtigsten Auszüge aus der berühmten Mailbox-Nachricht:

Guten Abend, Herr Diekmann,
ich rufe Sie an aus Kuwait. Bin grad auf dem Weg zum Emir und deswegen hier sehr eingespannt, weil ich von morgens acht bis abends elf Termine habe. Ich bin in vier Golfstaaten unterwegs, und parallel plant einer Ihrer Journalisten seit Monaten eine unglaubliche Geschichte, die morgen veröffentlicht werden soll und die zum endgültigen Bruch mit dem Springer-Verlag führen würde.

Weil es einfach Methoden gab, mit Dingen im Nachbarschaftsumfeld, die über das Erlaubte hinausgehen, und die Methoden auch öffentlich gemacht werden von mir.

Ich habe alles offengelegt, Informationen gegeben, gegen die Zusicherung, dass die nicht verwandt werden. Die werden jetzt indirekt verwandt, das heißt, ich werde auch Strafantrag stellen gegenüber Journalisten morgen und die Anwälte sind beauftragt.

Und die Frage ist einfach, ob nicht die Bild-Zeitung akzeptieren kann, wenn das Staatsoberhaupt im Ausland ist, zu warten, bis ich Dienstagabend wiederkomme, also morgen, und dann Mittwoch eine Besprechung zu machen, wo ich mit Herrn ..., den Redakteuren und Ihnen, wenn Sie möchten, die Dinge erörtere, und dann können wir entscheiden, wie wir die Dinge sehen, und dann können wir entscheiden, wie wir den Krieg führen.
[...]
Und jetzt werden andere Geschichten behauptet, die Unsinn sind. Und da ist jetzt bei meiner Frau und mir einfach der Rubikon in dem Verhalten überschritten.
[...]

Vielen Dank ... und ... bis ... dann ... wo wir uns dann sprechen. Ich hoffe, dass Sie die Nachricht abhören können, und bitte um Vergebung, aber hier ist jetzt für mich ein Punkt erreicht, der mich zu einer Handlung zwingt, die ich bisher niemals in meinem Leben präsentiert habe. Die hatte ich auch nie nötig.[3]

Die *Bild*-Story schlägt ein, viele Medien übernehmen die Geschichte um Wulffs Hauskredit. Von der Mailbox-Nachricht wissen damals nur wenige. Diekmann schickt sie von seinem Handy in New York aus in die Redaktion nach Berlin, damit sie abgetippt wird. Ihm ist klar, dass die Mailbox zu einer Auseinandersetzung zwischen *Bild* und Bundespräsidialamt, zwischen Chefredakteur und Bundespräsident führen kann. Denn Wulff wollte die Berichterstattung verhindern, hinterließ auf dem Handy Drohungen, sprach unter anderem von »Krieg«.

Wie soll *Bild* mit der Mailbox-Nachricht umgehen? Das ließ Diekmann nach seiner Rückkehr aus New York in der Morgenkonferenz diskutieren. Doch plötzlich ruft der Bundespräsident bei Diekmann an. Wulff entschuldigt sich für seinen Anruf auf der Mailbox. Diekmann nimmt die Entschuldigung an und entscheidet jetzt, die brisante Nachricht doch nicht zu drucken. Einige *Bild*-Kollegen kritisieren ihn dafür intern, werfen ihm einen journalistischen Fehler vor. Bis die Öffentlichkeit von der Mailbox erfährt, dauert es allerdings noch.

Sein Sprecher schreibt: »Ich sehe schwarz«

Im Bundespräsidialamt herrscht derweil Alarmstimmung. Keiner weiß zu diesem Zeitpunkt, was genau Wulff Diekmann auf die Mailbox gesprochen hat. Glaeseker ist verstimmt, dass Wulff die Antworten gestoppt hat, und dann erfährt er auch noch aus der *Bild*-Chefredaktion von der Mailbox-Nachricht. Er schreibt ihm eine SMS und fragt, ob das mit der Mailbox stimme. Wulff bestätigt das. Und Glaeseker schickt daraufhin eine weitere SMS: »Ich sehe schwarz.« Für den erfahrenen Sprecher ist klar: Die Story um den

Hauskredit ist längst nicht mehr das Problem, sondern die Tatsache, dass der Bundespräsident der Presse gedroht hat. Glaeseker rät Wulff, er müsse sich sofort bei Diekmann entschuldigen, was er dann auch tat.

Jetzt nimmt die Affäre an Fahrt auf. Medien berichten über diverse Gratisurlaube der Wulffs bei reichen Freunden und Geschäftsleuten. Ihre Flitterwochen verbrachten sie etwa in der Ferienvilla eines Versicherungsmanagers in der Toskana. Wulff lässt über seinen Anwalt gar eine Liste seiner privaten Urlaube zwischen 2003 und 2010 veröffentlichen. Nur scheibchenweise kommt er mit der Wahrheit ans Licht. Der Mann, der nach außen Werte wie Ehrlichkeit und Verlässlichkeit verkörperte, steht plötzlich da wie ein Schnorrer und Trickser. Wie einer, der nach Rabatten, Luxus und Glamour giert. Und das alles im höchsten Amt des Staates, als moralische Instanz. Erste Rücktrittsforderungen werden laut.

Ausgerechnet in diesen dramatischen Tagen im Dezember 2011 kommt es zum Zerwürfnis zwischen Wulff und Glaeseker. Das einst so enge, vertrauensvolle Verhältnis der beiden ist schon länger gestört. Nun sieht Wulff in Glaeseker gar eine Gefahr für sein politisches Überleben. Denn gegen seinen Sprecher werden ebenfalls Vorwürfe bezüglich Gratisreisen publik. Wulff fackelt nicht lange, schmeißt ihn raus. Glaeseker muss kurz vor Weihnachten sein Büro räumen, wird in den einstweiligen Ruhestand versetzt. Die Entlassungsurkunde händigt nicht Wulff aus, sondern sein Staatssekretär Lothar Hagebölling. Ein unwürdiges Ende einer jahrelangen politischen Freundschaft.

Nun steht Wulff ohne seinen ideenreichen PR-Strategen da, mitten in der größten Krise seines Lebens. Nicht wenige glauben, Wulff hätte mit Glaeseker an seiner Seite die Affäre überstehen können. Jetzt schlittert er von einer Krisenlage in die nächste. Anfang Januar holt ihn die Mailbox-Geschichte wieder ein.

Mehrere Medien berichten von den bislang öffentlich nicht bekannten Inhalten der Nachricht an Diekmann. »Wulff drohte

Bild-Zeitung«, titelt etwa die *Süddeutsche Zeitung.* Die kriegerische Wortwahl des Staatsoberhauptes stößt viele ab, Empörung macht sich breit über die Attacken des Bundespräsidenten auf die Pressefreiheit. Selbst Medien, die dem Boulevardblatt *Bild* sonst wenig zugetan sind, solidarisieren sich nun gegen Wulff. Die Umfragen für den Bundespräsidenten, der Wochen zuvor noch der beliebteste Politiker des Landes war, fallen immer schlechter aus.

Wulff entscheidet sich für eine Gegenoffensive, will sich zur besten TV-Sendezeit der Nation erklären. In dem Fernseh-Interview räumt er Fehler ein, stellt sich und seine Familie aber auch als Opfer dar. Er behauptet, dass er mit dem Anruf bei Diekmann den *Bild*-Bericht nicht stoppen wollte. Das fällt schwer zu glauben, wenn man sich den Wortlaut der Mailbox-Nachricht durchliest. Der erhoffte Befreiungsschlag bleibt jedenfalls aus, Wulff steht weiter massiv unter Druck.

Ein Fall für die Staatsanwaltschaft

Ein Urlaub auf Sylt bringt den Bundespräsidenten schließlich zu Fall. Der Filmproduzent David Groenewold hat für seinen Freund Christian Wulff einst Übernachtungen im » Hotel Stadt Hamburg« (HSH) gebucht und bezahlt. Im Januar kommt es dann zu einem mutmaßlichen Vertuschungsfall, den die *Bild* enthüllt. Groenewold ruft demnach im Hotel an und bittet darum, keine Auskünfte an Journalisten zu erteilen. Er fährt sogar nach Sylt und lässt sich Kopien der Rechnungen von damals geben. In einem internen Vermerk des Hotels heißt es: » Hr. David Groenewold hat gestern angerufen, wir sollten keinerlei Infos über ihn rausgeben. Er war 2007 mit Hr. Wulff im HSH und hat den gesamten Aufenthalt übernommen. Falls also *Bild* oder *Spiegel* anruft, wir wissen von nichts!«[4]

Nach Erscheinen der Sylt-Geschichte behauptet Wulff, er habe seinem Freund Groenewold das Geld für den Hotelaufenthalt am Vorabend der Abreise in bar erstattet. Doch es gibt erhebliche Zweifel an seiner Darstellung. Die Staatsanwaltschaft Hannover schaltet sich nun ein, sieht Anhaltspunkte für den Anfangsverdacht einer strafbaren Vorteilsnahme. Am Abend des 16. Februar 2012 beantragen die Staatsanwälte beim Bundestag, Wulffs Immunität aufzuheben, um ein Ermittlungsverfahren gegen ihn einleiten zu können. Das ist sein Ende. Am nächsten Vormittag schreitet Christian Wulff zusammen mit seiner Frau im Schloss Bellevue vor die Presse und erklärt seinen Rücktritt.

Bei seinem letzten Auftritt als Staatsoberhaupt erklärt Wulff, Deutschland brauche einen Präsidenten, der vom Vertrauen einer breiten Mehrheit getragen werde: »Die Entwicklung der vergangenen Tage und Wochen hat gezeigt, dass dieses Vertrauen und damit meine Wirkungsmöglichkeiten nachhaltig beeinträchtigt sind. Aus diesem Grund ist es mir nicht mehr möglich, das Amt des Bundespräsidenten nach innen und nach außen so wahrzunehmen, wie es notwendig ist.« Er habe Fehler begangen, sei aber immer aufrichtig gewesen. Und dann sagt er noch in Richtung Presse: »Die Berichterstattungen, die wir in den vergangenen zwei Monaten erlebt haben, haben meine Frau und mich verletzt.«

Wie konnte es in so kurzer Zeit zum Sturz des Bundespräsidenten kommen? Der Hauskredit ist der Auslöser einer Affäre, die das Land wochenlang in Atem hält. Eine zentrale Rolle spielt die Mailbox-Nachricht, weil ein Staatsoberhaupt den Medien nicht drohen sollte. Hinzu kommen diverse Vorwürfe, Ungereimtheiten, Peinlichkeiten: In nur wenigen Wochen ist das Bild eines Bundespräsidenten entstanden, der finanzielle Engpässe hat, Geldgeber verschweigt, Freunden mal eben Bargeld zusteckt, die Nähe zu reichen Unternehmern sucht und umsonst Urlaub bei ihnen macht. Mit der Würde des Amtes ist all das nicht vereinbar.

Ob ein Politiker eine Krise übersteht, hängt nicht nur von der Schwere der Vorwürfe ab, sondern vor allem davon, wie er die Krise managt und welchen Rückhalt er in der Partei hat. Wegen einer eher läppischen Affäre musste einst FDP-Politiker Jürgen W. Möllemann als Bundeswirtschaftsminister und Vizekanzler zurücktreten. Möllemann war inmitten der Affäre nicht aus seinem Urlaub zurückkehrt, nahm die Vorwürfe nicht ernst genug.

Und dann hatte er sich auch noch mit vielen einflussreichen Partei-
freunden angelegt, die nur auf diesen Patzer von ihm gewartet
hatten.

Die eigene Partei auf Tauchstation

Kein namhafter CDU-Politiker springt Wulff in den schwersten
Wochen seiner Karriere bei. Der Einzige, der ihn in den unzähligen Talkshows zur Affäre verteidigt, ist Peter Hintze, einst Gene-
ralsekretär unter Helmut Kohl. SPD und Grüne feuern hingegen
aus allen Rohren, kritisieren Wulff scharf. Einsamer wird es um
Wulff auch im Schloss Bellevue. Er verliert seinen PR-Strategen
Glaeseker, zieht sich immer mehr zurück. Wie sehr er in diesen
Wochen im Feuer steht, zeigt eine SMS vom 4. Januar 2012. Der
entlassene Glaeseker bat Wulff, einen Sachverhalt in Bezug auf
einen gemeinsamen Freund abzustimmen. Wulffs SMS-Antwort
lautet: »Es nützt dir nichts, wenn ich davon weiß, aber es schadet
mir massiv, ich steh hier unter Druck ...«

Die Nation atmet spürbar auf, als Wulff nach quälenden Wochen
in der Affäre seinen Rücktritt erklärt. Das Volk wünscht sich ein
Staatsoberhaupt, das die Nation stark und stolz macht, einen, der
an der Seite eines US-Präsidenten Barack Obama oder der Queen
eine gute Figur macht.

Ein Nachfolger steht auch schon parat. Joachim Gauck war 2010
gegen Wulff angetreten, galt als Kandidat der Herzen und verlor
nur, weil die schwarz-gelbe Regierungskoalition eine klare Mehrheit in der Bundesversammlung hatte. Nun ist der Weg für Gauck
frei, der vier Wochen nach dem Wulff-Rücktritt zum neuen Bundespräsidenten gewählt wird.

Wulff gerät jetzt ins Visier der Ermittler. Die Staatsanwaltschaft
Hannover knöpft sich den Ex-Präsidenten vor. Die Zentralstelle für
Korruptionsstrafsachen wird unterstützt von einer mehr als zwanzigköpfigen Sondereinheit beim niedersächsischen Landeskriminalamt. Es geht um die Frage, ob er zu seiner Zeit als Ministerpräsident korrupt war. Schon bald bekommen die Wulffs ungebetenen

Besuch von den Fahndern. Die Hausdurchsuchung in Großburg-wedel ist der nächste Tiefpunkt für das ehemalige Staatsoberhaupt – das hat es noch nie gegeben.

Konto mit 80 000 Euro in den Miesen

Die beschlagnahmten Unterlagen werden ausgewertet, Akten dazu angelegt. Kreditkartenabrechnungen, Kontoauszüge, private Notizen, Mails und SMS-Nachrichten – all das findet sich in den Akten der Staatsanwaltschaft. Auch Wulffs finanziell angespannte Lage geht beispielsweise aus den Dokumenten hervor. Zeitweise weist sein Konto ein Minus von rund 80 000 Euro auf. Selbstverständlich sind die Ermittlungsakten vertraulich. Doch einige Journalisten bekommen über Informanten Zugang zu den brisanten und mitunter peinlichen Fakten.

Auch ich erhalte immer wieder neue Teile der Ermittlungsakte. Demnach betreiben die Staatsanwälte einen enormen Aufwand bei den Nachforschungen, befragen Dutzende Zeugen, gehen zahlreichen Spuren nach. Der Ertrag ist jedoch überschaubar. Juristisch Relevantes gegen Wulff findet sich in den Unterlagen nicht. Er mag möglicherweise der falsche Bundespräsident gewesen sein, ein korruptes Verhalten ist ihm aber nicht nachzuweisen. Dennoch wühlen die Fahnder immer weiter, ja sie verbeißen sich geradezu in den Fall Wulff.

Von den anfänglichen Vorwürfen bleibt kaum etwas übrig. Die Ermittlungen konzentrieren sich auf das Verhältnis zwischen Wulff und dem Filmproduzenten David Groenewold, der neben dem Sylt-Aufenthalt auch einen Oktoberfest-Besuch inklusive Übernachtung im Luxushotel für Wulff bezahlt haben soll. Im Gegenzug soll sich der damalige Ministerpräsident für Filmprojekte seines Freundes eingesetzt haben. Die beiden bestreiten die Korruptionsvorwürfe.

Mehr als ein Jahr nach Beginn der Ermittlungen bietet die Staatsanwaltschaft dem früheren Staatsoberhaupt im März 2013 einen Deal an: Wenn er 20 000 Euro zahle, würde das Verfahren umgehend eingestellt. Es gäbe dann keine Anklage und auch keinen Prozess.[5] Doch Wulff lehnt das Angebot ab, will lieber vor Gericht um einen Freispruch kämpfen. Er hat sein Amt und seinen Ruf verloren, mittlerweile hat sich auch Ehefrau Bettina von ihm getrennt – jetzt will er wenigstens noch seine Ehre retten und allen beweisen, dass er kein Krimineller ist.

Diese Entscheidung verschafft Wulff viel Respekt. Als dann kurz darauf die Staatsanwälte tatsächlich eine Anklage wegen Bestechlichkeit gegen Wulff erheben, dreht sich die Stimmung in der Öffentlichkeit gegen die Justiz und für Wulff. Denn wegen der läppischen Summe von 753,90 Euro soll dem Ex-Präsidenten der Prozess gemacht werden. Dabei geht es um besagte Oktoberfest-Sause. Laut Anklage habe Groenewold im Jahr 2008 Wulff 400 Euro für zwei Übernachtungen im »Hotel Bayerischer Hof« in München spendiert, für 110 Euro ein Kindermädchen, 103,90 Euro für ein Essen im Hotelrestaurant bezahlt und das Ehepaar für anteilig 140 Euro in Käfers Festzelt eingeladen. Dafür soll Wulff dann einen Bittbrief in Sachen Groenewold verfasst haben.[6]

Das Landgericht Hannover eröffnet das Verfahren, stuft die Anklage aber von Bestechlichkeit auf Vorteilsannahme herunter. Am 14. November 2013 beginnt tatsächlich der Wulff-Prozess im Schwurgerichtssaal 127 des Landgerichts Hannover. Der Ex-Präsident trägt bei dem Termin das Bundesverdienstkreuz, wird von drei Leibwächtern begleitet. In seiner persönlichen Erklärung räumt er Fehler ein: »Aber der Rechtsstaat muss zwischen Stil und Recht unterscheiden. Es geht mir um Gerechtigkeit.«[7]

Großer Auftritt vor Gericht

Knapp eine Stunde spricht er im Gerichtssaal. Die Zuschauer im Saal spüren, hier will sich jemand etwas von der Seele reden. Zur Anklage der Staatsanwaltschaft sagt er: »Ich empfinde das als Farce, als ehrabschneidend.« Dann greift er die Justiz frontal an: »24 Beamte haben 14 Monate lang jeden Winkel meines Lebens ausgeforscht. Allein die Hauptakten bestehen aus 30 000 Seiten. Eine Million Dateien, SMS wurden beschlagnahmt, 45 Bankkonten ausgewertet. Die Schäden, die meine Familie und ich erlebt haben, werden bleiben, wahrscheinlich ein Leben lang.«

Nach 14 Verhandlungstagen endet am 27. Februar 2014 der Wulff-Prozess. Richter Frank Rosenow spricht den Satz aus, auf den Wulff so lange gewartet hat: »Der Angeklagte wird freigesprochen.« Der Richter kritisiert die wohl übereifrige Staatsanwaltschaft: »Es gibt keine schlagkräftigen Beweise gegen den Angeklagten.« Es sei auch nicht ersichtlich, warum sich Wulff »für Peanuts hätte kaufen lassen« sollen. Der freigesprochene Wulff verlässt strahlend den Gerichtssaal, sagt in die Kameras: »Nun kann ich mich wieder der Zukunft widmen und den Themen, die mir am Herzen liegen.«[8]

Die Ermittlungen gegen Wulff waren unausweichlich, weil massive Vorwürfe gegen einen Spitzenpolitiker im Raum standen. Doch zu einer Anklage und somit zu einem Prozess hätte es niemals kommen dürfen. Nach dem Freispruch rechnet Wulff in Interviews und sogar einem Buch nicht nur mit der Justiz ab, sondern auch mit den Medien. Wie verbittert er dabei ist, habe ich selbst erlebt, als ich ihn Monate später in einer Hotellobby in Berlin treffe. Es ist eine unangenehme Zufallsbegegnung. Er erhebt sofort massive Vorwürfe gegen mich als Vertreter der Presse und fragt mich, wie ich damit leben könnte, dass ich »Leben vernichtet« hätte.

Die Affäre hat einen massiven Kollateralschaden in seinem privaten Umfeld hinterlassen. Die Ehe mit Bettina entwickelt sich zur Achterbahnfahrt. Nach zwei Trennungen lebt das Paar derzeit wieder zusammen. Freundschaften sind zerbrochen. Zu seinem früheren Vertrauten Glaeseker ist das Verhältnis nach wie vor zerrüttet. Auch die Freundschaft mit David Groenewold geriet unter die Räder. Er, der mit Wulff vor Gericht stand, kam danach nicht mehr auf die Beine. Ich habe den Filmproduzenten kennengelernt als einen unglaublich warmherzigen, unterhaltsamen und verlässlichen Menschen. Er hatte beruflich viele Ideen, aber nach der Wulff-Affäre wollte so recht nichts mehr klappen. Groenewold, der an schweren Depressionen litt, beging im Juli 2019 im Alter von 46 Jahren Suizid.

Christian Wulff hat als Alt-Bundespräsident Anspruch auf Büro, Mitarbeiter, Dienstwagen und einen sogenannten Ehrensold in Höhe von rund 200 000 Euro im Jahr. Bis zum Lebensende. Er arbeitet als Rechtsanwalt, engagiert sich im ehrenamtlichen Bereich, zum Beispiel als Präsident des Deutschen Chorverbandes und Schirmherr der Deutschen Multiple Sklerose Gesellschaft. Hin und wieder vertritt er Deutschland im Ausland, so etwa bei der Amtseinführung des saudischen Königs geschehen. Doch vom einstigen Leben an der Spitze des Staates, von einer bedeutenden Position in Politik, Gesellschaft oder seiner Partei, der CDU, ist nur wenig übrig geblieben. Seine berühmte Aussage »Der Islam gehört zu Deutschland« ist wohl das Wichtigste, was von seinen Gedanken in die Geschichtsbücher eingeht.

Familienfehde ums Fleisch-Imperium

Clemens Tönnies und sein Neffe ringen
um die Vorherrschaft im Milliardenkonzern

»Robert Tönnies, bist du verrückt geworden?«, brüllt Clemens Tönnies durch den holzvertäfelten Saal 255 des Bielefelder Landgerichts. Seine flache Hand kracht auf die Tischplatte. Das Gesicht des Fleischbarons wird rot vor Zorn, die Adern auf der Stirn schwellen an. Auch die Pausbacken seines Neffen Robert scheinen fast zu platzen, vor Wut schlägt er gegen das Mikrofon.[1]

Seit Jahren treffen sich die Tönnies nur noch vor Gericht. In dem Familienstreit geht es um die Entscheidungsgewalt in einem der mächtigsten Fleischkonzerne Deutschlands. Tönnies ist der größte Schweineschlachter Deutschlands und einer der mächtigsten Fleischexporteure der Welt. 7,05 Milliarden Euro Umsatz erwirtschaftete der Familienkonzern mit 16 500 Mitarbeitern im Jahr 2020.

Doch die schwelende Familienfehde überschattet den wirtschaftlichen Erfolg des Unternehmens. Auf der einen Seite steht Konzernchef Clemens Tönnies, 65 Jahre alt. Er leitet das milliardenschwere Unternehmen, reist zu Terminen mit dem Privatjet, gestaltete als Präsident von Schalke 04 maßgeblich die Geschicke des Fußballclubs und pflegte beste Verbindungen zu Putin und zum Kreml.

Auf der anderen Seite kämpft Robert Tönnies, der Sohn seines verstorbenen Bruders Bernd. Start-up-Investor, Volleyballspieler und Elektroauto-Unternehmer. Beide leben in Rheda-Wiedenbrück, ganze 7,6 Kilometer voneinander entfernt. Und doch trennen sie Welten.

Robert Tönnies und sein Onkel besitzen nach dem Tod von Bernd Tönnies jeweils 50 Prozent der Anteile und streiten seit Jahren um die Vorherrschaft im Konzern. Die Pattsituation sowie die Gerichtsstreitigkeiten lähmen die Firma. Die Geschichte der Tönnies ist ein Lehrstück über vermögende Familien, die am Kampf ums Geld und die Macht zerbrechen können – und dabei die Zukunft ihres Unternehmens aufs Spiel setzen.

Von der Dorfmetzgerei zum Milliardenimperium

Alles beginnt mit einer typisch deutschen Aufsteiger-Biografie. Clemens Tönnies wird 1956 geboren und wächst mit seinem vier Jahre älteren Bruder Bernd im ostwestfälischen Rheda-Wiedenbrück auf. Die Eltern betreiben eine kleine Dorfmetzgerei, die nicht viel abwirft. Clemens Tönnies sagte einmal, er sei im Elend aufgewachsen. In dem kleinen Familienbetrieb verkauft der Vater Schweinehälften. Die Kinder packen von Anfang an mit an. »Verdienen kommt von dienen«, wird den Brüdern früh eingebläut. Autorität und Gehorsam, das sind die Leitplanken, an denen sie sich orientieren.

Seinen älteren Bruder Bernd soll Clemens Tönnies verehrt haben. »Der Bernd war mein Leitwolf«, sagte er einmal.[2] 1971 gründet Bernd in Rheda eine eigene Fleischfabrik und errichtet auf der Grundlage der kleinen Metzgerei ein Fleisch-Imperium. Bernd ist damals 19 Jahre alt und übernimmt die Führung. Clemens, 15 Jahre alt, hat gerade die Volksschule abgeschlossen und hilft mit.

Ihre Idee ist damals neu: Die Brüder verkaufen nicht mehr die Schweinehälften, sondern zerlegen das ganze Schwein, verkaufen es in kleineren, produktionsfertigen Teilen an die umliegenden Metzgereien. Diese fertigen daraus Gulasch, Schnitzel, Wurst und Schinken. Grundnahrungsmittel im Westfälischen. Diese Geschäftsidee erweist sich als Goldgrube, ihr Unternehmen wächst schnell. Die ganze Familie mischt mit: Die Brüder Tönnies stellen den Vater an, ebenso wie ihre vier Schwestern.

Das Duo perfektioniert sein neues System, die Arbeitsteilung funktioniert: Clemens fungiert in der Regel als Verkäufer, spricht mit den Metzgereien und Landwirten. Bernd kümmert sich um Finanzen und Produktion, steht in Gummistiefeln im Betrieb und sorgt für einwandfreie Abläufe bei der Verarbeitung der Schweinehälften. Es gilt das auf dem Land unumstrittene Gesetz: Der ältere Bruder hat das Sagen, Bernd ist der Chef.

Bernds Führungsstil gilt als straff. In einem Artikel des *Manager Magazins* sagt später ein Familienkenner:»Bernds Leitspruch war ›Was man will, das muss man mit brachialer Gewalt durchsetzen‹.[3] Clemens hat das dann übernommen, und sein Sohn Robert hat es in die Wiege gelegt bekommen.« Etwas auf Teufel komm raus durchdrücken zu wollen, zur Not mit Brutalität, steckt bei den Tönnies offenbar in den Genen.

Während das Unternehmen floriert und die Brüder kontinuierlich weitere Firmen akquirieren, geraten die beiden persönlich immer wieder aneinander. Aus dem Umfeld der Familie heißt es, dass Clemens und Bernd viel und heftig streiten, sich am Ende jedoch immer wieder vertragen. Man ist ja eine Familie.

Der Firmengründer erkrankt schwer

Doch in den 1990er-Jahren erlebt die Familie einen schweren Schicksalsschlag. Bernd wird krank und erleidet 1992 einen Herzinfarkt. Später schwebt er wegen drohendem Nierenversagen in Lebensgefahr und erhält eine Nierentransplantation. Am 1. Juli 1994 stirbt er an den Folgen einer Lungenentzündung.

Die Familie rückt in dieser Phase näher zusammen. Clemens kümmert sich um seinen Bruder, spricht mit Ärzten, sucht nach potenziellen Therapien, um Bernds Leben zu retten. Wie Clemens Tönnies diese Zeit erlebt und von der Krankheit seines Bruders erfährt, schildert er in dem Unternehmens-Podcast »Tönnies und Tönnies« in eigenen Worten:

Mein Bruder ist erst durch einen ärztlichen Kunstfehler sehr krank geworden. Er hat die Nierenfunktion durch eine Urosepsis verloren. Mein Bruder ging an diesem Rosenmontag ins Krankenhaus, verabschiedete sich. »Clemens, ich gehe und lasse mir Nierensteine trümmern.« Und dann war eine Aneinanderreihung von furchtbar negativen Faktoren die Ursache für den Verlust der Nierenfunktion. Es war auch eine Qual für ihn, Dialysepatient zu sein. Die Dialyse war lange nicht so entwickelt in 1994. Er hatte Kribbeln in den Beinen, sobald er Ruhe hatte, und konnte nicht schlafen. Er war gebrochen, und da war für mich klar: Das schafft er nicht. Ich bin dann sofort nach Münster gefahren, habe noch mit ihm gesprochen, und er wurde danach in ein künstliches Koma verlegt.

Clemens Tönnies erinnert sich, dass eines Morgens um 3.45 Uhr das Telefon, das direkt neben seinem Bett steht, klingelt. Er setzt sich auf die Bettkante und sagt zu seiner Frau: »Pass auf, wenn ich jetzt den Hörer abnehme, dann stehe ich in der ersten Reihe. Bernd ist tot.«

Vorher am Sterbebett bittet Bernd laut der Erzählung seines Bruders Clemens um ein Versprechen. Er sagt: »Kümmert euch bitte um die Familie, um das Unternehmen und um Schalke.« Seine drei großen Leidenschaften. In seinem Todesjahr wurde Bernd Tönnies gerade erst zum Präsidenten von Schalke 04 gewählt.

Dieser Schicksalsschlag trifft Clemens damals hart, er hat ein sehr enges Verhältnis zu seinem Bruder. Doch anstatt trauern zu können, muss Clemens Tönnies sofort die Führung des Unternehmens übernehmen.

Das war für mich eine unglaublich schwere Zeit. Ich bin zurückgefahren und war total verzweifelt. Warum? Weil ja nicht nur der Souverän des Unternehmens weg war. Ich kannte in der Politik niemanden zu dem Zeitpunkt. Ich kannte kaum einen Banker, ich habe mich vorher nur um den Verkauf und um den Betrieb gekümmert. Das war unsere Aufgabenteilung. Ich war jetzt plötzlich alleine.

Bernd hinterlässt eine Frau und die beiden Söhne Robert und Clemens junior. Clemens kümmert sich auch um die beiden Neffen und die Witwe. Es steht fest, dass er das Ruder in der Firma übernimmt, da Bernds Nachkommen zu dem Zeitpunkt erst Teenager sind.

Die Söhne erben zu gleichen Teilen die Firmenanteile ihres Vaters. Zu Bernds Lebzeiten hielt dieser 60 Prozent der Firma und hatte damit auch die letzte Entscheidungsgewalt. Clemens besaß 40 Prozent der Anteile. Dies hatten die Brüder bei der Gründung des Unternehmens so vereinbart.

Bernd verfügt in seinem Testament, dass seine Söhne erst ab dem 30. Lebensjahr das Erbe antreten und über ihre jeweils 30 Prozent der Unternehmensanteile verfügen können. Bis dahin soll ein Generalbevollmächtigter ihr beträchtliches Vermögen sowie die Firmenanteile verwalten.

Clemens' Aufstieg zum Fleischbaron

Nach Bernds Tod macht Clemens das Unternehmen Tönnies erst zu dem riesigen Fleischkonzern, der er heute ist. Ab 1995, etwa ein Jahr nach dem Tod von Bernd, beginnt der steile wirtschaftliche Aufstieg von Tönnies. Clemens kauft ein Unternehmen nach dem anderen auf, baut weitere hochmoderne Zerlegebetriebe, in denen Schlachtung und Zerlegung erstmals innerhalb einer Produktionskette stattfinden. In Rheda-Wiedenbrück beschäftigt das Unternehmen im Jahr 2001 1950 Mitarbeiterinnen und Mitarbeiter, verfügt über eine überdachte Produktionsfläche von 50 000 Quadratmetern. Wenn Clemens durch das Herzstück seines Fleisch-Imperiums stiefelt, läuft er an Tausenden Schweinehälften vorbei, die an Haken von der Decke hängen oder sich auf einem Fließband an ihm vorbeischieben.

Die zahlreichen Osteuropäer, die in seinen Fabriken arbeiten, sprechen kaum Deutsch. Sein Aufstieg beruht auch auf ihrer billigen Arbeitskraft: Die Deutschen wollen billiges Fleisch, Tönnies kann es liefern, dank günstiger Mitarbeiter, die aus den ärmsten Regionen Osteuropas stammen.

Innerhalb von 20 Jahren kann der Patriarch den Umsatz verzehnfachen. Clemens tütet dabei auch zahlreiche gewinnbringende Kooperationsverträge mit Lebensmitteleinzelhändlern ein: Tönnies produziert unter anderem tonnenweise Fleisch für die Discounter Aldi und Lidl. Es sind diese Jahre, in denen Clemens seine Position als Geschäftsführer ausbauen kann, er gilt unangefochten als Fleischbaron mit Einfluss und Verbindungen.

Wie Bernd am Sterbebett versprochen, kümmert sich Clemens auch um Schalke. Nach dem Tod seines Bruders übernimmt er dessen Posten als Aufsichtsratsmitglied und wird ab 2001 Präsident des Fußballvereins. Jetzt spielt er in einer Liga mit Franz Beckenbauer, dem damaligen Präsidenten von Bayern München. Seitdem ist Fußball sein Leben. »Dazu ein Veltins und eine Bockwurst von Böklunder.«[4] Seine Wurstmarke Böklunder ist Sponsor des Vereins, natürlich gibt es auch eine Stadionwurst in der Arena, der Veltins-Arena. Schon lange kicken die Fußballer nicht nur um die Siege in der Liga, es geht um Sponsorenverträge, Fernsehrechte, Transfers und Millionen.

Robert strebt an die Macht

Die erfolgreiche Entwicklung des Konzerns unter der Ägide ihres Onkels freut auch Bernds Söhne, denn der Wert ihrer Anteile wächst um viele Millionen Euro. Robert plant, in das Fleischbusiness einzusteigen: In seinem Testament hat Bernd verfügt, dass die Söhne zunächst eine Metzgerlehre sowie eine kaufmännische Ausbildung absolvieren sollen, falls sie aktiv in das Unternehmen einsteigen möchten. Den Job sollen sie, wie er, von der Pike auf lernen.

Während Clemens junior bereits früh zu verstehen gibt, dass er andere Wege beschreiten wird, absolviert Robert ab 2000 eine Ausbildung zum Metzger bei dem Schweizer Fleischkonzern Micarna. Von 2001 bis 2004 studiert er darüber hinaus Betriebswirtschaft an der Fachhochschule Hannover. 2004 geht er in den Familienbetrieb. Im Fleischkonzern bekleidet er verschiedene Positionen und steigt schnell auf.

Bis zu diesem Zeitpunkt herrscht Harmonie in der Familie Tönnies. 2008 schenken Robert und Clemens junior ihrem Onkel jeweils fünf Prozent ihrer Unternehmensanteile. Denn Clemens sagt, Bernd habe ihm am Sterbebett ausdrücklich zugesichert, dass er 50 Prozent des Unternehmens bekommen soll, während die andere Hälfte seinen Söhnen gehören solle. Bernds Kinder kommen der Bitte ihres 14 Jahre zuvor verstorbenen Vaters nach.

Drei Jahre später überträgt Clemens junior, der schwer krank ist, seine verbleibenden 25 Prozent Geschäftsanteile auf seinen Bruder Robert. Dadurch verändert sich das Gleichgewicht innerhalb der Gesellschafter beträchtlich: Clemens und Robert Tönnies gehören nun jeweils 50 Prozent des Konzerns. Eine Pattsituation, in der beide die gleiche Entscheidungsgewalt haben, zumindest auf dem Papier.

Zum großen Missfallen seines Onkels und Chefs will der Neffe plötzlich mehr mitbestimmen. Doch Clemens hat ein Ass im Ärmel: 2002 ließ er sich schriftlich ein doppeltes Stimmrecht in den Gesellschaftsverträgen verankern, mit dem er seine Neffen bei großen Entscheidungen überstimmen kann.

Robert übernimmt die Leitung des Standorts Weißenfels, eines der großen Werke von Tönnies, das sie direkt nach der Wende von der Treuhand gekauft haben. In Weißenfels gerät er schnell mit zahlreichen Mitarbeitern aneinander. Zu der Zeit gelangen Berichte an die Medien, Robert fehle laut Meinung seiner Angestellten die Sozial- und Führungskompetenz. Das *Manager Magazin* berichtet von Gerüchten, Robert habe Angestellte mit Schinkenknochen beworfen. Die Konflikte mehren sich, zwangsläufig auch mit seinem Onkel Clemens.

Wir haben bei Vertretern aus dem Umfeld sowohl von Clemens als auch von Robert recherchiert: Die einen meinen, Robert sei ein jähzorniger Mann, der nach unbedingter Anerkennung suche. Die anderen beschreiben ihn als bodenständigen, freundlichen Familienmenschen. Dazwischen klaffen Welten.

2011 wird im Rahmen eines Kartellverfahrens publik, dass

Clemens Tönnies 1998 die Wurstfabriken der Zur Mühlen Gruppe, zu der auch die Marke Böklunder gehört, heimlich über einen Strohmann gekauft hat – außerhalb des Konzerns. Den neuen Besitz regelt Clemens über komplex verschachtelte Stiftungen in Liechtenstein, ein allseits bekanntes und von Millionären viel genutztes Steuerparadies. Robert hat davon keine Kenntnis und fühlt sich hintergangen, als er davon erfährt.

Sein Vorwurf: Clemens habe Gewinne aus dem Konzern genommen, um mit dem Kauf sein eigenes Parallelgeschäft aufzubauen. Damit würde Clemens ihn wirtschaftlich übervorteilen und ihm zudem seine Rechte als Gesellschafter vorenthalten. Ein Sprecher von Clemens sagt damals: »Es gab und gibt kein Schattenreich. Die Investitionen waren bekannt.«[5]

Roberts Zweifel an seinem Onkel – das restliche Vertrauen ist zerstört

Im Jahr 2012 scheidet Robert schließlich nach vielen negativen Berichten über den Streit zwischen den beiden Gesellschaftern aus dem operativen Geschäft aus. Seine Firmen-Mailadresse wird abgestellt, er hat kein Büro mehr auf dem Gelände, wird nicht mehr zu Weihnachtsfeiern eingeladen. Seine Anteile hält er jedoch nach wie vor. Nach Angaben aus dem Umfeld von Robert entsteht für ihn der Eindruck, dass sein Onkel sich illoyal verhält. Bei Robert wachsen die Zweifel an der Aufrichtigkeit und Ehrlichkeit seines Onkels. Er zweifelt auf einmal auch an, dass sein Vater Clemens damals am Sterbebett tatsächlich 50 Prozent der Firma versprochen hatte. Robert behauptet nun, Clemens hätte gelogen, um an mehr Anteile zu kommen.

2012 klagt Robert beim Landgericht Bielefeld gegen den Onkel und Unternehmenschef wegen »arglistiger Täuschung und grobem Undank«. Eine Zäsur in der Familiengeschichte. In dem Prozess mit dem Aktenzeichen 9O237/13 fordert der Neffe eine Rückabwicklung der Anteilsschenkung. Im Falle des Erfolgs hielte er 55 Prozent der Holding und wäre damit der neue Herrscher bei

Tönnies. In einem anderen Verfahren stellt er außerdem das doppelte Stimmrecht seines Onkels infrage.

Dafür engagiert der Firmenerbe Rechtsanwalt Mark Binz, einen bei Milliardären mit Unternehmen wohlbekannten Experten für Familienstreitigkeiten. Binz eilt ein einschlägiger Ruf voraus. Er gilt als Brandbeschleuniger bei der Auseinandersetzung um Macht und Millionen in Familienunternehmen. Er soll eher polarisieren und die Konflikte befeuern, statt sie beizulegen.

Binz berät prominente Mandanten wie etwa die Tengelmann-Erben, reich geworden mit den Supermarktketten Kaiser's Tengelmann, dem Baumarkt Obi und dem Textildiscounter Kik. Er berät auch die Bahlsens mit ihrem Keks-Imperium. Beide Familien bekämpfen sich vor Gericht bis aufs Messer. In den Gesprächen mit unseren Quellen fällt ein Satz, der alles auf den Punkt bringt: »Wenn man Mark Binz als Anwalt verpflichtet, dann herrscht Krieg im Gerichtssaal«, weiß ein Informant. Daher gilt Roberts Schritt innerhalb der Familie als klares Zeichen der Eskalation.

Die dunklen Geheimnisse der Familie Tönnies

Vor dem Landgericht Bielefeld geht es fortan um die Fragen: Wer hat die Macht über den Konzern? Wem sollten wie viele Anteile gehören? Was war Bernds Wille? Wollte er, dass Clemens die Macht übernimmt und das Unternehmen maßgeblich prägt? Oder hat Clemens seine Neffen belogen und übervorteilt?

Die Rechtsbeistände beider Seiten laden in dem Prozess multiple Zeugen, um ihre Sicht der Dinge zu untermauern. Statt gemeinsam Firmenfeste zu feiern, treffen sich die Familienmitglieder vor Gericht, werden einer nach dem anderen in den Zeugenstand gerufen und befragt. Ab jetzt wird dreckige Wäsche gewaschen, eine neue Eskalationsstufe ist erreicht: Denn nun dringen Familiengeheimnisse ans Licht der Öffentlichkeit, die lange im Verborgenen gehütet wurden. Nun ist Schluss mit Harmonie.

Vor Gericht zeichnet sich ab, dass Clemens, der heutige Geschäftsführer, bereits 1988 gedroht habe, das Unternehmen zu verlassen, falls er nicht 50 Prozent der Gesellschafteranteile bekäme. Dem Vernehmen nach habe Bernd ihn jedoch immer wieder hingehalten.

In den Zeugenstand tritt auch Bernds Witwe Evelin. Sie ergreift Partei für ihren Sohn Robert: Demnach habe Bernd nicht gewollt, dass Clemens die Macht im Unternehmen übernehme. Im Zeugenstand wirkt sie sehr nervös und fahrig, über die geschäftlichen und vertraglichen Regelungen könne sie nicht viel sagen. Früher bekleidete sie eine untergeordnete Position im Unternehmen, seit 2004 jedoch nicht mehr. »Ich bin schließlich kein Jurist oder so was«, sagt sie, als Clemens' Anwälte sie mit Fragen in die Enge treiben.[6]

Auch mit pikanten Details wird nicht gespart. Schwester Annette Tönnies sagt vor Gericht zugunsten von Bruder Clemens aus. In den öffentlichen Sitzungen berichtet sie, Bernd habe eine Geliebte gehabt, die Ehe sei zerrüttet gewesen.[7] Ihre Aussage zielt offenbar darauf ab, Evelin Tönnies' Glaubwürdigkeit zu untergraben.

Selbst intime Details über Bernds Krankheit werden geteilt, die Öffentlichkeit und die Medien erfahren Dinge über die Privatangelegenheiten der Familie, die nie für Außenstehende gedacht waren. Diese Aussagen vor Gericht treffen sämtliche Verwandte bis ins Mark und spalten sie in zwei verfeindete Lager. Die Familie zerfleischt sich förmlich vor Gericht.

Allein dieser große Prozess zieht sich über Jahre hin bis 2017. Hinzu kommen weitere Klagen, beide Parteien gehen bis zum Äußersten. In mehr als 20 Verfahren beschäftigten sich Land- und Oberlandesgerichte bis hin zum Bundesgerichtshof mit der Fehde zwischen den Fleischern.

Ermittlungen wegen Steuerhinterziehung

Es soll noch schlimmer kommen. Parallel zu dem Verfahren um die Gesellschafteranteile ermittelt die Steuerfahndung gegen Clemens Tönnies wegen Steuerhinterziehung. Im Jahr 2012 durchsuchen rund 30 Beamte die Firmenzentrale im ostwestfälischen Rheda-Wiedenbrück. Es gehe dabei um steuerrechtliche Fragen, die bis ins Jahr 2004 zurückreichen und den Privatmann Tönnies im Visier haben. Clemens' Umfeld vermutet damals, dass Robert und sein Anwalt Binz die Steuerfahnder eingeschaltet hätten, doch diese bestreitet das. Am Ende scheinen die Ermittler keine Beweise für hinterzogene Steuern zu finden, es gibt keine Anklage.

2014 erreicht Robert dann einen Etappensieg: Die Richter des Landgerichts Bielefeld entscheiden im Mai, dass Clemens' Anwälte sowie der Steuerberater und der Notar des Konzerns das doppelte Stimmrecht an der falschen Stelle im Gesellschaftervertrag eingetragen haben. Demnach gelte es nur bei den damals bestimmenden Fleischwerke-Gesellschaften, nicht aber bei der in dem Vertragsjahr neu gegründeten Dachgesellschaft, der Holding.

Doch der damals 57-jährige Clemens zieht in die nächste Instanz vor dem Oberlandesgericht (OLG) Hamm. Das OLG kippt das doppelte Stimmrecht schließlich im März 2015, im darauffolgenden Jahr bestätigt auch der Bundesgerichtshof das Urteil. Clemens muss eine herbe Niederlage hinnehmen.

Untreueverdacht in Liechtenstein

Ein weiterer Schauplatz der Familienfehde ist Liechtenstein. Dort sieht sich Clemens jahrelang mit großen Schwierigkeiten konfrontiert: Knapp drei Jahre ermittelt die Staatsanwaltschaft Liechtenstein in einem Strafverfahren gegen den Schalke-Aufsichtsratschef wegen des Verdachts der schweren Untreue im Zusammenhang mit liechtensteinischen Stiftungen. Angestoßen wurden diese Ermittlungen mutmaßlich aus Roberts Lager. Es geht darum, die Redlichkeit seines Onkels zu untergraben.

In dem Steuerparadies hatte Unternehmensgründer Bernd bereits in den 1980er-Jahren die Gesellschaft Orgaplan installiert und dort fünf Millionen D-Mark auf ein Konto eingezahlt. Anteile an Orgaplan gehörten wiederum zwei Stiftungen: Overseas hielt 60 Prozent mit Bernd als Begünstigtem. Der Stiftung Gafluna mit deren Begünstigtem Clemens gehörten 40 Prozent. Die Gesellschaft Orgaplan wickelte unter anderem den Kauf eines niederländischen Schlachthofes ab, der später wieder veräußert wurde. Der Erlös floss zurück nach Liechtenstein.

Der Untreuevorwurf gegen Clemens bezieht sich auf das Jahr 2002: Clemens hatte in diesem Jahr ein Haus auf Mallorca gekauft, mit 1,3 Millionen Euro aus einem Kredit von Orgaplan, der seiner Stiftung Gafluna gegeben wurde. Roberts Anwälte vermuten dahinter eine Veruntreuung von Firmenvermögen zugunsten des Onkels.

Doch ein Dokument vom 27. Dezember 2003 entlastet Clemens, wie das Magazin *Capital* berichtet: Darauf finden sich Roberts und Clemens juniors Unterschriften; demnach sei der Hauskauf zwischen den Parteien »direkt geregelt« worden.[8] Robert erinnert sich später angeblich nicht mehr daran, dieses Dokument unterschrieben zu haben, bestätigt aber seine Unterschrift. Die Neffen sagen, sie hätten früher unterschrieben, was der Treuhandverwalter, der auch gleichzeitig Vollstrecker des Testaments des verstorbenen Bernd Tönnies war, ihnen vorlegte, weil sie ihm vertrauten.

Ende 2015 wird das Strafverfahren wegen Untreue in Liechtenstein schließlich eingestellt, ein Etappensieg für Clemens.

Nichtsdestotrotz schicken Roberts Anwälte nach dem Urteil eine Zahlungsaufforderung an Clemens Tönnies' Gafluna-Stiftung in Höhe von 3,19 Millionen Schweizer Franken, die der Orgaplan-Gesellschaft und Robert Tönnies als Treuhänder angeblich als Schaden entstanden seien. Die Messer werden weiter gewetzt.

Der westfälische Frieden

Nach fünf Jahren erbittertem Familienkrieg schließen die Parteien 2017 zumindest kurzzeitig ihren »Westfälischen Frieden«. Nicht weit entfernt von Rheda-Wiedenbrück kam es 1648 im Dreißigjährigen Krieg in Münster und Osnabrück zum historischen »Westfälischen Frieden«.

In einer Pressekonferenz vertragen sich Robert und Clemens öffentlichkeitswirksam, schütteln sich die Hände. Alle Klagen werden fallen gelassen. Der Familienbetrieb wird umstrukturiert: Künftig führt eine Familien-Holding mit vier Managern an der Spitze das Unternehmen, Clemens und Robert dürfen jeweils zwei dieser Posten besetzen. Die Holding soll von einem siebenköpfigen Beirat kontrolliert werden, in den die beiden als Gesellschafter einziehen.

Auch Max Tönnies, Clemens' einziger Sohn, wohnt dem Medienspektakel bei. Der damals 26-Jährige wird nun ebenfalls Gesellschafter. Künftig halten Clemens und sein Sohn gemeinsam 50 Prozent des Unternehmens, wie an diesem Tag im April 2017 verkündet wird. Der Mann tritt ebenso selbstbewusst auf wie sein Vater, wirkt dabei aber sympathischer. Er gilt als Vermittler zwischen den beiden Streithähnen. Das Verhältnis zwischen der nachfolgenden Generation, zwischen Max und Robert, soll deutlich besser sein.

»Auch Max ist an dieser Schlichtung nicht unerheblich beteiligt. Ich habe ihm damals gesagt, du musst mit Robert ja noch viel länger arbeiten als ich. Ihr beide habt immer einen Draht gehabt, und das ist auch gut«, spricht Clemens Tönnies in die Kameras. Robert liest mit rotem Gesicht von seinem Zettel ab: »Mich freut aber auch, dass wir uns darauf geeinigt haben, ab jetzt gemeinsam an einem Strang zu ziehen und unsere vereinten Kräfte für die Fortführung des Unternehmens einzusetzen.« Entschuldigungen werden bei diesem Termin jedoch nicht ausgesprochen.

Für die Presse posieren die Tönnies, drei Männerhände legen sich übereinander, wie bei einem Pakt.

Der zerbrochene Frieden

Doch der Frieden währt nicht lange. 2019 reicht Robert wieder mehrere Klagen ein. Sein Onkel würde gegen die Bedingungen des Einigungsvertrags, der bei dem »Westfälischen Frieden« geschlossen wurde, verstoßen. Clemens Tönnies will nach China expandieren und gemeinsam mit der chinesischen Dekon Group einen Schlacht- und Zerlegebetrieb in der Region Sichuan hochziehen.

Ab 2020 sollen dort zunächst zwei Millionen Schweine pro Jahr geschlachtet werden.

Dafür will er 500 Millionen Euro investieren. Roberts Seite behauptet, dafür benötige der geschäftsführende Gesellschafter eine Zustimmung des anderen Haupteigners. Eine solche Zustimmung wurde angeblich jedoch nicht eingeholt. Robert fühlt sich erneut übergangen und versucht mit allen Mitteln, die Expansion zu stoppen. Gegenüber dem *Manager Magazin* lässt sich der Neffe sogar zu der Aussage hinreißen: »Ich mache mir mittlerweile Sorgen, dass Clemens Tönnies an Größenwahn erkrankt sein könnte.«[9] Am Ende setzt sich Clemens durch, der Vertrag mit China wird unterschrieben.

Clemens, der Putin-Freund, der den Gazprom-Vertrag für Schalke organisiert

Roberts Aussagen und Darstellungen in den Medien schaden Clemens' öffentlichem Ansehen massiv. Sein Image in der Bevölkerung ist bereits ramponiert. Schon 2014 wurde er mit den illegalen Steuerhinterziehungs-Deals Cum-ex in Verbindung gebracht. Mit Top-Renditen profitiert er zunächst, dann verklagt er seine Schweizer Bank wegen Fehlberatung. »Cum-ex, der Begriff war Herrn Tönnies unbekannt«, erklärt später sein Sprecher. Tönnies gewinnt den Rechtsstreit, die Schweizer Bank muss ihm rund 900 000 Euro zurückzahlen.

Besonders verheerend wirkt seine langjährige Freundschaft mit Wladimir Putin. Tönnies soll einer der wenigen sein, die einen direkten Draht zum russischen Präsidenten haben, und ihn häufiger mit seinem Privatjet besuchen. Bei einem der Treffen soll Tönnies dem Diktator sogar Eisbein mitgebracht haben. Der Schalke-Präsident fädelt bereits im Jahr 2007 über seine exzellenten Beziehungen einen Vertrag mit dem russischen Staatskonzern Gazprom als Hauptsponsor für seinen Verein ein. Erst im Jahr 2022 wird der Club seine Zusammenarbeit mit dem russischen Gasunternehmen nach der russischen Invasion in der Ukraine beenden. Das Gazprom-Logo, für viele seit Langem ein Dorn im Auge, verschwindet von den Trikots. Auch Clemens Tönnies geht nun öffentlich auf Distanz zu Putin: »Ich habe mich wie viele andere in ihm getäuscht«, schreibt er auf Twitter und LinkedIn. Er sei fassungslos über den Vernichtungskrieg von Putin in der Ukraine.

Clemens Tönnies gerät auch anlässlich rassistischer Aussagen in die öffentliche Kritik. Beim Tag des Handwerks in Paderborn im August 2019 äußert er sich abfällig über Afrikaner. Ein großer Shitstorm folgt, der Schalke-Boss muss sich öffentlich entschuldigen. Aufgrund der nicht abreißenden Folge von Skandalen muss Tönnies im Sommer 2020 schließlich von allen Ämtern bei dem hoch verschuldeten Verein Schalke 04 zurücktreten. Ein harter Schlag für ihn, schließlich hatte er seinem Bruder am Sterbebett geschworen, sich um den Fußballclub zu kümmern.

Schließlich kommt es zum absoluten Image-Fiasko: 2020 bricht die Corona-Pandemie aus und verbreitet sich in rasender Geschwindigkeit in den Fabriken des Fleischproduzenten. Die nächste Schweinerei kommt ans Tageslicht: Jetzt steht der Firmenboss aufgrund der schlechten Hygiene- und Arbeitsbedingungen von Tausenden Gastarbeitern in seinen Werken in der Kritik. Die Arbeiter stammen zum großen Teil aus Osteuropa, leben zusammengepfercht in kleinen Absteigen nahe den Fabriken, verfügen über sogenannte Werkverträge. Über diese sind sie nicht direkt bei Tönnies angestellt, sondern bei Subunternehmen, damit sich Tönnies leicht aus der Verantwortung ziehen kann.

Diese Werkverträge gelten als minderwertig. Die Arbeiter genießen nicht die gleichen rechtlichen Ansprüche wie andere Tönnies-Angestellte. Robert Tönnies habe laut eigener Aussage schon länger die Abschaffung der Werkverträge gefordert, wurde von der Geschäftsleitung jedoch mutmaßlich ignoriert.

Die Lage im Fleisch-Imperium eskaliert: Das Tönnies-Werk in Gütersloh wird zeitweise zum größten Corona-Hotspot des Landes, Hunderte Mitarbeiter werden positiv getestet, insgesamt mehr als

tausend Menschen, die in Tönnies-Fabriken arbeiten. Die Güters-
loher Fabrik wird geschlossen, mehrere Straßenzüge, in denen vor
allem Tönnies-Mitarbeiter wohnen, von einem Moment auf den
anderen von der Polizei abgeriegelt und gesperrt. Das Desaster kostet den Konzern rund 2,5 Millionen Euro pro Tag. Währenddessen
protestieren Menschengruppen vor dem Privathaus des Unternehmers. Tönnies soll sogar Morddrohungen erhalten haben.

Die Corona-Jahre sind wirtschaftlich die größte Krise für die
Unternehmensgruppe Tönnies, sagt der Firmenchef. Die Corona-
Krise und die Afrikanische Schweinepest hinterlassen im Geschäftsjahr 2020 sichtbare Spuren in der Bilanz: Der Jahresumsatz
sinkt um drei Prozent auf rund sieben Milliarden Euro.

Während Clemens Tönnies von einer Krise in die nächste schlittert, nutzt sein Neffe und Erzrivale Robert die Chance, um den
angeschlagenen Familienpatriarchen öffentlich zu kritisieren. Er
schreibt ihm einen Brief: »Clemens, ich habe den Rücktritt der
Geschäftsführung gefordert, da ich hinsichtlich der Ereignisse
und dem Krisenmanagement in unseren Unternehmen zutiefst
erschüttert bin. Clemens, Dir selber würde ich raten, deinen Platz
für Max zu räumen.« Das Schreiben wird den Medien zugespielt.[10]
Es ist nicht das erste Mal, dass Robert den Rücktritt seines Onkels
fordert.

War der fragile »Westfälische Friede« im Hause Tönnies nur
eine Inszenierung? Ausgerechnet im Jahr des fünfzigjährigen Fir-
menjubiläums eskaliert der Konflikt nun erneut.

Schließlich bleibt dem Fleischbaron nur noch die Flucht nach
vorn: Ende 2020 tritt er vor die Presse, entschuldigt sich bei den
Geschädigten und dem Landkreis. Er wolle die Verantwortung
übernehmen und das »Unternehmen aus der Krise führen«. 6000
Werkverträge lässt er in reguläre Verträge umwandeln, die prekär
gestellten Arbeiter genießen nun die vollen Rechte von Arbeit-
nehmern in Deutschland.

Spekulationen über einen Verkauf des Unternehmens

Inmitten des Gesellschafter-Konflikts machen Gerüchte über die Zukunft der Tönnies Lebensmittel GmbH die Runde. Wird es einen Börsengang geben? Verkaufen die Inhaber an einen internationalen Wettbewerber, wenn sie sich nicht einigen können? Wird das Fleisch-Imperium gar zerschlagen?

Klar ist: Ewig kann diese Pattsituation nicht andauern, denn der Streit lähmt das Unternehmen. Im März 2021 berichtet die US-Agentur Bloomberg mit Bezug auf eine anonyme Quelle, die Eigentümerfamilie der Tönnies Holding bereite angeblich die Prüfung eines Verkaufsprozesses vor.[11]

Nach weiteren Recherchen und Gesprächen mit beiden Lagern erfahren wir: Die Tönnies schalten dafür Finanzexperten von Goldman Sachs, einer der größten Investmentbanken der Welt, ein. Sie sollen den Konflikt lösen und die verschiedenen Optionen ausloten. Sie ermitteln einen geschätzten Marktwert von rund vier Milliarden Euro.

Man hört, dass die Unternehmerfamilie Gespräche mit potenziellen Bietern aufnimmt, etwa Tyson Foods, der brasilianischen JBS SA und dem chinesischen Unternehmen WH Group. Die Gespräche verlaufen jedoch ohne endgültige Entscheidungen, die Tönnies überdenken lediglich ihre Optionen.

Im Sommer 2021 berichtet Bloomberg erneut, dass der brasilianische JBS, der größte Fleischproduzent der Welt, konkretes Interesse an Tönnies habe. Eine Transaktion über vier Milliarden Euro könnte den Streit im Familienunternehmen endgültig beilegen.

Ob Clemens Tönnies – ein Mann, dem Stolz und Ehre so viel bedeuten wie sein Fußballverein Schalke 04 – sein Imperium jemals verkaufen würde? Möglich, dass diese Nachricht gezielt lanciert worden ist, um in dem Machtkampf zu pokern. Denkbar wäre auch eine Investoren-Lösung, bei der Robert Tönnies seine Anteile an einen Investor verkauft, der dann in das Unternehmen einsteigt. In diesem Falle hätten Clemens und sein Sohn Maximilian nicht die volle Mehrheit, wären aber den unliebsamen Neffen los.

**Finale Lösung: Die Gesellschafter erklären
das Zerrüttungsverfahren für beendet**

Nach rund zehn Jahren des andauernden Streits fällt am 4. August
2021 eine Entscheidung. Die Gesellschafter Robert, Max und
Clemens Tönnies verkünden: Tönnies bleibt ein Familienunternehmen. Die Verkaufsgerüchte sind vom Tisch. In der Pressemitteilung des Unternehmens heißt es:

> *Die Gesellschafter der Unternehmensgruppe Tönnies – Robert, Cle-
> mens und Maximilian Tönnies – haben heute bekannt gegeben, dass
> die bisherige Eigentümer-Struktur unverändert bleibt. Die Anteile an
> dem Unternehmen bleiben somit in Familienhand. Die Gesellschafter
> unterstreichen, dass sie das Unternehmen weiter gemeinsam als Fami-
> lienunternehmen in die Zukunft führen werden. Zudem erklären beide
> Gesellschafter-Stämme das Zerrüttungsverfahren für beendet. Mit der
> klaren Aussage für die gemeinsame Zukunft als Familienunterneh-
> men leisten die Gesellschafter ihren Beitrag, die Gerüchte und Speku-
> lationen über einen Verkauf oder Teilverkauf des Unternehmens zu
> beenden.*[12]

Die Entscheidung dürfte jedoch nicht ganz freiwillig gefallen
sein: Wie etwa das *Handelsblatt* mit Berufung auf Finanzkreise
berichtet, scheiterte der Verkauf an unterschiedlichen Preisvorstel-
lungen.[13] Die Tönnies-Männer wollten demnach vier Milliarden
Euro, doch die zwei verbliebenen Interessenten JBS und Uni-Presi-
dent aus Taiwan hatten wohl nur die Hälfte geboten. Es bleibt den
Unternehmern demnach nichts anderes übrig, als sich gegen einen
Verkauf zu entscheiden und sich offiziell zu einigen.

Künftig wolle Tönnies den Fokus mehr auf Nachhaltigkeit, Kli-
maschutz und Tierschutz legen – all das fordert Robert Tönnies
schon seit vielen Jahren von seinem Onkel. Ein Markt, den Tönnies lange verschlafen hat, jetzt jedoch nicht mehr ignorieren kann.
Noch 2019 sagt Clemens: »Ich esse jeden Tag Fleisch. Und das seit
63 Jahren.«[14] Doch Clemens Tönnies weiß, dass sein Rückhalt in
der Bevölkerung, in Politik und Wirtschaft nach den vielen Skandalen auf ein Minimum geschrumpft ist.

Deshalb schiebt er nun seinen Sohn in die erste Reihe. Maximilian übernimmt die Verantwortung für die immer wichtiger werdende Veggie-Wurst-Sparte der Marke Zur Mühlen. Im Geschäftsjahr 2020 wuchs Tönnies vor allem mit vegetarischer und veganer Wurst sowie Fleischalternativen und erzielte in dem Bereich einen Umsatz von 25 Millionen Euro. Bis 2025 soll sich diese Zahl verfünffachen. Branchenexperten rechnen für den fleischlosen Markt in den kommenden Jahren mit Wachstumsraten von jährlich 20 bis 30 Prozent. Auch wenn er nie eine vegane Bockwurst probieren würde: Zahlen haben Clemens Tönnies schon immer überzeugt.

Wie lange der Friede diesmal andauert, bleibt offen. Bestenfalls blickt die nächste Generation pragmatischer auf eine gemeinsame Zukunft im Unternehmen und in der Familie. Schließlich leben alle sehr gut von den Erträgen, deren Grundlage einst die Brüder Bernd und Clemens gemeinsam gelegt haben. Ihre Loyalität und ihr Geschäftssinn haben erst ermöglicht, das Lebensmittel-Imperium auf einer kleinen handwerklich geführten Metzgerei aufzubauen. Die einst arme Fleischerfamilie aus Rheda-Wiedenbrück ist unfassbar reich geworden – glücklich aber anscheinend nicht.

Sie nannten ihn »Big Manni«

Ein angeblicher Vorzeige-Unternehmer verkauft Tausende Bohrmaschinen, die es gar nicht gibt

Ein gigantisches Feuerwerk erleuchtet den Himmel über Karlsruhe, untermalt von dramatischen Klängen aus der Feder von Richard Wagner. Hier, auf dem Turmberg, zelebriert Manfred Schmider seinen 50. Geburtstag. Es ist ein pompöses Fest, an das sich die 300 Gäste ihr Leben lang erinnern werden. Neben dem Pool parkt der Hubschrauber von Schmider, mit dem er morgens immer ins Büro fliegt. Um die Maschine herum hat der Münchner Feinkostkönig Michael Käfer sein Büfett mit Kaviar, Hummer und Champagner drapiert.[1]

Auf dem 60 000 Quadratmeter großen und schlossähnlichen Anwesen residiert Schmider, genannt »Big Manni«, mit seiner Frau Inge und den beiden Kindern. Goldene Wasserhähne zieren die Marmorbäder, kostbare Gemälde wie etwa von Chagall schmücken die Villa. Bei der Geburtstagsfeier bestaunen Politiker, Adlige, Bankchefs und Firmenbosse den Reichtum des einstigen Gebrauchtwagenhändlers. Prinzessin Elisabeth von Sachsen-Weimar steht auf der Gästeliste, genauso wie die Sayn-Wittgensteins und die Fürstenbergs. Die Festrede hält kein Geringerer als der frühere Ministerpräsident von Baden-Württemberg, Lothar Späth.

In diesen Momenten fühlt sich Manfred Schmider wohl dort angekommen, wo er immer hinwollte – ganz oben. Der 130-Kilo-Koloss, der sein Leben lang vom gesellschaftlichen Aufstieg träumte, gehört jetzt zur Society. Aus dem Nichts hat er, so scheint es, ein milliardenschweres Firmen-Imperium mit Tausenden Mitarbeitern aufgebaut, gilt im Ländle als Vorzeige-Unternehmer. Und dann schmeißt er für rund eine halbe Million Euro auch noch diese rauschende Party. »Es war eine Feier wie am Hofe von Ludwig XIV.«, schwärmt noch heute einer der Gäste.

Der tiefe Sturz folgt wenige Monate nach dem großen Fest. Manfred Schmider wird am 4. Februar 2000 in seinem Büro in Ettlingen verhaftet. Sein Lügengebäude ist zusammengebrochen, nun stellt sich heraus: Schmiders Firmengruppe Flowtex hat über Jahre alle hintergangen – Banker, Politiker, Kunden –, es ist einer der größten Betrugsfälle der deutschen Nachkriegsgeschichte. Die vielen Baumaschinen, die er angeblich in die ganze Welt verkauft hat, existieren nur auf dem Papier. Der vermeintlich clevere Unternehmer, dessen Nähe so viele Prominente suchten, ist ein gewiefter Betrüger, der nun im Knast landet. Big Manni ist zum Gauner geschrumpft.

Schmider ist ein spannendes Beispiel dafür, welchen Ehrgeiz Menschen entwickeln können, wenn sie als Kind gehänselt werden. Er wächst in Karlsruhe auf, ist ein pummeliges Kind, hat kaum Freunde, leidet unter fehlender Anerkennung. Das wird später in seinem Prozess per Gutachten festgestellt. Schmider entwickelt früh einen besonders ausgeprägten Antrieb, es allen zeigen zu wollen. Bereits als Teenager verdient er mit dem Verkauf von Versicherungen sein erstes Geld, kann sich so ein Moped leisten. Dadurch wird er beliebt in der Schule und merkt: Wenn er etwas zu bieten hat, hat er plötzlich auch Freunde. Es ist für ihn eine Lehre fürs Leben.

Schmider beginnt ein Wirtschaftsstudium, bricht es jedoch ab. Er versucht sein Glück in diversen Branchen, etwa als Schrotthändler, Immobilienverkäufer und Gebrauchtwagenhändler. Er ist das geborene Verkaufstalent, kann Menschen für sich einnehmen und begeistern. Aber der große Durchbruch bleibt aus. Ehrlich reich zu werden, ist richtig schwer.

Das Jahr 1986 wird dann zum Schicksalsjahr für Schmider. Im Mai wird er überraschend entführt. Zwei Männer packen ihn, drücken ihm eine Pistole an den Körper, zwingen ihn ins Auto. Sie fahren mit Schmider in dessen Haus in Karlsruhe, schlagen ihm ins Gesicht. Er öffnet den Safe, die Täter greifen zu, fliehen mit Bargeld und Schmuck. Schmider bleibt angekettet ans Treppengeländer zurück.

Aber er hat sehr viel Glück: Er hat eine Hausrats- und eine Schmuckversicherung auf die Werte seiner wohlhabenden Ehefrau abgeschlossen. Die Allianz zahlt ihm 1,85 Millionen Mark. Der Fall schafft es in die Fernsehsendung »Aktenzeichen XY«, wird aber nicht aufgeklärt und zu den Akten gelegt. Zehn Jahre später gibt es dann eine Spur zu den Tätern: Sie behaupten, die Entführung und der Raubüberfall seien fingiert gewesen. Es sei alles von Schmider in Auftrag gegeben worden. Doch wegen widersprüchlicher Angaben kommt es zu keiner Anklage, Schmider ist aus dem Schneider.[2]

Er wittert das Geschäft seines Lebens

Die umstrittene Summe von der Versicherung ist das Startkapital für die neue Firma Flowtex. Schmider hört von einer genialen Geschäftsidee aus den USA. Dort gibt es mobile Horizontal-Bohrmaschinen, mit denen Leitungen unterirdisch verlegt werden können, ohne zuvor einen Graben auszuheben. Es klingt nach einer Revolution für die Baubranche: Straßen zum Beispiel müssen nicht mehr aufwendig aufgerissen werden, es wird einfach unter dem Asphalt gebohrt. Schmider ist begeistert, wittert das Geschäft seines Lebens. Nur mit dem Bauen kennt er sich nicht so aus. Dafür engagiert er den promovierten Ingenieur Klaus Kleiser und macht ihn zum Geschäftspartner bei Flowtex. Von den amerikanischen Erfindern erwirbt er die Lizenz zum Bohren. Jetzt will er den Markt in Europa aufrollen.

Doch die neue Technik hat ihre Tücken. Der Horizontalbohrer funktioniert nicht so reibungslos, wie Schmider geglaubt hat. Vor allem bei einer bestimmten Bodenbeschaffung, etwa bei steinigem Untergrund, hakt es gewaltig. Deshalb achtet Schmider penibel darauf, an welchen Orten der Bohrer den Investoren präsentiert wird. Dort ist dann alles so präpariert, dass die Vorführung nicht schiefgehen kann. Denn es muss alles klappen, wenn die Banker anrücken und Schmider ihnen mit seinem verkäuferischen Redetalent die Wundermaschine anpreist. Der erste Großkredit über 20 Millionen Mark ist genehmigt.

Der Stückpreis der Horizontal-Bohrmaschinen liegt zwischen 1,1 und 1,6 Millionen Mark. Die Nachfrage ist schleppend. Doch irgendwann merkt Schmider dann, dass er gar keine Bohrer bauen und verkaufen muss, um reich zu werden. Stück für Stück entsteht ein Betrugssystem, das über die Jahre immer mehr verfeinert wird.

Vereinfacht ausgedrückt, läuft das Ganze wie folgt: Die Firma KSK, die genauso wie Flowtex Schmider und seinem Kompagnon Kleiser gehört, verkauft die Maschinen an diverse Leasinggesellschaften. Flowtex mietet sie von der Leasinggesellschaft, zahlt dafür Raten. Jetzt kommen die Banken ins Spiel, die den Kauf der Maschinen finanzieren: Schmider schickt der Bank eine fingierte Rechnung über eine Maschine und ein gefälschtes Besitzdokument, den sogenannten Shelterbrief, und schon überweist das Geldinstitut den Kaufpreis an KSK, selbst wenn es die Maschine gar nicht gibt. Das Geld leitet KSK an Flowtex weiter, die davon einerseits die Leasingraten bezahlt und andererseits erhebliche Summen beiseiteschafft. Es ist ein gewaltiger ausgetüftelter Geldkreislauf innerhalb der Flowtex-Firmengruppe.[3]

Mit dem Hubschrauber zum »feuchten Mittagessen«

Mindestens genauso wichtig wie das verschachtelte Firmenkonstrukt ist das Blendwerk des Betrügers. Manfred Schmider ist stets adrett gekleidet: Maßanzug, Krawatte mit Krawattennadel, Manschettenknöpfe, Rolex. Seit der Geschichte mit dem Moped im Teenageralter weiß er, dass er andere Menschen auf seine Seite ziehen kann, wenn er ihnen etwas bietet. Und so erschafft Schmider mit den ergaunerten Millionen eine Welt voller unermesslicher

Reichtümer, die nicht nur seinem ausgeprägten Ego dienen: Gezielt lässt er Geschäftspartner, vor allem Banker, in diese Luxuswelt eintauchen. So fliegt er mal eben Kunden in seinem Hubschrauber zum »feuchten Mittagessen« ins Elsass und tafelt mit ihnen im Feinschmeckerrestaurant. Es fließt reichlich Alkohol, natürlich die teuersten Tropfen.

Schmider selbst, so erzählt es später seine Sekretärin, mag am liebsten Schnitzel mit Soße. Seinen Kunden schwärmt er lieber von Trüffeln vor. Bisweilen fällt auf, dass er aus einfachen Verhältnissen kommt und die Etiketteregeln nicht von klein auf kennt: Zum Entsetzen seiner Gäste schüttet er schon mal Eiswürfel in ein Glas Rotwein, und zwar ausgerechnet in einen Château Pétrus Jahrgang 1948 für 3000 Mark die Flasche.

Alle erdenklichen Luxusspielzeuge legt sich Schmider in diesen Jahren zu. In seinen Garagen stehen zwei Ferraris, ein Rolls-Royce, ein Bentley, ein Jaguar und neun Mercedes. Neben dem Anwesen auf dem Karlsruher Turmberg besitzt er Villen in Florida, Uruguay und an der Côte d'Azur. Dort, in Théoule-sur-Mer, kann er direkt von seiner Bar aufs Mittelmeer schauen, die Theke steht mitten im Pool. In St. Moritz leistet er sich ein Chalet mit begehbarem Tresor, unterirdischem Swimmingpool und traumhaftem Blick über den Schweizer Nobel-Skiort. Sein Domizil auf Ibiza ist einer maurischen Palastanlage nachempfunden.[4]

Nach Ibiza fliegt Schmider gern übers Wochenende mit Familie und Kunden im eigenen Learjet. Dort ankert auch die »M/Y Maalana«. Dem Prinzen von Brunei kauft Schmider die 55 Meter lange Superyacht für 20 Millionen Mark ab. Die Yacht verfügt über ein eigenes U-Boot.

Derweil läuft in der Unternehmenszentrale in Ettlingen die Betrugsmaschinerie auf Hochtouren. Laut Schmider ist der Horizontalbohrer ein Verkaufsschlager, die Banken finanzieren eine Transaktion nach der anderen. Tatsächlich existieren aber nur wenige Maschinen, die in den Hallen in Ettlingen stehen. Schmider selbst steht immer wieder am Farbkopierer, um Eigentumsdokumente für die Maschinen zu fälschen. Brenzlig wird es, wenn etwa Vertreter einer Leasinggesellschaft ankündigen, persönlich vorbeizukommen und die Bohrer in Augenschein zu nehmen. Dann wird das Typenschild der Maschinen manipuliert – mit dem Zahlencode, der auf dem gefälschten Leasingvertrag steht. So werden bei Flowtex aus wenigen Maschinen ganz viele.

Jahrelang funktioniert die Betrugsmasche reibungslos, immer mehr Millionen landen auf den Konten von Big Manni. Geschickt spielt er dabei die Banken gegeneinander aus. Falls ein Finanzinstitut mal Zweifel anmeldet, macht er deutlich, dass andere Banken schon warten und diese dann eben das große Geschäft mit ihm machen. Als eine Bankerdelegation die Zentrale in Ettlingen besucht, macht Schmider klar: Er verhandele nur noch mit Banken, »die Tickets von fünf Millionen Mark aufwärts« ausstellen.

Gefährliche Ermittlungen

Doch dann, im Jahr 1996, droht der ganze Schwindel aufzufliegen. Im Finanzamt Weimar in Thüringen geht eine siebenseitige Selbstanzeige wegen Steuerhinterziehung ein. Darin erklärt die Geschäftsführerin der KSK Guided Microtunneling Technologies GmbH, Angelika Neumann, dass sie von 1991 bis 1995 rund 86 Millionen Mark aus dem Unternehmen herausgezogen und an einen Anwalt aus Pforzheim überwiesen habe. Das Geld habe der Mann gleich wieder in bar an sie zurückgegeben. Die Millionen, heißt es in der Selbstanzeige, habe sie als Schmiergeld »zum Geschäftsaufbau ohne Beleg verwendet«. Personen im Ausland seien damit bestochen worden.[5]

Die KSK gehört zum Flowtex-Geflecht, der Firmensitz ist 1995 von Ettlingen nach Thüringen verlegt worden. Der Verdacht auf Korruption und Geldwäsche steht plötzlich im Raum, alarmiert die Thüringer Finanzbehörden. Auch das für Flowtex zuständige Finanzamt in Karlsruhe erfährt davon, mehrere Beamte fahren in den Osten. Doch sie rücken nicht zur Unterstützung an, um den brisanten Fall aufzuklären. Nein, sie versuchen, den Kollegen in

Thüringen die Sache auszureden. Die Flowtex-Chefs Schmider und Kleiser seien wichtige Steuerzahler im Ländle. Das Finanzamt Karlsruhe könne sich um die Angelegenheit kümmern.

Die Thüringer lassen sich davon nicht beeindrucken. Die Staatsanwaltschaft Mühlhausen leitet ein Verfahren wegen des Verdachts der Steuerhinterziehung gegen die Flowtex-Truppe ein, auch gegen Manfred Schmider. Der große Schlag wird vorbereitet, 33 Objekte sollen durchsucht werden. Kurz vor der geplanten Razzia kommt es zu einer Einsatzbesprechung, an der auch hochrangige Finanzbeamte aus Karlsruhe teilnehmen. Wieder versuchen sie, die Kollegen aus Thüringen zu stoppen und das Verfahren nach Baden-Württemberg zu ziehen. »Die wollten nicht, dass wir durchsuchen«, erinnert sich später ein Teilnehmer der Besprechung. Und dann kommt es tatsächlich zu einer bemerkenswerten Wende im Fall Flowtex: Die Mühlhauser Justiz gibt das Verfahren »zuständigkeitshalber« an die Schwerpunktstaatsanwaltschaft für Wirtschaftsstrafsachen in Mannheim ab.

Der Ermittlungseifer in Mannheim hält sich in Grenzen. Dabei landet dort ein weiteres brisantes Schriftstück in Sachen Flowtex. In einer anonymen Anzeige werden massive Vorwürfe erhoben. Das vermeintliche Vorzeige-Unternehmen fabriziere Luftgeschäfte mit Bohrmaschinen, die es gar nicht gäbe.

Damals, im Mai 1996, beschreibt ein Flowtex-Insider im Detail, wie die Betrugsmasche abläuft und wer neben Schmider noch die Strippen zieht. Es soll noch fast vier Jahre dauern, bis der große Schwindel wirklich auffliegt. Denn die Staatsanwälte bohren nicht nach, geben sich mit vagen Auskünften der Steuerfahnder zufrieden. Und die KSK-Geschäftsführerin Neumann, die mit ihrer Selbstanzeige alles in Gang gesetzt hat, entlastet die Flowtex-Chefs Schmider und Kleiser. Die beiden hätten von Geldschiebereien ins Ausland nichts gewusst. Deren Ermittlungsverfahren wird kurz darauf eingestellt.

Big Manni hat seinen Kopf noch mal aus der Schlinge gezogen, der Betrug mit den Bohrern kann weitergehen. Schmider macht auch deshalb weiter, weil das Schneeballsystem mittlerweile eine gewaltige Dimension erreicht hat. Um die Leasingraten von bis zu 60 Millionen Mark im Monat bezahlen zu können, müssen immer mehr fiktive Horizontalbohrer verkauft werden. Irgendwann habe er nicht mehr gewusst, erklärt Schmider später, wie er aus der ganzen Nummer rauskomme.

Die große Big-Manni-Show ist noch nicht zu Ende. Schmider, der über Hubschrauber und Learjets verfügt, legt sich einen eigenen Flughafen zu. Nahe Baden-Baden liegt die ehemalige Luftwaffenbasis der kanadischen Streitkräfte. Nach deren Abzug aus Deutschland soll dort ein Regionalflughafen entstehen. Die Baden-Airpark AG, eine hundertprozentige Tochtergesellschaft von Flowtex, erwirbt den Flughafen, zahlt dafür 38 Millionen Mark. Das Land Baden-Württemberg hat ein großes Interesse am Baden-Airpark, steuert 57 Millionen Mark bei. Der erste Charterflieger startet im Mai 1997.

Der letzte Rettungsversuch

Luxuriöse Immobilien, teure Yachten und nun auch noch ein eigener Flughafen: Auf dem Gipfel des vermeintlichen Erfolgs gehören 90 Unternehmen ins Reich von Big Manni. Doch die rasant steigenden Leasingschulden sind nicht mehr zu stemmen, das jahrelang aufgebaute Kartenhaus droht zusammenzubrechen. Da kommt die Idee einer Anleihe gerade recht. Schmider will sich auf dem Kapitalmarkt das nötige Geld besorgen, an seiner Seite weiß er die Commerzbank. Er betraut mit dem Projekt Karl Schmitz, einen Ex-Commerzbank-Manager, der inzwischen als Finanzchef bei Flowtex arbeitet.

Geplant sind fünf Anleihen mit einem Gesamtwert von 2,5 Milliarden Mark. Damit wäre Schmider alle Sorgen und Schulden los. Er braucht aber noch das Gütesiegel einer Ratingagentur, sonst steigt kein Investor ein. Die Commerzbank-Manager empfehlen die weltweit renommierten Analysten von Standard & Poor's. Schmider lädt sie nach Ettlingen ein und wickelt sie offenbar genauso um den

Finger wie die Banker. Denn deren Rating BBB minus ist für einen Mittelständler erstaunlich positiv.

Jetzt legt Schmider noch mal richtig los. Damit möglichst viele Investoren die Anleihe zeichnen, startet er zu einer fulminanten Roadshow. In Frankfurt, New York, Mailand, London und Paris stellt er sein Unternehmen vor, präsentiert Hochglanzbroschüren, begeistert mal wieder mit seinem Verkaufstalent. Die Zahlen sind frisiert, die Nachfrage jedoch riesig. Mit Beträgen von bis zu zehn Millionen Mark wollen etliche Investoren einsteigen, etwa die Allianz, die Stadtsparkasse Augsburg und die Sparkasse Celle.

Während Schmider zum letzten großen Schlag an der Börse ausholen und sein Imperium retten will, sind ihm die Fahnder längst auf den Fersen. Vor allem die Behörden in Portugal und Spanien werden ihm immer gefährlicher. In den beiden Ländern sind verdächtige Millionenbeträge aufgetaucht und haben Geldwäsche-Ermittlungen ausgelöst. Die ausländischen Behörden schalten schließlich das Bundeskriminalamt (BKA) ein. Das BKA setzt sich mit der Finanzverwaltung in Karlsruhe in Verbindung. Im Januar 2000 sprechen die Betriebsprüfer aus Karlsruhe im baden-württembergischen Finanzministerium in Stuttgart vor und bekommen grünes Licht, bei der Staatsanwaltschaft Strafanzeige zu erstatten.

Bei den Mannheimer Staatsanwälten hat sich nur wenige Wochen vorher ein ehemaliger Banker gemeldet und sein Wissen über die Machenschaften von Flowtex offenbart. Der frühere Geschäftspartner von Schmider ist alarmiert, als er von der geplanten Anleihe hört. Er will verhindern, dass neben den Banken nun auch Kleinanleger auf den Bohrer-Betrug reinfallen. In seiner Strafanzeige schreibt er, »dass von Flowtex (Schmider, Dr. Kleiser) nicht nur wirtschaftliche Straftaten (Bilanzbetrug), sondern auch kriminelle Handlungen (Geldwäschegesetz) begangen werden«.[6]

Ausgerechnet an dem Tag, an dem die umstrittene Flowtex-Anleihe am Kapitalmarkt platziert werden soll, schlagen die Ermittlungsbehörden zu. Am 4. Februar 2000 stürmen die Fahnder das Flowtex-Gelände in Ettlingen, sichern kistenweise Beweismaterial, führen Schmider und Kleiser in Handschellen ab. Beide kommen umgehend in Untersuchungshaft. Geschäftskonten werden gesperrt, Vermögenswerte wie Luxusautos, Bargeld und Schmuck beschlagnahmt.

Jetzt kommt der spektakuläre Skandal Stück für Stück an die Öffentlichkeit. Mehr als 100 Banken sind auf Big Manni reingefallen, haben seine Scheingeschäfte finanziert, darunter die Commerzbank, die Dresdner Bank, die Hypo-Vereinsbank und die Baden-Württembergische Bank. Besonders peinlich für die Commerzbank: Kurz vor der Razzia und Verhaftung hat das Geldhaus die mittlerweile gestoppte Flowtex-Anleihe noch als »attraktive Anlagemöglichkeit« angepriesen.

Die Staatsanwälte sprechen von einem gigantischen Betrug in Milliardenhöhe. Später stellt sich heraus, dass es sich um den bis dato größten Fall von Wirtschaftskriminalität in Deutschland handelt. Die zahlreichen Flowtex-Firmen schlittern in die Pleite, die Mitarbeiter verlieren ihre Jobs. Der eingesetzte Insolvenzverwalter spricht von »krimineller Energie in unfassbarem Ausmaß«.

Bei seinen Vernehmungen zeigt sich Schmider geständig. Er räumt den groß angelegten Betrug ein, beschreibt den Staatsanwälten auch, über welche Firmen und mit welchen Tricks alles ablief. Ohne die Aussagen von Schmider, räumen die Ermittler ein, hätten sie das verschachtelte System nie so schnell entschlüsseln können.

Es dauert dann doch noch über ein Jahr, bis die Staatsanwaltschaft alle Vorwürfe aufbereitet hat. Im Frühjahr 2001 erhebt sie Anklage wegen des Verdachts des gemeinschaftlichen Betrugs, des Bandenbetrugs und des Kapitalanlagebetrugs. Allein Schmider werden 372 Einzeltaten vorgeworfen. Um 4 138 422 766,14 Mark sollen er und Kleiser mit weiteren 25 Beschuldigten jahrelang rund 120 Banken und Leasing-Gesellschaften geschädigt haben. Laut der 300-seitigen Anklageschrift existierten von den angeblich 3187 Horizontal-Bohrsystemen gerade mal 280.[7]

Psychiater diagnostiziert Harry-Potter-Syndrom

Im großen Saal des Landgerichts Mannheim beginnt Ende September 2001 der Prozess gegen Schmider, Kleiser und zwei weitere Angeklagte. Sichtlich abgemagert, betritt Big Manni den Gerichtssaal, rund 30 Kilo hat er in der U-Haft verloren. Durch sein umfassendes Geständnis hofft er auf einige Jahre weniger im Gefängnis. Aber ist Big Manni überhaupt schuldfähig? Diese Frage beschäftigt tatsächlich das Gericht. Denn auf Antrag der Staatsanwaltschaft begutachtet ein psychiatrischer Sachverständiger den Angeklagten.

Leidet Big Manni an Größenwahn, Fachbegriff: Megalomanie? Der Gutachter Professor Willi Schumacher aus Gießen gewährt vor Gericht spannende Einblicke in die Psyche des Angeklagten. Er berichtet vom Aufsteiger Schmider, der stets um gesellschaftliche Reputation buhlte, die Anerkennung bei Größen in Politik und Wirtschaft suchte. Das sei eine wesentliche Triebfeder für den Betrug gewesen. Der Psychiater spricht vom »Harry-Potter-Syndrom«, halluzinatorischen Wunschvorstellungen, und diagnostiziert Verhaltenssymptome wie bei Thomas Manns Hochstapler Felix Krull. Laut Schumacher blendete der frühere Autohändler mit vorgetäuschtem Reichtum, um gegenüber der feinen Gesellschaft endlich »den inneren Gebrauchtwagenhändler loszuwerden«. Schmider sei allerdings voll schuldfähig, so der Gutachter, leide an keiner seelischen Krankheit.[8]

Der Flowtex-Prozess wird für viele peinlich, ganz besonders für die so angesehenen Wirtschaftsprüfer von KPMG. Als Zeugen räumen die verantwortlichen KPMG-Prüfer ein: Alle vorgelegten Unterlagen seien »plausibel« gewesen, sie hätten »keine Ungereimtheiten« entdeckt. Die Wirtschaftsprüfer verließen sich auf die Angaben der Flowtex-Führung und auf eigene Stichproben, bekamen nicht mit, dass die meisten Bohrer gar nicht existierten. Ihnen wurden die gleichen Geräte mit manipulierten Typenschildern vorgeführt. Dabei wurden die Maschinen sogar mit Dreck beschmiert, um einen Baustelleneinsatz vorzutäuschen.

KPMG: Keiner prüft mehr genau! Dieser Spruch fällt häufig während des Prozesses. Denn ohne die Testate hätte der Betrug niemals funktioniert. Noch sechs Monate vor dem Zusammenbruch errechnete KPMG einen Unternehmenswert von 1,7 Milliarden Mark. Nach geheimen Verhandlungen mit den Gläubigern, darunter vor allem Banken und Leasingfirmen, zahlt KPMG 100 Millionen Mark Schadensersatz. Das ist der höchste Betrag, der bis dahin in Deutschland von einer Wirtschaftsprüfungsgesellschaft bezahlt wurde.[9]

Unter Druck gerät auch die Steuerfahndung im Ländle. Gegen deren Beamte wird wegen des Verdachts der Strafvereitelung im Amt ermittelt. Sie sollen frühzeitig vom Betrug gewusst und weggesehen haben. Schmider behauptet gar: Der damalige Betriebsprüfer habe erklärt, die zuständige Oberfinanzdirektion »ist nicht interessiert, uns hochzunehmen«, weil sie erhebliche Steuerrückzahlungen befürchtet habe. Schmider berichtet auch, dass er von dem Betriebsprüfer wenige Tage vor der Verhaftung gewarnt worden sei. Der Beamte habe erklärt, »ich solle meinen Urlaub vorziehen«.

Zwei Minister stürzen über den Skandal

Haben hochrangige Beamte und Politiker ihre schützenden Hände über Big Manni gehalten? Vor allem prominente Vertreter der Regierungsparteien von CDU und FDP geraten ins Zwielicht. Beide Parteien bedachte Schmider immer wieder mit großzügigen Spenden, pflegte enge Beziehungen zu Spitzenpolitikern. So war der baden-württembergische FDP-Ehrenvorsitzende Jürgen Morlok jahrelang Unternehmenssprecher bei Schmider, galt als sein Vertrauter und Türöffner zu politischen Kreisen. Morlok bestreitet jedoch eine Mitwisserschaft des Betrugs.

Auf Antrag der Opposition setzt der Landtag Baden-Württemberg einen parlamentarischen Untersuchungsausschuss ein. Dort werden 114 Zeugen angehört, 1300 Akten beigezogen. Am Ende kommt der Ausschuss zu dem Schluss, dass die damalige CDU/

FDP-Regierung Big Manni nicht geschützt hat. Zweifel bleiben allerdings. Denn im Zuge des Skandals stürzen noch zwei FDP-Minister. Wirtschaftsminister Walter Döring muss zurücktreten, weil herauskam, dass eine Flowtex-Tochter der FDP Geld spendete, um eine für Döring freundlich ausgefallene Meinungsumfrage zu bezahlen. Kurz danach ist auch Justizministerin Corinna Werwigk-Hertneck weg. Sie soll ihren Parteifreund Döring vorab über Ermittlungen der Staatsanwaltschaft gegen ihn wegen des Verdachts der Falschaussage vor dem Untersuchungsausschuss informiert haben.[10]

Das Landgericht Mannheim verurteilt Manfred Schmider im Dezember 2001 zu zwölf Jahren Haft wegen Betrugs in 145 Fällen, bandenmäßigen Betrugs in 97 Fällen und Kapitalanlagebetrugs. Nach einer Revision wird die Freiheitsstrafe um sechs Monate reduziert. Am Ende verbringt er rund siebeneinhalb Jahre hinter Gittern, wird erst am 2. Oktober 2007 auf Bewährung entlassen.

In einem seiner wenigen Interviews erklärt er: »Natürlich habe ich ein schlechtes Gewissen. Das war nicht richtig, was wir gemacht haben.« Er selbst sei in den großen Betrug langsam hereingerutscht. »Mit der Zeit sind die Hemmschwellen immer mehr gefallen. Irgendwann machen Sie dann Dinge, die nicht mehr in der Grauzone sind, sondern ins Kriminelle gehen. Sie verlieren dann aber das Gefühl dafür, dass Sie das nicht machen dürfen.«[11]

In die Armut stürzt Big Manni nach den Jahren im Gefängnis jedenfalls nicht. Offiziell ist er mittellos. Doch bereits in den 1990er-Jahren überwies er seiner Frau Inge Millionensummen. Die beiden vereinbarten Gütertrennung, während der Haft ließen sie sich scheiden. Ex-Gattin Inge, die aus reichem Haus stammt, machte einen Deal mit dem Insolvenzverwalter und durfte zehn Millionen Euro behalten.

Nach seiner Freilassung zieht Manfred Schmider zu seiner Ex-Frau nach Mallorca. Dort residieren sie in einer Villa mit rund 20 Zimmern, finden Reporter der *Bunte* heraus.[12] Zum Fuhrpark gehören ein schwarzer Porsche Cayenne S, ein graues Audi RS 4

Cabrio und ein Mercedes CLK Cabrio. Standesgemäß feiert Big Manni seinen sechzigsten Geburtstag. Mit seinen Gästen schippert er auf der Luxusyacht »Magic« (26 Meter lang, sechs Kabinen, großes Sonnendeck). In der Bucht von Sant Elm werden Kanapees, Drinks und Cohiba-Zigarren gereicht. Big Manni, der ehrgeizige Emporkömmling und abgestürzte Schwindler, hat sich zurück ins Luxusleben getrickst.

Die Hochstaplerin Anna Delvey

Wie eine falsche Millionenerbin aus Deutschland die New Yorker Schickeria narrt

Die junge Frau mit dem kindlichen Gesicht und der dick gerahmten schwarzen Brille ist hochintelligent und perfekt vorbereitet. Sie ist keine gewöhnliche 25-Jährige. Wenn Anna Delvey den Raum betritt, sieht sie nicht nur nach Geld und Glamour aus, sie verhält sich auch wie eine Diva: Sie ist hochnäsig, unnahbar und schwer zu beeindrucken. Sie weiß, welcher Club in New York gerade angesagt ist, wo es das beste Steak gibt, welchen Wein sie wo bestellen muss, um die Menschen um sich herum zu beeindrucken.

Anna Sorokin alias Delvey gehört jahrelang zum Inner Circle der New Yorker Elite. Zugang hat hier nur, wer altes Geld hat, einen berühmten Namen oder ein Haus in den Hamptons. Am besten alles drei. Die Mitte 20-jährige Anna besitzt nichts davon. Sie behauptet, eine deutsche Millionenerbin zu sein, die in der Stadt, die niemals schläft, das Geld ihrer Familie verprasst. Sie wanzt sich an die New Yorker High Society heran, die sie freimütig in ihre Kreise aufnimmt. Sie wird auf Partys und Gesellschaften eingeladen und einflussreichen Freunden vorgestellt. Sie verkehrt mit den Reichen und Schönen der High Society, wohnt in den exklusivsten Hotels, isst in den teuersten Restaurants und wird wie Paris Hilton auf jeder Party fotografiert, neben Schauspielern, Models, Modedesignern, Investoren und Gründern.

Der Haken an der Sache ist nur: Annas gesamte Biografie ist frei erfunden. Weder sind die Eltern vermögend, noch existiert ein millionenschwerer Treuhandfonds. Auch der Nachname ist Fake. Anna Sorokin ist die Tochter von Russlanddeutschen aus Deutschland.

Sie lebt den Traum einiger junger Frauen, die zu viel Zeit auf Instagram verbringen: Sie will schön, reich und berühmt sein. Wie weit man es mit einem gefälschten Lebenslauf als Influencerin bringen kann, ist an dieser Kriminalgeschichte ebenso erstaunlich wie die Naivität, mit der die einflussreichen New Yorker ihr so lange auf den Leim gingen. Als ihre Lügen und Betrügereien auffliegen, nimmt das FBI sie fest. Annas Geschichte ist einer der spektakulärsten Betrugsskandale der heutigen Zeit, eine Hochstaplerin der Generation Instagram. Netflix hat ihr Leben inzwischen als Serie verfilmt.

Der große Schwindel auf Instagram

In New York hat Anna 2013 ihren ersten Auftritt. Ein Marketing-Manager erinnert sich laut *New York Magazine* daran, sie auf der Fashion Week gesehen zu haben.[1] 2015 entstehen Fotos auf der Party eines Berliner Start-up-Millionärs. Im gleichen Jahr zieht Anna für ein Praktikum bei der Modezeitschrift *Purple* nach Paris. Dort knüpft sie geschickt Kontakte zu Branchen-Insidern der Haute-Couture-Szene und verlinkt sich mit ihnen auf Instagram. Fotos zeigen sie mit international bekannten Stylisten, die für die *Vogue* arbeiten, oder Modelabel-Gründerinnen. Instagram ist wie ein öffentliches Adressbuch. Denn die Plattform zeigt, wer wen kennt.

In den sozialen Netzwerken geht es um soziales Kapital. Die Namen bekannter Follower wirken wie Magneten. Plötzlich wollen ihr viele Fans folgen. So wächst die Anzahl der Abonnenten rasch. Ihr Instagram-Profil nutzt Anna dann als Ticket in die Welt der New Yorker Upperclass.

Als sie 2016 nach New York zieht, hat sie bereits 40 000 Follower. Sie nutzt das soziale Netzwerk als Geheimwaffe. Anna sammelt Selfies mit hochrangigen Persönlichkeiten. Sie inszeniert sich als kunstbeflissene Superreiche mit gut gefülltem gesellschaftlichem Terminkalender. Einer bezahlten Arbeit geht sie in der Zeit nicht nach.

In New York baut sie nach und nach eine Legende auf. Sie behauptet, von einer vermögenden Familie, den Delveys aus Deutschland, abzustammen. Ein Treuhandfonds in Höhe von 60 Millionen Euro sei für sie angelegt, auf den sie nach ihrem 25. Geburtstag Zugriff hätte. Bis dahin hinge sie von Zahlungen ihrer Eltern ab.

Die junge Frau weiß, welche Maskerade sie für die Rolle ihres Lebens benötigt. Ihr Image ist eine Mischung aus Mode-Ikone und Galeriebesitzerin. Ihr Markenzeichen ist die markante schwarz gerahmte Brille. Anders als die lauten It-Girls der frühen 2000er-Jahre wie Paris Hilton, die um jeden Preis mit knappen, bunten Kleidern auffallen wollten, möchte Anna genau das Gegenteil: sich unauffällig, fast schon unscheinbar in die High Society einschleichen – als geheimnisvolle Mrs. Delvey.

Abgehobener Lebensstil

2016 steigt Anna zunächst im gerade eröffneten »11 Howard«-Hotel ab. Ihr Hotelzimmer kostet 400 Dollar pro Nacht. Sie gibt an, einen Monat bleiben zu wollen. Das wären dann rund 12 000 Dollar. Üblicherweise residieren nur Prominente so lange im Hotel. Neffatari Davis, die als Concierge im Hotel arbeitet, merkt schnell, dass Mrs. Delvey kein gewöhnlicher Gast ist. Sie beobachtet, dass Anna mit Trinkgeld um sich wirft. Hotelangestellte reißen sich darum, Annas Pakete hochzubringen. Neffatari selbst erhält für jede noch so kleine Handreichung einen 100-Dollar-Schein. Sie erlebt Anna als ein verwöhntes Upperclass-Mädchen, arrogant, kühl, herablassend. Gleichzeitig vermöge sie es, auch charmant zu sein und die Menschen um den Finger zu wickeln.

Anna kommt häufig nach unten an die Rezeption, um sich mit Neffatari zu unterhalten. Manchmal bringt sie ihr auch geliefertes Essen oder ein Glas Weißwein mit. Denn in ihrem gläsernen Turm scheint die Millionenerbin immer einsamer zu werden. Die beiden freunden sich an. Anna nimmt die Concierge-Frau zu ihren gesellschaftlichen Treffen mit, etwa zu Abendessen, bei denen Schauspieler mit am Tisch sitzen. Sie spendiert der engen Vertrauten Beauty-Behandlungen oder lädt sie zu Sporteinheiten mit einer Personal-Trainerin ein.

Anna erzählt Neffatari von ihrem Traum, der Anna Delvey Stiftung. Ihre fixe Idee ist ein privater Kunstclub exklusiv für Mitglieder, ein bisschen wie das Soho House in New York, London oder Berlin, nur noch elitärer.

Die Anna Delvey Foundation in New York soll ein Ort für Pop-up-Ausstellungen aufstrebender Künstler sein. Ihr schwebt vor, Jeff Koons einzuladen. Sie behauptet auch, Christo habe versprochen, das Gebäude zur Eröffnung zu verhüllen – wie einst den Reichstag in Berlin.

Netzwerke schaffen mit Namedropping

Sie jongliert mit den klingenden Namen und schafft es, sich mit dieser Masche Türen zu öffnen, hinter denen sich dann eine wirklich einflussreiche Persönlichkeit verbirgt. Diese nutzt sie gezielt, um weitere Kontakte dieser Menschen an sich zu binden – und zu täuschen.

Neffatari spielt bei der Realisierung dieses Traums eine Schlüsselrolle. Als Concierge eines angesehenen Hotels hat sie die Möglichkeit, Anna auf die VIP-Gästelisten des New Yorker Nacht- und Kulturlebens zu setzen. Sie koordiniert Annas Geschäftsessen, bei denen die hochstapelnde Unternehmerin in spe mit den Freunden ihrer Freunde über die Realisierung des Clubs spricht.

Ein Türöffner ist dabei Gabriel Calatrava, Sohn des bekannten Architekten Santiago Calatrava, der beispielsweise einen spektakulären Bau für das neue Ensemble des World Trade Center entworfen hat. Mithilfe dieser hochrangigen Kontakte plant Anna, ein historisches Gebäude an der Park Avenue, einer der teuersten Straßen Manhattans, zu mieten. Das Haus gehört dem Immobilienbesitzer Aby Rosen, Inhaber des »11 Howard«-Hotels.

Für das Projekt entwirft Anna einen Businessplan, den sie Investoren und Banken präsentiert, mit dem Ziel, einen Großkredit zu erhalten. Laut Plan soll sich die Anna Delvey Foundation auf rund 4200 Quadratmetern erstrecken, die sich auf sechs Stockwerke verteilen. Ausstellungsflächen, Restaurants, Hotelzimmer, eine Dachterrasse mit Blick auf den Central Park sowie eine deutsche Bäckerei gehörten zu ihrer Idee, erzählt sie den Geldgebern. Mehrfach schaut sich Anna das Gebäude mit Immobilienfirmen, Geschäftspartnern und potenziellen Investoren an.

Doch während sie sich mit Bankern und Immobilienexperten trifft, bekommt ihre Fassade langsam Risse. Ihr Schwindel droht aufzufliegen.

Wenn du pleite bist, lass deine Freunde zahlen
Über Bekannte lernt Anna die *Vanity Fair*-Fotojournalistin Rachel DeLoache Williams[2] kennen. Wie Neffatari ist sie nicht wohlhabend, vielmehr lebt sie von rund 60 000 Dollar Einkommen im Jahr, recht wenig im teuren New York. Rachel hofft, von Annas Berühmtheit profitieren zu können, in ihrem Job sind Kontakte eine harte Währung. Die beiden freunden sich an, verbringen viel Zeit zusammen, vor allem auf Annas Hotelzimmer. Regelmäßig bestellt Anna für beide Essen aufs Zimmer. Auf die Hotelrechnung natürlich.

Da Anna mit einem Touristenvisum in die USA eingereist ist, muss sie alle drei Monate das Land verlassen, um dann neu einreisen zu können. Anna schlägt Rachel und einer Personal Trainerin vor, nach Marokko zu reisen. Sie wolle alle ins »La Mamounia«, eines der teuersten Resorts der Welt, einladen. Die Location ist wirklich *instagrammable*, bereits Khloé Kardashian ließ sich hier ablichten. Die Übernachtung in einer der Suiten liegt bei 7000 Euro. Ein Kameramann ist auch mit von der Partie, er soll die Reise dokumentieren.

Schon der Start ist holprig, denn Anna beauftragt Rachel damit, die Tickets zu buchen. Zögerlich übernimmt ihre Freundin die Buchung und streckt das Geld vor.

Angekommen im »La Mamounia«, bittet die Rezeption um eine Kreditkarte für das Einchecken ins Resort. Tagelang schafft es Anna, die Rezeptionisten zu vertrösten, erfindet immer neue Ausreden. Ihrer Entourage bleibt dies zunächst verborgen. Die Trainerin kehrt in die USA zurück, sie fühlt sich krank. Einen Tag vor der geplanten Abreise greift die Rezeption durch: Drei Sicherheitsleute positionieren sich vor dem Hotelzimmer von Anna und Rachel, verlangen die Herausgabe einer funktionierenden Kreditkarte.

Rachel schildert später, wie die Situation abläuft und wie die Angst in ihr emporsteigt. Anna gibt sich zunächst gewohnt arrogant und lässig. Sie müsse nur ein paar Telefonate erledigen, dann werde das Geld geschickt. Es vergehen Stunden voller Stress für Rachel, in denen Anna nichts zu unternehmen scheint. Rachel gerät in Panik.

Am Ende hinterlegt die ahnungslose Rachel sowohl ihre Firmenkreditkarte von Condé Nast als auch ihre persönliche Kreditkarte – sonst hätten sie nicht auschecken können. Der Irrtum kostet sie 62 000 Dollar – Schulden, die sie unmöglich begleichen kann. Damals beträgt ihr Kontostand rund 400 Dollar.

Zurück in New York, glaubt Rachel, Anna würde ihr das Geld umgehend zurückzahlen. Doch ihre Freundin vertröstet sie drei Monate lang. »Das Geld kommt bald von meinem Vater, vertrau mir«, behauptet sie immer wieder. Rachel geht es in diesen Tagen zunehmend schlechter, sie macht sich immer mehr Sorgen, kann kaum noch schlafen. Für sie steht ihre Existenz auf dem Spiel. Denn auf einmal hat sie einen fünfstelligen Schuldenberg, den sie irgendwie wieder ausgleichen muss. Das Kreditinstitut American Express ruft ständig bei ihr an.

Rachel fasst endlich den Entschluss, zu recherchieren, was die Hintergründe sind. Warum bekommt sie ihr Geld nicht zurück? Wer ist ihre Freundin wirklich?

Märchenstunde an der Rezeption

Wie eine Privatdetektivin beginnt Rachel, Nachforschungen anzu-
stellen. Sie fragt bei Bekannten nach und stellt fest: Andere haben
Ähnliches mit Anna erlebt. Sie ist nicht die Einzige, die mit Schulden zurückgelassen wurde. Einige haben ihr Geld zwar zurückbekommen, jedoch nur, wenn sie Anna mit der Polizei gedroht
haben. Bei ihren Recherchen hört Rachel verschiedene Geschichten über Annas angeblichen Reichtum. Ein Bekannter ist sich
sicher, dass ihr Vater ein Öl-Tycoon ist. Ein anderer glaubt, er sei
ein russischer Diplomat. Eine Person erzählt, dass die Delvey-Fami-
lie ein Antiquitäten-Imperium in Deutschland habe.

Anna ist eine perfide Lügnerin und perfekte Schauspielerin.
Kann sie mal wieder nicht zahlen, behauptet sie zerknirscht, es
gäbe ein Zerwürfnis mit ihrem Vater, er habe den Geldstrom
gekappt. Einmal meint sie, sie nutze eine neue Bezahl-App, die leider noch nicht funktioniere. Stets bittet sie, ob man ihr aushelfen
könne. Für die meisten ihrer betuchten Freunde kein Problem,
schließlich ist Anna reich.

So bittet Anna den gut situierten Kunstsammler und Galeristen
aus Peking, Michael Xufu Huang, ihre Flugtickets für die gemeinsame Reise zur Biennale in Venedig 2015 zu buchen. Natürlich
über seine Kreditkarte. »Es war nicht so viel Geld, nur zwei- bis
dreitausend Dollar, deswegen habe ich es schnell vergessen«, sagt
Huang dem *New York Magazine*. In einer Welt, in der 3000 Dollar
Kleingeld sind, fällt es nicht auf, wenn die Schulden nie beglichen
werden. »Vielleicht hat sie so viel Geld, dass sie den Überblick verloren hat«, lautet auch die Überschrift des Artikels im *New York
Magazine*.

Huang berichtet auch, dass ihn das Restaurant des »W Hotel«
kontaktierte und um Annas Kontaktdaten bat. Sie sei nach der
Feier zu ihrem 25. Geburtstag einfach gegangen, ohne zu bezahlen.
Huang wurde klar, dass Anna ein falsches Spiel treibt.

Auch in ihrem Stammhotel, dem »11 Howard«, hat Anna viele
Rechnungen nie bezahlt. Beim Check-in hinterlegte sie keine Kre-

ditkarte. Das Hotel war brandneu, und die elegant gekleidete Frau hatte glaubhaft machen können, sie sei mit dem Besitzer Aby Rosen bekannt. Das Hotel räumte ihr ein, ihre Rechnung per Banküberweisung zahlen zu können. Monatelang wohnt sie im Hotel, ohne je zu überweisen. Sämtliche Extras lässt sie aufs Zimmer buchen.

Erst als das Hotel dem klammen Gast mit einem Rauswurf droht, erhält es 30 000 Dollar in ihrem Namen. Das verschafft Anna kurzzeitig Luft. Doch wenig später zieht das »11 Howard« die Reißleine und komplimentiert die Betrügerin mitsamt ihren Koffern voller Kleider von Céline & Co. hinaus. Anna folgt ihrer bekannten Betrugsmasche und bindet der Rezeption des nächsten Fünfsternehotels ihre Lügenmärchen auf. So erschleicht sie ein Zimmer im »W Hotel« und später im »Beekman« – stets ohne zu bezahlen.

Ein Obstsalat und ein Lachs-Sandwich für 200 Dollar bringen sie zu Fall

Aber nicht nur an der Hotelfront wird es eng. Rachel stellt bei ihren Nachforschungen fest, dass sie nicht das einzige Opfer ist. Die *Vanity Fair*-Journalistin trägt alle Dokumente, die sie über die vermeintliche Erbin hat, in einem schwarzen Ordner zusammen. Chat-Protokolle, Fotos von Instagram, Pass-Kopien und Annas Bankkarte. Sie will sie bei der Polizei anzeigen, doch dort interessiert sich niemand für den Fall.

Das ändert sich. Im Juli 2016 speist Anna im Nobel-Restaurant des Hotels »Le Parker Meridian«, verzehrt einen Obstsalat und ein Lachssandwich für 200 Dollar.[3] Diesmal ist alles anders, denn die Begleitung, der die Trickbetrügerin die Rechnung in üblicher Manier unterjubeln wollte, erscheint nicht. Stundenlang verharrt Anna in dem Restaurant. Schließlich ruft das Restaurant die Polizei, und Anna Sorokin wird festgenommen. Sie kommt sogar vor Gericht, wird jedoch schnell wieder freigelassen. 200 Dollar gelten als Bagatelle.

Das FBI fahndet nach der Betrügerin

Unterdessen räumt Rachel ihrer Freundin eine allerletzte Chance ein: Sie konfrontiert Anna bei einem Treffen mit der Frage, warum sie ihre Schulden nicht begleiche, doch Anna bleibt bei ihren Lügen. Rachel bleibt nur noch, sich mit den belastenden Unterlagen an die Staatsanwaltschaft zu wenden. Diese teilt ihr mit, dass bereits mehrere Strafanzeigen gegen ihre Freundin vorliegen. Die New Yorker Behörden und das FBI fahnden bereits nach ihr.

Anna verlässt unterdessen New York, flüchtet in eine Entzugsklinik nach Malibu, Kalifornien. Doch Rachel weiß, wo sich ihre falsche Freundin aufhält, und nimmt Rache. Sie stellt ihr eine Falle und täuscht eine Verabredung mit ihr vor. Anna kommt tatsächlich zu dem Treffpunkt, die Strafverfolgungsbehörden nehmen sie an Ort und Stelle fest. Die Ermittler bringen sie zurück nach New York, diesmal in Untersuchungshaft.

Das FBI und die New Yorker Staatsanwaltschaft entdecken mithilfe ihres echten Passes nun ihre wahre Identität: Anna Delvey, die vermeintliche Millionenerbin aus Deutschland, heißt in Wahrheit Anna Sorokin.

Die echte Anna

Ihre Familie stammt ursprünglich aus Russland. Anna wächst die ersten Jahre in einfachen Verhältnissen in einem kleinen Dorf in der Nähe von Moskau auf. Als Teenager zieht sie mit ihrer Familie nach Eschweiler bei Aachen. Ihr Vater arbeitet erst als Lastwagenfahrer, dann verkauft er Heizungen. Auf Medienanfragen möchte er sich nicht äußern.

Auf einem katholischen Gymnasium in Eschweiler macht das Mädchen Abitur. Ihre Schulfreunde erzählen deutschen Medien später, dass Anna damals schon Kinder manipuliert und gegeneinander ausgespielt habe. Auch als Kind soll sie bereits auf Markenkleidung Wert gelegt haben, ihre Klassenkameraden nannten sie »Barbie«. Nach dem Abitur zieht sie nach Berlin und arbeitet bei einer PR-Agentur. Auch dort wird sie bereits auffällig, leiht sich

Geld von ihren Kollegen. Allerdings noch in kleineren Dimensionen.

Ihren neuen Alias, Anna Delvey, benutzt sie das erste Mal während ihres Praktikums beim Modemagazin *Purple* in Paris. Im Laufe ihrer Umzüge nach Berlin, Paris, London, New York verändert Anna auch immer wieder ihr Äußeres. Sie färbt ihre Haare, mal ist sie blond, mal rothaarig. Schaut man heute auf ihr Instagram-Profil, erkennt man viele verschiedene Versionen einer Frau, die wie ein Chamäleon ihre Identität an die Umgebung anpasst.

Gefälschte Bankdokumente, gutgläubige Banker

Zutritt zur New Yorker Elite soll sie über ihren damaligen Freund gefunden haben, einen Gründer aus der Tech-Szene, der damals an einer neuen App arbeitete. Dennoch bleibt die Frage: Wie schafft es eine 25-Jährige, die beste New Yorker Gesellschaft jahrelang zu täuschen und auszunehmen?

Eine Rolle spielt wohl einer der renommiertesten Immobilienanwälte der Stadt: Andrew Lance von der Kanzlei Gibson Dunn. Anna lernt Lance über Bekannte kennen und wittert ihre Chance. Mit ihrem Charme und ihrem Märchen von einer Stiftung wickelt sie den seriösen Mann um den Finger. Spekuliert Lance bei der vermeintlich schwer reichen Mandantin auf viele abrechenbare Stunden und potenzielle Transaktionen im Millionenbereich?

Der Mann vermittelt Anna Zugang zu wichtigen Bankern, darunter Vertreter der City National Bank sowie der Fortress Investment Group. Für die Finanzierung ihres Luftschloss-Projekts benötigt Anna einen Kredit in Höhe von 20 bis 35 Millionen Dollar. Unvorstellbar, dass eine Abiturientin ohne Ausbildung, Studienabschluss oder vorzeigbare Etappen auf ihrem Lebenslauf bei einem derartigen Unterfangen ernst genommen wird. Geld macht alles möglich, selbst wenn es gar nicht existiert. Die Behauptung, man habe Geld, scheint manchmal auch zu wirken.

Für die Finanzierung reicht es jedoch nicht mehr, nur ein paar gut ausgedachte Geschichten zu präsentieren und dabei reich auszusehen. Die Manager von Fortress und der City National Bank möchten harte Zahlen sehen. Also fälscht Anna etwa eine Bankauskunft der UBS-Bank. Aus dem Dokument geht hervor, dass ihr Treuhandfonds 60 Millionen US-Dollar umfasst und in Banken in Europa angelegt sei. Um ihre Geschichte zu untermauern, erfindet Anna einen Leiter ihres Family Office, den Finanzexperten »Peter Hennecke«. Der würde angeblich in Deutschland für sie arbeiten.

Für die Legende von Hennecke legt sie eigens eine E-Mail-Adresse auf seinen Namen an, über die sie mit den potenziellen Geldgebern kommuniziert. Der Kredit sei durch eine Schweizer Bank »vollständig abgesichert«, schreibt Anwalt Lance unter anderem an die City National Bank, nachdem er mit Hennecke am Telefon gesprochen habe. Für die Telefonate mit Hennecke benutzt Anna eine Stimmverzerrungs-App, die ihr selbst die Stimme eines älteren Mannes gibt.

Wochenlang scheint es, als könnte sich Anna tatsächlich einen Kredit von der Fortress-Gruppe erschwindeln. Doch die Due-Diligence-Prüfung, eine eingehende Bestandsaufnahme der Vermögenswerte, dauert. Die Banken bestätigen nicht, dass Annas Kapital aus dem Treuhandfonds von 60 Millionen wirklich existiert. Das Aus für den potenziellen Millionenkredit kommt, als Fortress Mitarbeiter in die Schweiz schicken will, um die Angaben vor Ort zu überprüfen.

Noch während der Verhandlung mit der City National Bank überzeugt Anna einen Banker, ihr einen Zwischen-Kredit in Höhe von 100 000 Dollar einzuräumen. Sie braucht dringend Geld, um ihren Lebensstil zu finanzieren, mit dem sie ihre Fassade aufrechterhalten muss. Als alle Banken absagen, löst sie zwei nicht gedeckte Schecks ein und flieht mit dem Bargeld nach Malibu, wo sie nach Rachels Falle verhaftet wird.

Kleider machen Leute – ohne Outfit keine Identität

2017 beginnt ihr Prozess in New York. Die Anklageschrift umfasst zehn Punkte, es geht um Betrug und Diebstahl, die Schadenssumme beläuft sich auf 275 000 Dollar.

Es wird ein Medienspektakel. Anna möchte das Gericht als Bühne nutzen. Für jeden Verhandlungstermin lässt sie sich ein neues Outfit besorgen, angeblich berät sie dazu eine Stylistin. Der Gerichtssaal wird zu ihrem Laufsteg. Die Richterin ordnet schließlich an, dass Anna künftig in Sträflingskleidung zu erscheinen habe, auch weil ihr Styling vor dem Prozess mehrfach zu Verzögerungen der Verhandlungstermine geführt habe. Zur nächsten Anhörung erscheint Anna tatsächlich im grauen Overall, mit zerzausten Haaren und ohne Make-up. Es ist der einzige Termin, bei dem Anna vor Gericht weint. Ihre Maske wird ihr entrissen, plötzlich muss sie wie jede andere Kriminelle erscheinen.

Der Prozess behandelt auch die Frage nach Annas Motivation. Warum legt sie die New Yorker High Society aufs Kreuz, hintergeht ihre Freunde? Ihr Anwalt Todd Spodek erklärt den Betrug als Versuch, den amerikanischen Traum zu leben. Demnach wollte Anna um jeden Preis ihren Kunstclub realisieren, etwas Großes schaffen. In seinem Auftaktplädoyer nutzt er dafür sogar den Frank-Sinatra-Song *New York, New York*. Daraus zitiert er die berühmte Zeile *If I can make it there, I'll make it anywhere* – wer es in New York, der Stadt der Träume, schaffe, der schaffe es überall. Nach diesem Motto soll Anna gelebt haben. *Fake it till you make it* – sie habe versucht, es vorzutäuschen, bis sie es geschafft habe.

Möglicherweise ist Anna einfach eine Hochstaplerin, eine chronische Lügnerin wie etwa Felix Krull, meisterhaft beschrieben von Thomas Mann in seinem Roman *Bekenntnisse des Hochstaplers Felix Krull*. Die sogenannten Pseudologen fälschen ihre Biografien, erfinden große Vermögen, eine Kindheit in einem wohlhabenden Elternhaus, am besten mit Adels- oder hilfsweise mit Doktortitel. Die Eltern in solchen Biografien sind keine normalen Angestellten, sondern bekleiden wichtige Positionen. Zum 18. Geburtstag bekommen die reichen Sprösslinge ihren ersten Jaguar, kein Inter-rail-Ticket. Zwanghafte Lügner belügen nicht nur ihre Umgebung, sondern oft auch sich selbst. Das macht sie so glaubwürdig.

Im Prozess kommt heraus, wie Anna überhaupt an das ganze Geld gelangt ist. Denn auch wenn sie häufig die Rechnung ge-prellt oder sich Geld von Bekannten »geliehen« hat, hat sie doch oft genug bezahlt, meist mit Bargeld. In den USA kann man sich Schecks auch bar auszahlen lassen. Reicht man einen Scheck ein, dauert es erst einmal drei Werktage, bis die Bank überprüfen kann, ob der Scheck überhaupt gedeckt ist, ob hinter dem Stück Papier also tatsächlich Geld steckt. Das Geld erhält man jedoch sofort.

Diese Taktik hat Anna angewendet, insgesamt hatte sie über 20 Konten bei verschiedenen Banken. Hinzu kamen ihre Kredit-kartenschulden. Denn mit einer Kreditkarte konnte sie von Anfang an ins Minus gehen, ohne jemals Geld auf das Konto der Karte eingezahlt zu haben. In den USA kann fast jeder mehrere Kredit-karten einfach online bestellen, es gibt kein Limit für die Anzahl. So schlittern Hunderttausende Amerikaner jährlich in die Schul-denfalle.

Im April 2019 wird Anna Sorokin in acht Anklagepunkten schuldig gesprochen.[4] Es sei erwiesen, dass sie schweren Diebstahl begangen und sich von Dezember 2016 bis August 2017 Dienst-leistungen in Höhe von rund 275 000 Dollar erschlichen habe. Sie wird zu einer Gefängnisstrafe von mindestens vier bis höchstens zwölf Jahren verurteilt.

Im Gefängnis hat Anna laut eigenen Aussagen angeblich eine Art Promi-Status. Einige Wärter bewundern sie sogar, da sie die Reichen der Stadt übers Ohr gehauen hat. Sie selbst bezeichnet den Gefängnisaufenthalt als soziologisches Experiment, das ähnlich wie die New Yorker High Society funktioniert: »Es geht nur darum, wen du kennst«, sagt sie später im Interview mit *Business Insider*.[5]

Nach knapp zwei Jahren spricht Anna vor einem Bewährungs-ausschuss vor. Sie werde nun alles besser machen, verspricht sie unter Tränen, sie bereue ihre Taten. Wenn sie freikomme, wolle sie ihren Lebensunterhalt ehrlich verdienen und als Autorin arbeiten. Und wenn das nicht reichen würde, dann wäre sie auch bereit, zur Not Teller zu waschen. Im Februar 2021 entlassen die Behörden die Frau wegen guter Führung vorzeitig aus dem Gefängnis.

Kaum ist sie wieder in Freiheit, geht die Anna-Show weiter. *I'm back bitches*, postet sie kurz nach ihrer Freilassung auf Instagram. In ihrem ersten Interview sagt sie unserem Reporterkollegen Jacob Shamsian von *Business Insider*: »Ich denke, Reue ist ein nutzloses Gefühl. Ich habe getan, was ich getan habe, ich war sehr jung. Ich muss mit den Konsequenzen meines Handelns fertigwerden. Ich möchte die Dinge einfach in Ordnung bringen und nach vorne schauen.«

Anna will zurück in die Glamourwelt, die sie kennt, und hält an ihrem Alias Anna Delvey fest. Der Name ist ihre Kreation, ihre Kunstfigur, die sie allein erschaffen habe. Er brachte ihr weltweite Bekanntheit. Aus ihrer Lüge macht Anna noch aus dem Gefängnis heraus Geld: Sie geht mit dem Streamingdienst Netflix einen Deal über die Rechte ihrer Lebensgeschichte ein, dafür erhält sie 320 000 Dollar als sogenannte Beraterin. Die Serie *Inventing Anna* startet im Februar 2022. Von dem Geld aus dem Netflix-Deal hat Anna bis Ende Januar 2021 bereits ihre Schulden in Höhe von 223 000 Dollar an Entschädigungen und Bußgeldern sowie 75 000 Dollar an Anwaltskosten zurückgezahlt.

Reporter Shamsian erzählt sie außerdem, dass sie an einer eigenen Bekleidungslinie und, mehr noch, an ihrem eigenen Online-TV-Sender arbeite, »Anna Delvey TV«. Dafür engagiert sie kurz nach ihrer Freilassung Anfang 2021 den Fotografen Douglas Higginbotham, der sie den ganzen Tag mit der Kamera begleiten soll. Das erste Foto aus dieser Inszenierung zeigt Anna in der Badewanne eines Luxushotelzimmers mit einem Glas eiskaltem Champagner in der Hand. Doch die wiedergewonnene Freiheit währt nicht lange.

Die großen Pläne platzen. Auch nach dem Gefängnisaufenthalt bleiben offensichtlich Überheblichkeit und Selbstüberschätzung ein konstantes Merkmal ihrer Persönlichkeit. Sechs Wochen nach ihrer Entlassung, im April 2021, verhaften US-Beamte Anna erneut, da ihr Visum abgelaufen ist. Fast ein Jahr lang sitzt sie als Straftäterin ohne Visum in Abschiebehaft und wartet auf ihre Auslieferung zurück nach Deutschland. Mit Anwälten wehrt sie sich vehement gegen die Abschiebung zurück in das Land, in dem sie aufgewachsen ist, denn dort ist sie nicht so bekannt wie in den USA. Dabei lässt sie kein Mittel unversucht: Sie behauptet, sich im Januar 2022 im Gefängnis mit dem Coronavirus angesteckt zu haben, und erhebt in dem Zuge sogar eine Klage gegen die Einwanderungsbehörde, da diese ihr angeblich eine Booster-Impfung verweigert hätte. Die Klage wird jedoch abgelehnt.

Im März 2022 kommt es dann zu einer Entscheidung der US-Behörden: Sorokin soll zeitnah nach Deutschland ausgeflogen werden, berichtet der *Spiegel*.[6] Wie das Nachrichtenmagazin in der folgenden Berichterstattung schreibt, soll die 31-Jährige am 15. März von der US-Einwanderungsbehörde ICE mit einem United-Linienflug von New York nach Frankfurt gebracht werden. Der Flug startet gegen 21 Uhr (Ortszeit), doch Anna ist nicht an Bord.

Ihre Abschiebung ist geplatzt. In allerletzter Minute können ihre Anwälte verhindern, dass sie wie geplant um 14 Uhr aus dem Gefängnis abgeholt wird. Die Begründung der Anwälte: Offenbar war eine Frist für die endgültige Entscheidung noch nicht abgelaufen. Laut *Spiegel*-Informationen heißt es von US-Seite, Sorokin habe sich vehement geweigert, die Haftanstalt Orange County Correctional Facility in der Stadt Goshen zu verlassen und zum Flughafen gebracht zu werden. Nun muss sie auf einen neuen Abschiebetermin warten.

Aus dem Gefängnis heraus organisiert sie im Mai 2022 eine Kunstausstellung mit Bildern, die sie im Gefängnis gezeichnet hat, im schicken »Public«-Hotel auf der New Yorker Lower East Side. Laut einer Reporterin des *Rolling Stone Magazine* soll Sorokin mit den Zeichnungen zwischen 400 000 und 500 000 US-Dollar verdient haben[7] – mehr noch als aus den Erlösen der Netflix-Serie.

Der Aldi-Familienstreit

Wie die Erben um Werte, die Macht im Discounter-Reich und sehr viel Geld kämpfen

Ein tristes Gewerbegebiet im Essener Stadtteil Kray. Kein Firmenschriftzug ist am Eingang zu sehen, an der Klingel steht kein Name. Langsam öffnet sich das schwere Stahltor.

Hier treffe ich* den Mann, der einer der Reichsten des Landes ist und als einer der größten Geheimniskrämer gilt. Jeder in Deutschland kennt sein Unternehmen. Wie er aussieht, wissen nur wenige. Denn von Theo Albrecht gibt es keine aktuellen Fotos für die Öffentlichkeit, die einzigen Aufnahmen liegen Jahrzehnte zurück. Er ist der Sohn von Theo Albrecht senior, der zusammen mit seinem Bruder Karl einst Aldi gegründet und zu einem Discounter-Imperium aufgebaut hat. Heute lenkt Sohn Theo die Geschicke von Aldi Nord.

Die Chefetage in der Konzernzentrale versprüht den Charme der 1970er-Jahre. Vorbei an holzvertäfelten Wänden führt der Weg in einen spartanisch eingerichteten Besprechungsraum. Ein schlichter weißer Tisch, vier Stühle – das war's. Die einzige Besonderheit ist ein Knopf neben der Tür. Es ist ein Alarmknopf mit direkter Verbindung zur örtlichen Polizei, wie ich später erfahre. Auf dem Tisch stehen eine Kaffeekanne, ein Teller mit Keksen und Süßigkeiten. Alles Aldi-Produkte, versteht sich.

---

* Kayhan Özgenc

Theo Albrecht betritt den Raum. Er ist groß gewachsen, etwa 1,90 Meter, hat volles graues Haar. Ein leichter Ruhrpott-Einschlag färbt seine Sprache. Er nestelt in den Unterlagen, die vor ihm liegen, wirkt ein bisschen nervös. Kein Wunder, mit Journalisten hat er üblicherweise nichts zu tun. Bislang führte er ein Leben völlig abgeschottet von der Öffentlichkeit. Das Unternehmen hatte lange Zeit nicht einmal eine Pressestelle. Interviews und öffentliche Auftritte gelten als tabu in der verschwiegenen Aldi-Welt.

Der medienscheue Milliardär trifft sich im Jahr 2017 mit mir, weil ihn eine gewisse Notlage dazu gezwungen hat. Ausgerechnet bei den Albrechts, denen Diskretion sehr am Herzen liegt, ist ein erbitterter Familienstreit ausgebrochen, der vor Gericht und damit in der Öffentlichkeit ausgetragen wird. Theo Albrecht möchte seine Sicht der Dinge zu dem Konflikt erklären. Wir führen deshalb ein Hintergrundgespräch. Das bedeutet, dass keine Zitate von ihm veröffentlicht werden. Neben Theo Albrecht sitzt Emil Huber, versierter Jurist und sein engster Vertrauter. Er hat schon Theos Vater beraten.

Auf dem Tisch liegen Zeitungsausschnitte. Zu sehen ist Babette Albrecht. Sie ist Theos Schwägerin, die Witwe seines 2012 verstorbenen Bruders Berthold. Sie verkörpert alles, was Theo ablehnt. In den Presseartikeln erscheinen Fotos einer fröhlichen Frau in bunten, teils schrillen Kleidern. Ein Mitglied der Familie Albrecht in den Klatschspalten: Das gab es noch nie und ist für Theo Albrecht nur schwer zu ertragen. Viel schlimmer ist für ihn jedoch der seit Jahren tobende Streit in der Familie. Theo Albrecht kämpft an der Seite seiner Mutter Cäcilie und des Aldi-Managements. Auf der anderen Seite stehen Witwe Babette und ihre fünf Kinder. Die Auseinandersetzung dreht sich um Werte und Tradition, die Macht im Discounter-Reich und sehr, sehr viel Geld.

Im Zuge der Aldi-Recherche habe ich neben Theo Albrecht mit vielen anderen gesprochen. Darüber hinaus hatte ich Einsicht in zahlreiche vertrauliche Dokumente, zum Beispiel persönliche Briefe, Gerichtsunterlagen und ein handgeschriebenes Testament.

Die Dokumente belegen, mit welcher Härte die Familienzweige ihre Auseinandersetzung führen. Doch um diesen außergewöhnlichen Konflikt in einer ganz besonderen Familie verstehen zu können, wollen wir zunächst die Geschichte von Aldi beleuchten und von einem Ereignis erzählen, das den Clan bis heute prägt – die Entführung des Gründers Theo Albrecht senior.

Aldi ist ein Stück deutsche Wirtschaftsgeschichte

Aldi ist ein Phänomen, eine Erfolgsstory, ein Stück deutsche Wirtschaftsgeschichte. Ordentlichkeit, Effizienz, Sparsamkeit – diese Tugenden gehören zu Aldi wie zu Deutschland. Laut Statistiken gehen rund 85 Prozent der Deutschen regelmäßig bei der Discounterkette einkaufen. Aldi gehört zum Alltag der Deutschen. Fast jeder weiß, wo seine Filiale um die Ecke ist. Weltweit zählt Aldi zu den zehn größten Einzelhandelsgruppen.

Mit einem Tante-Emma-Laden im Essener Arbeiterstadtteil Schonnebeck fängt alles an. Im April 1913 eröffnen Karl senior und Anna Albrecht ihr Geschäft. Nach dem Ersten Weltkrieg kaufen sie das Nachbarhaus, nennen den Laden »Kaufhaus für Lebensmittel Karl Albrecht«. Die Söhne Karl und Theo kommen dort zur Welt, wachsen mit dem Geschäft auf. Schon früh übernehmen sie Verantwortung, stehen hinter der Verkaufstheke und an der Kasse. Theo macht eine Ausbildung zum Kaufmann im familieneigenen Laden, Karl absolviert seine Lehre in einem Essener Feinkostgeschäft.

Der Vater stirbt zwei Jahre vor Ende des Zweiten Weltkriegs, die Mutter führt den Laden allein weiter. Denn ihre Söhne müssen an die Front. Dann kommen Karl und Theo aus dem Krieg zurück, übernehmen das Geschäft und ändern das Konzept. Das Warenangebot wird zusammengestrichen, die Preise gesenkt. Eine Lebensmittelgrundversorgung mit einem minimalen Sortiment und niedrigen Preisen trifft den Nerv von Nachkriegsdeutschland.

Die Geschäfte expandieren, das Wirtschaftswunder ist eng mit Aldi verwoben. 1954 öffnet die erste Filiale außerhalb der Stadt Essen. Das Stammgeschäft in Schonnebeck wird derweil zum Selbstbedienungsladen umgestaltet. Damals eine Revolution im Handel: Denn zuvor wurden die Kunden ausschließlich von Verkäuferinnen und Verkäufern bedient, die ihnen etwa Zucker oder Mehl abfüllten. 1955 hatte die damalige Albrecht KG ein Filialnetz mit 100 Standorten in Nordrhein-Westfalen. 1960 sind es bundesweit 300 Filialen mit fast 100 Millionen Mark Umsatz. In seinem einzigen öffentlichen Statement bringt Karl Albrecht das Erfolgsprinzip auf den Punkt: »Unsere Werbung liegt im billigen Preis.«[1]

Ausgerechnet im Jahr des Mauerbaus entscheiden sich die Brüder für eine Trennung des Geschäfts und ziehen den sogenannten Aldi-Äquator quer durchs Deutschland. Theo übernimmt Aldi Nord mit der Zentrale in Essen, Karl lenkt fortan Aldi Süd von Mülheim/Ruhr aus. Seit 1961 führt die Grenze vom Niederrhein über die Gegend um Mülheim nach Osten bis nördlich von Fulda, sie entspricht etwa dem Verlauf der Autobahn A45. Zwei Städte in Nordrhein-Westfalen, nämlich Gummersbach und Siegen, liegen genau auf dem Aldi-Äquator, sodass sie Nord- und Süd-Filialen haben.

Um die Trennung des Geschäftes ranken sich viele Mythen und Gerüchte. Das liegt vor allem daran, dass die verschwiegenen Brüder den Schritt in der Öffentlichkeit überhaupt nicht erklären. Kommunikation betrachten sie als Zeitverschwendung. Lieber teilen sie ihr Reich einfach auf. Am häufigsten wird der angebliche Zigaretten-Streit als Grund genannt. Demnach soll sich Theo von dem Verkauf der Tabakprodukte eine größere Gewinnmarge versprochen haben, aber Karl soll strikt dagegen gewesen sein. Die Geschichte macht bis heute immer wieder die Runde, stimmt aber nicht. Es gab gar kein Zerwürfnis.

Bevor es zum Streit kommt, teilen die Brüder ihr Reich auf

Nach Jahren des rasanten Wachstums erkennen Karl und Theo, wie schwer es wird, dieses Imperium auf Dauer mit einer Doppelspitze zu führen. Ihr Führungsstil ist zudem sehr unterschiedlich. Theo neigt zum Mikromanagement, Karl lässt seinen Mitarbeitern mehr Freiheiten. Bevor es wirklich zu einem handfesten Streit kommt, teilen sie Aldi lieber brüderlich auf. Hinter den Kulissen arbeiten sie weiter zusammen, etwa wenn es um die Lieferanten geht. Gemeinsam haben sie da eine größere Einkaufsmacht.

Allerdings gibt es auch enorme Unterschiede beim Sortiment. Und die Brüder fachen einen Wettbewerb untereinander an. Durch die abgetrennten Gebiete treten sie zwar nicht direkt gegeneinander an. Beide aber wollen der Beste sein, stacheln auch ihre Management-Teams an. Ihr Motto lautet: Gesunder Wettbewerb steigert das Geschäftsergebnis. Bis heute ist eine gewisse Rivalität zwischen Aldi Nord und Aldi Süd zu spüren, auch wenn die beiden Firmengruppen ihre Geschäftspolitik mittlerweile gemeinsam im Aldi-Unternehmensausschuss koordinieren.

Die Brüder starten nach der Trennung richtig durch. Im Kampf gegen die großen Supermarktketten setzen sie auf die Idee des Lebensmittel-Discounters, geben ihren Läden nun auch offiziell den Namen ALDI – Albrecht Discount. Der langjährige Aldi-Nord-Geschäftsführer Dieter Brandes sagt später über das Erfolgsmodell: »Discount ist die Kunst des Weglassens.«[2] Und die Aldi-Brüder lassen in ihren Filialen sehr viel weg im Vergleich zur Konkurrenz. Sie verzichten auf leicht verderbliche Frischwaren und eine teure Ladeneinrichtung, die Produkte stehen auf Paletten. Die Ware wird nicht ausgepackt, sondern aus aufgeschnittenen Kartons verkauft. Nicht auf jedem Artikel prangt ein Preisetikett, die Kassierer müssen die Preise auswendig lernen. Es gibt weder Ladendekoration noch Werbung.

Das alles verursacht weniger Kosten für das Unternehmen und senkt die Preise für die Kunden. Das Discount-Modell setzt sich schnell durch, die Deutschen stürmen die Aldi-Läden. Eine Filiale nach der anderen wird eröffnet. Den Brüdern gelingt mit der Erfindung der Aldi-Märkte die wohl erfolgreichste Einzelhandels-Innovation des 20. Jahrhunderts.

Das Aldi-Prinzip mit den kleinen Preisen macht die Brüder unfassbar reich – und zugleich misstrauisch. Ihre ersten Millionen bunkern sie lieber in einem riesigen Safe in der Firmenzentrale, statt das Geld zur Bank zu bringen. Mit den Banken haben sie es ohnehin nicht. Ihr Wachstum finanzieren sie komplett aus den Gewinnen des laufenden Geschäfts, Kredite und damit Schulden sind bei ihnen tabu. Niemals möchten sie in eine Abhängigkeit von den Geldinstituten geraten.

Mit Luxus, Statussymbolen und Extravaganzen können die Albrechts nichts anfangen, weder in ihren spartanisch eingerichteten Läden noch in ihrem Privatleben. Mitte der 1950er-Jahre ziehen sie jeweils in großzügige Villen in Essen, durchaus gediegen, aber eher unauffällig. Betont bescheiden treten beide auf, passend zum Billig-Image ihrer Läden und der geschäftlichen Strategie, auf jeden Pfennig zu achten. Geprägt haben sie dabei ihre einfache Herkunft und das katholische Elternhaus. Jeden Sonntag geht es in die Kirche. Das gilt zum Beispiel bis heute für Sohn Theo, der nach dem Kirchgang stets eine *Bild am Sonntag* kauft, wie er mir erzählt, und das genau abgezählte Geld vorher einsteckt. Als die Zeitung mal ihren Preis leicht erhöht, ist Pfennigfuchser Theo sofort alarmiert. Ein echter Albrecht eben.

Sein Vater hat sich einst auf der Nordsee-Insel Föhr ein kleines Kapitänshäuschen geleistet. Als legendär gilt damals sein Sparfimmel. Laut *Spiegel* wurden bei Lkw-Reifen seiner Transportflotte die Profile nachgeschnitten, um den Kauf neuer Reifen herauszuschieben. Telefone in den Filialen waren lange tabu. Mitarbeiter erhielten die klare Anweisung, das Licht umgehend auszuschalten, wenn sie einen Raum verlassen.[3] Verschwenderischer Umgang mit Büromaterial konnte ihn fuchsteufelswild machen. Die Brüder haben das Aldi-Prinzip nicht nur erfunden, sondern auch gelebt.

Theo Albrecht wird in seinem Mercedes entführt

Der 29. November 1971 beginnt für Theo Albrecht senior als normaler Arbeitstag. Es wird der Tag sein, der sein Leben und das Leben seiner Familie nachhaltig verändert. Er fährt mit seinem Mercedes E-Klasse ins Büro, wie immer selbst am Steuer, ohne Chauffeur. Theo Albrecht ist damals 49 Jahre alt und wohlhabend, in der Öffentlichkeit aber völlig unbekannt. Was dann nach Feierabend geschieht, schildert er später laut Vernehmungsprotokoll wie folgt:

Es war Viertel nach sechs am Montagabend, als ich mein Büro in Herten verließ und langsam zu meinem Mercedes ging, um nach Hause zu fahren. Den Wagen hatte ich auf dem Parkstreifen nördlich des Betriebsgeländes abgestellt. Ich brauchte an diesem Abend längere Zeit, bis ich die Wagentür geöffnet hatte. Das Schloss klemmte. Im selben Augenblick, als ich mich in die Polster meines Mercedes fallen ließ, tauchten plötzlich aus der Dunkelheit links und rechts von mir zwei Männer auf. Die beiden hatten ihre Hüte tief in das Gesicht gedrückt und den Mantelkragen hochgeschlagen. Beide waren bewaffnet.

Der Mann links neben mir hielt mir die Pistole direkt vors Gesicht und fauchte mich an: »Rutschen Sie nach rechts auf den Beifahrersitz! Schnell!« *Ich gehorchte ihm, widerstandslos. Widerstand wäre auch völlig zwecklos gewesen.*

Der Mann setzte sich auf den Fahrersitz, sein Komplize stieg hinter mir ins Auto ein und drückte mir seine Waffe von hinten in den Nacken. Der Mann am Steuer gab Gas. Wir fuhren davon. Wohin? Ich weiß es nicht. Wir fuhren mit dem Auto kreuz und quer und hielten schließlich auf einem Wald- oder Feldweg. Ich weiß es nicht mehr so genau. Denn es war stockfinster.

Die beiden Männer klebten mir Heftpflaster über die Augen und fesselten meine Hände. Ebenfalls mit Heftpflaster. Als sie mir den Mund mit diesem scheußlichen Pflaster verkleben wollten, bat ich sie: »Bitte, lassen Sie das doch sein, ich halte auch so meinen Mund.« *Die Männer erfüllten mir den Wunsch, doch dann bedrängten sie mich:* »Legen Sie sich in den Kofferraum!«

Aber auch von diesem Vorhaben konnte ich sie abbringen. Denn ich hatte Angst, fürchterliche Angst, dass ich dahinten keine Luft mehr bekommen würde. Ich musste mich dann hinten im Wagen hinlegen. So ging die Fahrt weiter durch die Nacht. In einer einsamen Straße stoppten die beiden Entführer das Auto. Wie ich jetzt weiß, war das in dem Gelsenkirchener Stadtteil Resse, wo auch später mein Auto gefunden wurde.

Hier stand ein anderer Wagen, in den wir umstiegen, und dann sind wir wieder gefahren. Stundenlang. Irgendwann, ich hatte völlig den Zeitbegriff verloren, hatte ich das Gefühl, dass das Auto in einen Schuppen oder in einen Raum hineinmanövriert wurde. Dort haben wir gewartet. In dieser Zeit habe ich ständig auf dem Rücksitz gelegen. Ich glaube, aber ich kann es nicht hundertprozentig sagen: Einer der beiden Männer war ständig im Wagen. Ich lag so, dass ich ihn nicht sehen konnte. Und wieder begann die Fahrt. Ich wurde in ein Haus gebracht. In jenes Haus, wo ich dann auch die folgenden 17 Tage verbrachte.

Ich war eingeschlossen in einem Raum. Er war sehr klein, abgeteilt mit einem Vorhang. Zunächst hatte man mir wieder die Augen verklebt und nachts die Hände mit Mullbinden gefesselt. Immer dann, wenn ich die Briefe schreiben musste, wurde mir das Pflaster von den Augen genommen. Die Brieftexte wurden mir vorgeschrieben, und zwar mit einer Schreibmaschine.

Ich habe die Gesichter der Männer nie gesehen. Sie standen hinter dem Vorhang und reichten mir von dort aus die Dinge, die ich zum Schreiben benötigte. Auch das Essen bekam ich über den Vorhang gereicht. Die Täter hatten dabei Handschuhe an, oder sie reichten mir Papier und Kugelschreiber mit einer Pinzette. Die Briefe, die sie vorgetippt hatten, brauchte ich nur abzuschreiben.

In dem Raum stand auch eine Stehlampe, und später durfte ich auch Zeitung lesen. Es gab sogar Radiomusik. Die Verpflegung war gut, sie war ausreichend. Immer dann, wenn ich zur Toilette musste, wurden mir die Augen wieder verbunden, und ich wurde von einem der beiden Männer dorthin geführt. Aber sie ließen mich nicht einen einzigen Augenblick allein. Sie blieben neben mir stehen. Jeden zweiten Tag

durfte ich baden. Das Badezimmer war auf derselben Etage. Auch in
der Badewanne blieben meine Augen zugeklebt.

Ich bin ziemlich sicher, dass es sich bei den Männern, die mich in
dem Haus bewachten, um dieselben Männer handelte, die mich ent-
führt hatten. Denn sie bemühten sich ständig, nicht erkannt zu werden.
Wenn ich die Augen einmal nicht verbunden hatte, trugen die beiden
Masken. Eine Personenbeschreibung kann ich deshalb nicht geben.

Dann, nach einer für mich endlosen Zeit, war es endlich so weit.
Wir brachen plötzlich auf und fuhren zu dem Vermittler. Einzelheiten
darüber kann und darf ich nicht erzählen. Das ist so vereinbart. Kein
einziges Mal haben mir die Entführer mit dem Tode gedroht. Ich wusste
dennoch, wie ernst sie es meinten.[4]

Sieben Millionen Mark – die weltweit größte Lösegeld-summe

Es ist die bislang spektakulärste Entführung in der deutschen Kriminalgeschichte. Noch nie zuvor wurde hierzulande ein prominenter Millionär entführt, erst danach folgten noch viele weitere Fälle
wie zum Beispiel Richard Oetker. Die erpresste Summe von sieben
Millionen Mark ist zu diesem Zeitpunkt, im Jahr 1971, die größte
Summe weltweit, die je von Entführern gefordert wurde.

Die beiden Entführer sind Heinz-Joachim Ollenburg und Paul
Kron. Es ist ein ungleiches Verbrecher-Duo: Ollenburg, der Rechtsanwalt mit Spielschulden, und Kron, der Einbrecherspezialist mit
dem Szene-Namen »Diamanten-Paule«. Die beiden waren auf
der Suche nach einem möglichst wohlhabenden Entführungs-
opfer, stießen in dem Buch *Die Reichen und die Superreichen* auf
die Albrecht-Brüder.[5] Zunächst wollten sie Karl Albrecht kidnappen.
Aber dann merkten sie, dass der nie allein nach Hause fährt – im
Gegensatz zu Theo Albrecht.

Als der Aldi-Nord-Chef in seinen Mercedes 280 SL steigt, über-
rumpeln sie ihn. Doch die Täter sind sich nicht sicher, ob es wirklich Theo Albrecht ist. Schon damals gibt es keine Fotos von ihm.
Sie lassen sich deshalb seinen Personalausweis zeigen.

Im Bungalow in Essen wartet derweil Cäcilie Albrecht auf ihren Ehemann. Gewöhnlich ruft er sie immer an, wenn er vom Büro losfährt. Doch an diesem Abend meldet er sich nicht. Sie ruft die Polizei, fragt nach, ob ihr Mann in einen Unfall verwickelt sein könnte. Die Beamten verneinen. Dann meldet sich gegen Mitternacht ein Anrufer bei der Ehefrau und sagt: »Wir haben Ihren Mann entführt.« Weder Polizei noch Presse sollen eingeschaltet werden: »Sie hören von uns.« Cäcilie Albrecht ruft ihren Familienanwalt an, der alarmiert umgehend die Polizei.

Die Entführer fahren mit ihrem Opfer am nächsten Morgen in die Düsseldorfer Innenstadt. Dort im vierten Stock ist Ollenburgs Kanzlei. Theo Albrecht wird in ein Hinterzimmer gebracht. Die Täter stellen einen großen Schrank, der bis zur Decke reicht, quer. Zwischen Schrank und Wand hängen sie einen Vorhang. Hier muss er nun die nächsten 17 Tage ausharren.

Fast täglich Briefe an Ehefrau Cilly

In dem Hinterzimmer beginnt das ungewisse Warten für Theo Albrecht. Die Entführer zwingen ihn, Briefe zu schreiben, vor allem an seine Frau, die er Cilly nennt:

Liebe Cilly, ich möchte dir hiermit besonders bestätigen, dass es mir gut geht und dass ich gut behandelt werde. Ich bitte dich, auf keinen Fall die Polizei zu verständigen und auch nichts zu veröffentlichen. Die Bedingungen meiner Freilassung werde ich dir noch berichten oder mich mit unserem Anwalt in Verbindung setzen. Viele herzliche Grüße, dein Theo.[6]

Theo Albrecht darf seiner Frau fast täglich schreiben. Immer wieder geht es darum, sein Leben nicht zu gefährden. Einmal bittet er sie, »die Gäste am Freitag mit einem glaubwürdigen Grund« auszuladen: »Krankheit, Reise«.[7] Auch an die Polizei und den NRW-Ministerpräsidenten muss er Briefe schreiben. Aber selbst nach Tagen haben die Täter immer noch keine Forderungen gestellt oder eine Lösegeldsumme genannt. Das Nervenspiel geht weiter.

Nach einer Woche in Geiselhaft geht Theo Albrecht in die Offensive, bietet von sich aus Geld an. Es beginnen die Verhandlungen zwischen dem Aldi-Chef und den Entführern. Albrecht stellt zunächst 100 000 Mark in Aussicht. Die Täter lachen über die Summe. Als sie bei 500 000 Mark angelangt sind, soll Ollenburg gesagt haben: »Wissen Sie was, diese Zahl lässt sich hervorragend multiplizieren.« So sind sie dann auf die Summe von sieben Millionen Mark gekommen. Der Geschäftsmann, der für seine harten Preisgespräche mit den Aldi-Lieferanten bekannt ist, handelt seine eigene Lösegeldsumme aus.[8]

Am siebten Tag der Entführung erhält die Familie per Brief endlich konkrete Instruktionen: eine Million in 100-D-Mark-Scheinen, drei Millionen in 500-D-Mark-Scheinen, drei Millionen in 1000-D-Mark-Scheinen. Daneben fordern die Täter nach der Lösegeldübergabe einen Vorsprung von 24 Stunden.

Zehn Tage lang wird der Kidnapping-Fall geheim gehalten. Dann geht die Essener Polizei, die eine 160-köpfige Sonderkommission eingerichtet hat, an die Öffentlichkeit und hebt die Nachrichtensperre auf. Der mediale Sturm beginnt, die Zeitungen bringen Sonderausgaben heraus. Rund um die Uhr belagern nun Reporter die Villa der Albrechts in Essen-Bredeney.

Die Familie ist erschüttert über die Mutmaßungen der Journalisten, sieht dadurch das Leben von Theo Albrecht gefährdet. Über die populäre Fernsehsendung »Aktenzeichen XY« richten die Albrechts deshalb eine Botschaft an die Entführer: »Bitte bleiben Sie weiterhin mit dem Vermittler in Verbindung. Dieser wird niemanden über den Übergabeort und Zeit unterrichten. Nach Rückgabe des Entführten soll Theo Albrecht 24 Stunden bei dem Vermittler verbleiben. Dadurch sind Verfolgungsmaßnahmen für diese 24 Stunden ausgeschlossen. Bitte handeln Sie bald.«

24 Stunden Vorsprung für die Entführer

Als unabhängiger Vermittler fungiert der Essener Ruhrbischof Franz Hengsbach. Theos Bruder schaltet sich nun direkt in die Verhandlungen mit den Entführern ein und vereinbart in einem Telefonat, dass die Geldübergabe am 16. Dezember 1971 über die Bühne gehen soll. Auf einem Feldweg bei Ratingen-Breitscheid übergibt Hengsbach die sieben Millionen Mark in zwei Koffern. Im Gegenzug kommt Theo Albrecht frei. Wie vereinbart, erhalten Ollenburg und Kron 24 Stunden Vorsprung. So lange bleibt Theo Albrecht in der Obhut des Bischofs. Dann darf er endlich zu seiner Familie zurückkehren.

Vor der weißen Villa in Essen-Bredeney warten schon die Reporter auf ihn. Er gelangt unbemerkt über den Zaun im Garten ins Haus. Dann geht er zu den wartenden Journalisten. Theo Albrecht gibt das erste und einzige Interview seines Lebens. Er sagt:

Ich bin gesund. Ich bin natürlich sehr, sehr müde. Es hat mich ziemlich strapaziert. Ich habe die Hoffnung nicht untergehen lassen. Ich habe praktisch kaum mit den Entführern gesprochen. Ich muss zur Ruhe kommen. Ob ich jedoch in Urlaub fahren kann, weiß ich noch nicht. Genauso wenig weiß ich, wann ich wieder in meine Firma komme.[9]

Nur wenige Tage nach der Freilassung wird der erste Kidnapper geschnappt. Paul Kron alias »Diamanten-Paule« bezahlt auf einen Schlag 1500 Mark Schulden. Und zwar mit drei 500-Mark-Scheinen, die laut den registrierten Seriennummern aus dem Lösegeld stammen. Nach acht Tagen in Untersuchungshaft gesteht Kron das Verbrechen, nennt als Auftraggeber den Rechtsanwalt Hans-Joachim Ollenburg. Sofort eilen die Beamten in seine Kanzlei. Doch Ollenburg hat sich ins Ausland abgesetzt. Die ausgelöste Großfahndung ist erfolgreich. Zwei Tage später wird Ollenburg in Mexiko festgenommen und umgehend nach Deutschland ausgeliefert.

Die beiden Entführer werden später zu jeweils achteinhalb Jahren Haft verurteilt. Nur knapp die Hälfte des Lösegelds kann sichergestellt werden. Von rund 3,5 Millionen Mark fehlt bis heute jede Spur.

Theo Albrecht, kühl kalkulierender Kaufmann, will die Lösegeldsumme als Betriebsausgabe von der Steuer absetzen. Mit seiner Klage scheitert er vor dem Finanzgericht Münster. Die Richter erklären die Entführung zur Privatsache, sodass nur der verschwundene Teil des Lösegelds als außergewöhnliche Belastung bei der Steuererklärung geltend gemacht werden kann.

Die 17 Tage der Entführung am Ende des Jahres 1971 prägen fortan das Leben von Theo Albrecht und seiner Familie. Schon vorher lebten die Albrechts zurückgezogen, mieden öffentliche Auftritte. Doch nun schotten sie sich komplett ab, rüsten massiv bei der Sicherheit auf. Auch mit der Presse, die sie so belagert hat, wollen sie nichts mehr zu tun haben. Das gilt ebenso für das Unternehmen. Die Mitarbeiter sind zu absoluter Diskretion verpflichtet. Bis heute ist es bei Aldi verpönt, dass Topmanager mit Journalisten reden oder gar Interviews geben. Immerhin gibt es mittlerweile eine Pressestelle.

Theo Albrecht macht noch aus seinem Tod ein Geheimnis

Theo Albrecht schafft es über Jahrzehnte, dass aus seinem Unternehmen nichts nach außen dringt. Selbst aus seinem Tod macht er am Ende noch ein Geheimnis. Er stirbt am 24. Juli 2010 in einem Essener Krankenhaus. Doch von dem Ableben des Kaufmanns, der eine der beeindruckendsten deutschen Erfolgsgeschichten geschrieben hat, erfährt die Öffentlichkeit tagelang nichts. Vier Tage nach seinem Tod findet die Trauerfeier auf dem Friedhof im Stadtteil Bredeney statt. Im engsten Kreis, versteht sich. Die Familien von Theo und Karl, ein paar Vertraute, insgesamt rund 30 Gäste. Erst danach bestätigt das Unternehmen offiziell den Tod von Theo Albrecht, informiert Mitarbeiter und Öffentlichkeit.

Der Patriarch hinterlässt zwei Söhne, Theo junior und den zwei Jahre jüngeren Berthold. Sie übernehmen nun die Regie bei Aldi Nord. Wenige Monate nach dem Tod des Vaters stellen sie die Weichen für die Zukunft. Am 23. Dezember 2010 machen sie Marc Heußinger zum neuen Vorstandschef, läuten den Generationswechsel an der Spitze des Unternehmens ein. Heußinger löst den langjährigen Chef Hartmuth Wiesemann ab, der bereits als 14-Jähriger bei Aldi anfing. Theo und Berthold Albrecht hatten lange zuvor entschieden, nicht selbst operativ bei Aldi Nord tätig zu sein. Das sollten familienfremde Manager übernehmen. Die beiden Brüder sitzen im Verwaltungsrat, kontrollieren den Vorstand.

An diesem 23. Dezember 2010 fällt noch eine weitere wichtige Entscheidung, die später eine wesentliche Rolle im Familienstreit spielen wird. Die Brüder ändern die Satzungen der Familienstiftungen. Was wie ein unspektakulärer bürokratischer Akt wirkt, wird die Milliardärsfamilie später endgültig entzweien. Denn die Stiftungen sind das Rückgrat von Aldi Nord, dort steckt auch der sagenhafte Reichtum des Clans, dorthin fließen die jährlichen Gewinne.

Gründer Theo senior wollte mit dem Modell der Stiftungen sein Lebenswerk bewahren und vor einer Übernahme schützen. Gemeinsam mit seiner Frau Cäcilie gründete er 1973 die »Theo Albrecht-Stiftung«, benannte sie später in Markus-Stiftung um. Auch die beiden weiteren Stiftungen erhielten biblische Namen: Lukas und Jakobus. Sie wurden von den Söhnen Theo und Berthold gegründet. Alle haben ihren Sitz im schleswig-holsteinischen Nortorf, offenbar aus steuerlichen Gründen. Die Anteile von Aldi Nord wurden auf die drei Stiftungen verteilt. Die Markus-Stiftung hält mit 61 Prozent die Mehrheit der Anteile, die beiden anderen verfügen jeweils über 19,5 Prozent.

Die Stiftungen sind nicht nur unfassbar reich, sondern auch überaus mächtig. Wichtige Konzernentscheidungen müssen alle drei Stiftungen einstimmig absegnen, wie etwa Investitionen in Auslandsmärkte oder Vertragsverlängerungen von Topmanagern. Das wichtigste Gremium ist der Vorstand der Stiftungen, der auch die Ausschüttungen an Familienmitglieder festlegt. Dort hatte bis zur Satzungsänderung die Familie die Mehrheit der Sitze.

Das ändert sich nun: Jeweils zwei Familienmitglieder und zwei Aldi-Vertreter sollen fortan im Vorstand einen Sitz erhalten. Eine Pattsituation, damit die künftigen Generationen dem Unternehmen nicht schaden. Zu groß ist die Angst, die Erben könnten nicht im Aldi-Interesse handeln oder schlicht überfordert sein. Theo und Berthold einigen sich auch darauf, dass sich sämtliche Nachfahren aus dem Tagesgeschäft bei Aldi Nord heraushalten sollen.

Das steht im Testament von Berthold Albrecht

Nur gut zwei Jahre nach seinem Vater stirbt auch Berthold Albrecht. Er ist erst 58 Jahre alt. Mit Ehefrau Babette hat er fünf Kinder. Die Vierlinge und eine jüngere Tochter sind um die 20 Jahre alt. Nach Bertholds Tod im November 2012 beginnt der Familienkrieg, der aber erst Jahre später bekannt wird. Am Tag nach der Beerdigung verliest Familienanwalt Emil Huber das Testament, das die Erben nicht kennen. Sie sollen schockiert gewesen sein, weil der Vater den Kindern den Zugriff aufs Vermögen für lange Zeit verwehren wollte. Aus den Auszügen aus dem 21-seitigen Testament, das Berthold am 2. Juni 2008 verfasste, geht hervor, warum.

Ich ordne Testamentsvollstreckung durch den Vorstand der Jakobus-Stiftung an. Der Testamentsvollstrecker hat den Nachlass insgesamt so lange zu verwalten, bis das jüngste meiner Kinder das 38. Lebensjahr vollendet hat.

Unverzüglich nach meinem Tod erhält meine Ehefrau als Destinatärin der Jakobus-Stiftung einen einmaligen Betrag von 1 000 000 Euro. Danach erhält meine Ehefrau jährliche Zuwendungen in Höhe von jeweils 1 000 000 Euro, zahlbar in jeweils gleichen monatlichen Raten.

Jedes meiner Kinder erhält als Destinatär der Jakobus-Stiftung jeweils nach Vollendung seines 32. Lebensjahres für seine finanzielle Grundabsicherung jährliche Zuwendungen jeweils in Höhe von 250 000 Euro. (...) Die Zahlung an meine Kinder steht unter dem Vorbehalt einer familiär verträglichen, soliden Lebensführung, über welche der Stiftungsvorstand laufend die Beurteilung meiner Ehefrau einholen muss.

Von der vorstehenden Regelung unberührt bleibt die Entscheidung des Stiftungsvorstandes, jederzeit gemäß §2 Satz 1 der Satzung der Jakobus-Stiftung über vorstehenden Betrag hinaus Ausschüttungen an meine Kinder als Destinatäre vorzunehmen, wenn dies zu ihrer Unterstützung angezeigt/angebracht ist.

Im Wege der Auflage schließe ich für alle zwischen meinen Erben bzw. Vermächtnisnehmern und dem Vorstand der Jakobus-Stiftung sich etwa ergebenden Streitigkeiten, die ihren Grund in diesem Testament haben oder mit dessen Vollstreckung in Zusammenhang stehen, ausdrücklich den Rechtsweg aus. (...) Etwaige Streitigkeiten sollen stattdessen ausschließlich durch einen Schiedsrichter beigelegt werden. (...) Zum Schiedsrichter bestimme ich das jeweilige Vorstandsmitglied der Markus-Stiftung. (...) Die Entscheidung des Schiedsrichters ist endgültig.[10]

Mitglieder der Familie Albrecht sollen Vorbilder sein

Berthold Albrecht hatte Vorsorge getroffen, damit seine Kinder nicht schon in zu jungen Jahren ans große Geld kommen. Vor dieser Situation fürchten sich viele Menschen mit großem Vermögen. Zudem wollte er unbedingt einen Familienstreit vermeiden. Doch das Testament stößt bei seinen Erben auf wenig Begeisterung. Als Testamentsvollstrecker ist Rechtsanwalt Huber vorgesehen, seit 1974 in Diensten von Aldi und enger Vertrauter der Familie. Die Erben trauen ihm jedoch nicht. Einige Wochen nach Bertholds Tod legt Huber ihnen eine Vereinbarung vor, ein »Memorandum of Understanding«. Darin finden sich folgende Passagen:

Der Lebensstandard der Familie in den letzten Jahren bis zum Tod von Herrn Berthold Albrecht soll auch in Zukunft fortgeführt werden. (...) Zugunsten der Erben wurde insoweit bereits vereinbart, dass diese in den nächsten 2 Jahren allmonatlich jeweils einen Betrag von 7500 Euro zur Begleichung ihrer kompletten Lebenshaltungskosten (mit Ausnahme der Kosten für Auto, Wohnung, Studienkosten einschließlich Auslandssemester) bekommen sollen.

ALDI steht für das Leistungsprinzip – nicht nur gegenüber den Kunden, sondern auch bei den eigenen Mitarbeitern, denen häufig Höchstleistungen abverlangt werden. Die Albrecht-Familienmitglieder dürfen vor diesem Hintergrund öffentlich kein Verhalten zeigen, das sich mit dem Leistungsgedanken nicht vereinbaren lässt – sonst beschädigen sie das Unternehmens-Image. Denn eine mediale Polemik, dass die Familienmitglieder es sich nur deswegen »gut« gehen lassen können, weil die Arbeitnehmer des Unternehmens oder die Arbeitnehmer von Lieferanten nicht ordnungsgemäß bezahlt werden, führt beim Unternehmen ggf. zu einer nachhaltigen Beschädigung des Images und letztlich auch zu Umsatzeinbußen.

Bei allem ist ohnehin zu bedenken, dass die Mitglieder der Familie Albrecht durch ihr Verhalten die Vorstellungen der Öffentlichkeit über das Unternehmen prägend mitgestalten. Daher müssen die Familienmitglieder den Anforderungen eines guten Vorbildes genügen – was nicht nur die Sympathiewerte des Unternehmens positiv beeinflusst, sondern das Unternehmen als Anbieter und auch als Arbeitgeber attraktiv bleiben lässt. Es ist daher Aufgabe der Erben und ihrer Mutter gemeinsam, untereinander dafür Sorge zu tragen, dass diese Kriterien für die eigene Lebensführung von einem jeden beachtet und etwaige Fehlentwicklungen sofort untereinander zur Sprache gebracht und in gemeinsamer Anstrengung abgestellt werden.[11]

Die Erben sind empört über diese Passagen, fühlen sich schlecht behandelt und bevormundet, unterschreiben die Vereinbarung nicht. Sie lehnen zudem Huber als Testamentsvollstrecker ab und engagieren den Düsseldorfer Anwalt Andreas Urban als Generalbevollmächtigten. Urban geht in die Gegenoffensive, verfasst eine neue Vereinbarung. Demnach wollen sich die Erben »von niemandem bevormunden lassen« und gar keinen Testamentsvollstrecker haben. Die fünf Kinder sollen »bei Bedarf« finanzielle Zuwendungen erhalten, »z. B. zum Erwerb von Immobilien, Existenzgründungen, Investitionen in Unternehmen oder solide Finanzanlagen«. Schließlich hätten sich die Kinder in den vergangenen Jahren »sehr positiv entwickelt«.

Die Erben haben mit Mitte zwanzig Millionen auf dem Konto
Theo Albrecht und seine Mutter Cilly werten das als Verrat am
Testament von Berthold. Es wird jetzt immer emotionaler in dem
Familienkonflikt, Gesprächsversuche scheitern. Der Streit eskaliert weiter, als es um den Vorstand der Jakobus-Stiftung geht. Dort
sitzen nach Bertholds Tod zunächst zwei Töchter, Anwalt Emil
Huber und Aldi-Nord-Chef Marc Heußinger. Also zwei Familienmitglieder, zwei Aldi-Vertreter. Doch dann berufen Bertholds
Erben Anwalt Huber ab, es folgen böse Briefe. Heußinger legt
kurz darauf entnervt sein Amt in der Stiftung nieder. Die Töchter bestimmen ihren Anwalt Urban als neues Vorstandsmitglied,
haben nun die Macht in der milliardenschweren Jakobus-Stiftung
übernommen.

Kurz vor Weihnachten 2013, also etwa ein Jahr nach Bertholds
Tod, genehmigen sich die Nachfahren die erste Ausschüttung in
Höhe von 25 Millionen Euro. Davon fließen zehn Millionen Euro
an Witwe Babette, jeweils drei Millionen an die fünf Kinder, die
Steuern zahlt die Stiftung. Auch in den Jahren 2014 und 2015 werden jeweils 25 Millionen Euro überwiesen, in den Jahren darauf
erfolgen weitere Ausschüttungen. Die fünf Kinder, die der Vater
möglichst lange vom großen Erbe fernhalten wollte und die auf
eigenen Beinen stehen sollten, sind bereits mit Mitte zwanzig
Multimillionäre.

Theo Albrecht sieht das Familienunternehmen in Gefahr. Am
19. August 2015 schreibt er:

*Meine Eltern, mein Bruder und ich waren uns immer einig, dass unser
Unternehmen in unserer Familie an »Position 1« steht und alles andere
dieser »Position 1« unterzuordnen ist. Nach dem Tod meines Vaters
und meines Bruders wird diese Sichtweise nur noch von meiner Mutter
und mir gelebt. Meine Schwägerin und ihre Kinder sehen sich stattdessen selbst an »Position 1«. Unser Unternehmen hat in ihren Augen
die Aufgabe, immer das Bargeldvermögen der Jakobus-Stiftung auf-
zufüllen, das dann zur freien Verfügung meiner Schwägerin und ihrer*

Kinder stehen soll. Das Unternehmen muss aber für die ganze Eigen-
tümer-Familie auch in Zukunft an »Position 1« stehen, wenn es nicht
untergehen soll. Alle Mitglieder der Eigentümer-Familie müssen sich
dem Unternehmen unterordnen. Dafür will ich mich weiter einsetzen.
Dies bin ich meinem verstorbenen Vater, meinem verstorbenen Bruder
und meiner Mutter schuldig.[12]

Kampf mit allen Mitteln vor Gericht

Die Aldi-Fehde landet im Jahr 2016 erstmals vor Gericht. Es geht
vor allem darum, ob die Satzungsänderung in der Jakobus-Stiftung
vom 23. Dezember 2010 rechtens ist. Die Erben wollen wieder zur
alten Regelung zurückkehren, bei der die Familie im Vorstand eine
Mehrheit hat. In dem Verfahren vor dem Verwaltungsgericht spielt
plötzlich die Krankenakte von Berthold Albrecht eine Rolle. Seine
Nachfahren behaupten, dass er zum Zeitpunkt der Satzungsänderung geschäftsunfähig war, also nicht Herr seiner Sinne.

Bislang war nicht bekannt geworden, warum Berthold Albrecht
bereits im Alter von 58 Jahren starb. Das ändert nun ausgerechnet
seine Witwe: Sie bezeichnet ihn als »schweren Alkoholiker«, nennt
Details seines Leidens und die Todesursache. Der hässliche Familienkrieg hat eine neue Dimension erreicht. Folgendes schreibt
Babette Albrecht in ihrer Erklärung, die vom 4. Januar 2016 datiert:

Mein Mann war leider seit vielen Jahren alkoholkrank und litt auf-
grund dessen an einem schweren Krankheitsbild. So hatte sich u. a. eine
nicht mehr umkehrbare Leberzirrhose eingestellt. Da bereits zuvor alle
Versuche, die Alkoholkrankheit durch Aufenthalte in Entzugskliniken
etc. zu heilen, erfolglos und die schweren organischen Schäden nicht
umkehrbar waren, musste leider ab ca. 2009 davon ausgegangen werden,
dass mein Mann in absehbarem Zeitraum an seiner Alkoholkrankheit
sterben würde. So ist es dann leider im Jahr 2012 auch geschehen. Todes-
ursache war ein durch die Alkoholkrankheit hervorgerufenes multiples
Organversagen. Die Alkoholkrankheit hatte leider bei meinem Mann
in den letzten Jahren auch zu einer Persönlichkeitsveränderung und

Beeinträchtigung seiner intellektuellen Fähigkeiten und insbesondere seiner Kritikfähigkeit geführt.

Dann kommt die Witwe zu den Vorgängen vom 23. Dezember 2010, dem Tag der Satzungsänderung:

Mein Mann war fast den ganzen Dezember bis unmittelbar vor dem 23. Dezember 2010 und auch wieder ab dem 10. Januar 2011 in stationärer Behandlung in zwei Krankenhäusern und musste sich mehrfach Operationen unterziehen. (...) Er wurde erst wenige Tage vor dem 23. Dezember 2010 aus der stationären Behandlung entlassen und musste am 10. Januar 2011 erneut in stationäre Behandlung.

Mein Mann, der krankheitsbedingt nachts kaum schlafen konnte, hatte die Angewohnheit, nachts aufgrund seiner Alkoholkrankheit eine hohe Dosis von Alkohol und Beruhigungsmitteln zu sich zu nehmen. Am Morgen des 23. Dezember 2010 erklärte er plötzlich, dass er in die Firma müsse. Dort haben er und Herr Dr. Heußinger dann die Satzungsänderung unterzeichnet. Nach meiner Einschätzung war er an diesem Vormittag krankheitsbedingt und aufgrund der genommenen Medikamente und des Alkohols nicht geschäftsfähig.

Er dürfte aufgrund seines Zustandes keineswegs in der Lage gewesen sein, die Tragweite und die Bedeutung seiner Unterschrift unter dem Satzungsänderungsdokument zu erkennen. Er hat mir nämlich seit ca. 2010 im Zustand klaren Verstandes wiederholt gesagt, dass er beabsichtige, die Rechtsstellung der Kinder im Testament und in der Stiftung deutlich zu verbessern und nicht zu verschlechtern.[13]

Entsetzen über den Tabubruch

Die Albrechts, die stets größten Wert auf Diskretion legen, sind über die Ausführungen der Witwe entsetzt. Damit haben Cilly und Theo Albrecht nicht gerechnet. Vom Verrat an den Aldi-Werten, einem unverzeihlichen Tabubruch und jeder Menge Lügen ist die Rede.

Dem Gericht legen hochrangige Aldi-Manager eidesstattliche Erklärungen vor. Demnach hätten sie keinerlei Zweifel an Bertholds Geschäftsfähigkeit gehabt. Laut ihren Darstellungen wurde die Satzungsänderung in den Wochen zuvor mehrmals mit Berthold Albrecht erörtert. Er habe genau gewusst, was er da unterschreibe.

Mit der angeblichen Geschäftsunfähigkeit kommen die Erben vor Gericht nicht durch. Im Dezember 2017 fällt das Oberverwaltungsgericht (OVG) Schleswig das Urteil: Die Satzungsänderung ist rechtens, Bertholds Letzter Wille bleibt bestehen.[14]

Bis zuletzt wurde mit allen Mitteln gekämpft. Kurz vor der entscheidenden Verhandlung reichten die Erben-Anwälte einen Schriftsatz ein, der detailliert die Alkoholkrankheit von Berthold Albrecht beschrieb. Zudem wurden zwei angebliche Alkohol-Unfälle von ihm aufgeführt. Die Anwälte verlangten »die Einholung eines Gutachtens eines vom Gericht zu bestellenden Sachverständigen, dem die vollständigen Krankenunterlagen zur Verfügung gestellt werden«. Doch die OVG-Richter beendeten den eskalierenden Familienstreit und lehnten es ab, die Geschäftsfähigkeit des toten Milliardärs zu untersuchen.

Abrechnung mit den Erben im Testament

Cilly Albrecht stirbt im November 2018 im Alter von 91 Jahren. Zusammen mit Ehemann Theo hat sie das Discounter-Imperium aufgebaut, saß bis zuletzt im Vorstand der Markus-Stiftung. Den Posten wird Sohn Theo übernehmen, später dann dessen Tochter. Aldi war Cillys Leben. Das wird auch in ihrem Letzten Willen deutlich. Denn in ihrem Testament rechnet sie mit ihren Enkeln ab:

Berthold selbst hatte zu seinen Lebzeiten bereits erhebliche Zweifel an der Eignung seiner Kinder, das Lebenswerk meines Mannes, der mit meiner Unterstützung die Unternehmensgruppe ALDI Nord aufgebaut hat, zu achten und diesem respektvoll und in der Verantwortung für Tausende von Mitarbeitern zu dienen. (...) Anstatt den Willen meines Sohnes Berthold, der in seinem Testament und in der Satzung der Jakobus-Stiftung zum Ausdruck kommt, respektvoll umzusetzen, haben

*seine Ehefrau und seine Kinder mithilfe ihres Anwaltes nicht nur die von
Berthold angeordnete Testamentsvollstreckung aus dem Weg geräumt,
sondern auch die Wahrnehmung der Interessen des Unternehmens im
Vorstand der Stiftung unmöglich gemacht.*

   *Die ungeheuerlichen Vorgänge in der Jakobus-Stiftung, die die
Befürchtungen von Berthold noch weit übersteigen, haben mich viele
schlaflose Nächte gekostet. (...) Allein die Vorstellung, dass Bertholds
Kinder (...) als Vorstandsmitglieder der Markus-Stiftung irgendwann
einmal mit der Markus-Stiftung so verfahren könnten wie mit der Jakobus-Stiftung, erfüllt mich mit großer Traurigkeit und Sorge. (...) Das
Verhalten der Kinder von Berthold in der Jakobus-Stiftung stellt genau
eine solche Situation dar, in der auch mein Mann gehandelt und nicht
weiter darauf vertraut hätte, dass sich die Sache von allein regeln wird.
Denn Bertholds Kinder (...) lassen sich selbst durch die Stiftungsaufsicht
nicht aufhalten, sondern handeln selbstherrlich und eigenmächtig. (...)
Ihr Verhalten zeigt, dass sie nur sich selbst bedienen wollen.*

Dann äußert sich Cilly Albrecht in dem Testament noch zu der
Tochter von Theo, die mittlerweile volljährig ist:

*Hingegen freue ich mich über die Entwicklung meiner Enkelin (...), die
durch hervorragende schulische Leistungen und durch ihr bescheidenes,
aber gleichwohl zielstrebiges Auftreten bereits heute eine gute Veranla-
gung in ihrer Entwicklung zeigt. Insbesondere ist durch ihren Vater –
meinen Sohn Theo – eine angemessene und in Zurückhaltung aus-
geübte Lebensführung gewährleistet. Dies wird ihr durch ihren Vater
beispielgebend vorgelebt. (...) Auf Grund ihrer sich positiv entwickelnden
Persönlichkeit halte ich meine Enkelin (...) bereits mit dem Eintritt ihrer
Volljährigkeit und nicht erst mit der Vollendung des 30. Lebensjahres für
das Vorstandsamt für geeignet.*[15]

Schwiegertochter Babette und die fünf anderen Enkel, so hatte es
Cilly vorher angeordnet, waren von der Trauerfeier Ende November
2018 in Essen ausgeschlossen.

**Eine weitere Eskalation: Bertholds Sohn
stellt Strafanzeige gegen seine Schwestern**

Kiel, im August 2020. Bei der Staatsanwaltschaft geht eine brisante
Strafanzeige ein. Sie richtet sich gegen drei Töchter von Babette
Albrecht sowie deren Anwalt Andreas Urban. Der Vorwurf lautet
Untreue beziehungsweise Beihilfe zur Untreue. Die Beschuldigten
bestreiten die Untreuevorwürfe. Es geht um Ausschüttungen der
Jakobus-Stiftung. Nach dem Urteilsspruch in Schleswig haben die
Erben wieder in die Kasse gegriffen. Im Winter 2019/2020 geneh-
migten sie sich die bislang höchste Auszahlung: 50 Millionen Euro
flossen auf die Konten der Erben. Die fälligen Steuern zahlte wie
immer die Stiftung ans Finanzamt.

Aber anders als bei den früheren Ausschüttungen ging einer
diesmal leer aus: Nicolay Albrecht bekam nichts von den Millionen
ab. Er ist der einzige Sohn von Babette und Berthold Albrecht und
einer der Vierlinge. Und er ist auch derjenige, der die Strafanzeige
in Kiel erstattet. Bei den Albrechts tobt also ein weiterer Familienstreit, diesmal zwischen Nicolay auf der einen sowie seiner Mutter
Babette und den Schwestern auf der anderen Seite. Vorhang auf für
den nächsten Akt im Aldi-Drama!

Am 27. Februar 1990 bringt Babette Albrecht Vierlinge zur
Welt, drei Mädchen und einen Jungen – Nicolay Albrecht. Zwei
Jahre später wird eine weitere Schwester geboren.

Nicolays Geschichte können wir anhand von Justiz-Dokumen-
ten erzählen: Er wächst mit seinen vier Schwestern, einer dominan-
ten Mutter und dem alkoholkranken Vater Berthold auf. Er hat ein
schwieriges Verhältnis zu seinem Vater, wie er später seinen The-
rapeuten erzählt. Als einziger Sohn sei er in den Augen des Vaters
eher eine Enttäuschung gewesen. Nicolay verlässt das Gymnasium
ohne Abschluss, bricht eine Banklehre ab.

Als der Vater stirbt und die Familienfehde mit Onkel Theo
beginnt, geht es Nicolay zusehends schlechter. Er sei in ein riesi-
ges Loch gefallen, wird er später den Ärzten berichten. Mit seiner
Mutter und den Schwestern gibt es häufig Streit, er löst sich immer

stärker von ihnen ab. Wie schlecht das Verhältnis zur Mutter ist, zeigt folgender Vorgang: Nicolay klingelt an der Haustür der Mutter in Essen – und die alarmiert umgehend die Polizei.

In dieser Zeit gerät Nicolay an falsche Freunde, die es vor allem auf sein Geld abgesehen haben. Im Herbst 2019 folgt der Absturz: In einem Hotel am Tegernsee bedroht er einen Gast und wird per Gerichtsbeschluss in der geschlossenen Abteilung eines psychiatrischen Krankenhauses in Bayern untergebracht. Eine Gutachterin stellt fest, er leide unter paranoider Schizophrenie, sei nicht geschäftsfähig. Nicolay steht nun unter der Betreuung der Schwestern – mit der Folge, dass er kurz darauf bei der 50-Millionen-Ausschüttung aus der Stiftung leer ausgeht.

Nicolay fühlt sich von seiner Familie verraten, hat keinen Zugriff aufs Vermögen, sitzt in der Klinik fest. Er kommt mit zwei Anwälten der Kanzlei Noerr in Kontakt, fasst Vertrauen zu ihnen. Die Anwälte beauftragen zwei Gutachter damit, den Zustand ihres Mandanten zu beurteilen. Eine davon ist Hanna Ziegert, Fachärztin für Neurologie und Psychiatrie in München. Ziegerts Einschätzung brachte einst Gustl Mollath in die Freiheit, dessen Fall heute als spektakulärer Justizirrtum feststeht – sieben Jahre war er zu Unrecht im Maßregelvollzug verwahrt worden.

Im Fall Nicolay Albrecht kommt Ziegert zu dem Fazit: Sie habe keine Anhaltspunkte dafür gefunden, dass er geschäftsunfähig sein könnte. Auch das zweite Gutachten, erstellt von Bernhard Janta, Chefarzt der bayerischen Klinik in Tutzing, ergibt: Zwar liege bei Nicolay eine psychische Störung vor, doch seine freie Willensbildung und Geschäftsfähigkeit stelle dies nicht infrage.

Nicolay widerruft die Vorsorge- und Betreuungsvollmachten für seine Schwestern. Doch der Anwalt der Familie, Andreas Urban, behauptet weiter: Nicolay sei so krank, dass er nicht geschäftsfähig sei. Schon bei Berthold Albrecht hatte die Familie auf die Geschäftsunfähigkeit gepocht, allerdings erst nach dessen Tod. Auch der Fall seines Sohnes landet vor Gericht. Nicolay will sich, heißt es aus seinem Umfeld, bald endgültig von seiner Familie lossagen.[16]

Nach fast zwei Jahren stellt die Staatsanwaltschaft Düsseldorf, bei der die Klage wegen Untreue inzwischen gelandet war, die Ermittlungen gegen die Aldi-Schwestern im August 2022 schließlich ein. »Aus unserer Sicht liegt hier keine Strafbarkeit vor«, sagte ein Sprecher der Staatsanwaltschaft. Die Stiftungssatzung sehe zwar die Förderung des Aldi-Konzerns vor, andererseits solle die Stiftung den Erben aber einen angemessenen Lebensunterhalt sichern. Wie hoch der konkret ausfallen solle, sei nicht definiert, weshalb die Staatsanwaltschaft hier keinen Schaden und auch keine Untreue erkennen konnte.

Verschwindet der Aldi-Äquator nach mehr als 60 Jahren?

Aus dem Nichts hatte einst Theo senior einen milliardenschweren Giganten erschaffen, den jeder in Deutschland kennt. Er predigte stets Zurückhaltung im Auftreten, Bescheidenheit im Lebensstil, Verantwortung gegenüber dem Unternehmen. Seine Erben haben sich in den vergangenen zehn Jahren im Kampf um Macht und Milliarden bis aufs Blut bekriegt.

Inzwischen stehen die Zeichen nicht mehr auf Krieg. Denn Aldi Süd, die skandalfreie Hälfte des Handelsriesen, drängt auf eine Wiedervereinigung. Hinter den Kulissen rücken schon seit Längerem diverse Bereiche von Aldi Nord und Süd immer enger zusammen. In den Schubladen liegen bereits konkrete Pläne für einen Zusammenschluss. Das wäre dann das Ende des Aldi-Äquators, den die Gründer Karl und Theo Albrecht einst gezogen haben.

Als Bedingung für das vereinigte Aldi-Reich hat der Süden allerdings eines klargemacht: Schluss mit dem Familienstreit im Norden. Und so soll es bereits erste Treffen zwischen Theo Albrecht und seinen Nichten gegeben haben, heißt es. Von ernsthaften Friedensbemühungen ist dabei die Rede. Womöglich geht die Aldi-Story doch noch gut aus.

Schwarze Kassen bei Siemens

Manager des Industriekonzerns verteilen weltweit Milliarden-Schmiergelder an korrupte Beamte und Geschäftspartner

Heinz K. ist angespannt. In seinem Kofferraum liegen 1,2 Millionen Mark Bargeld. Er hat die Summe bei der Deutschen Bank am Münchner Promenadeplatz abgehoben, jetzt muss er die Geldkoffer, gefüllt mit Scheinen, über die Grenze nach Salzburg schmuggeln. Dieser Teil der Transaktion ist heikel. Wie immer will er das Schwarzgeld auf ein Konto bei der Raiffeisenbank einzahlen. Obwohl er den heimlichen Geldtransport regelmäßig abwickelt, spürt er jedes Mal, wie das Adrenalin durch seinen Körper rast. Beim Grenzübergang ist er maximal konzentriert, er darf sich nicht erwischen lassen.

Der Mann ist Buchhalter bei Siemens in der Festnetzsparte ICN. Er ist eine Schlüsselfigur im größten Schmiergeldskandal der deutschen Nachkriegszeit. Jahrelang transferierte er Geld aus schwarzen Kassen für die Firma. Da Controller nun mal mit deutscher Gründlichkeit agieren, bewahrt er sämtliche Belege über seine Geldtransporte sauber auf und heftet sie ab. Man kann ja nie wissen.

Die Polizei freut sich später über diese Genauigkeit, mit der Heinz K. die Straftaten dokumentiert.[1] Denn sie ermöglicht den Ermittlern, nachzuzeichnen, wie der Industriekonzern Siemens zwischen 1994 und 2006 mindestens 1,3 Milliarden Euro Schmiergeld an korrupte Regierungen, Firmen und Beamte weltweit zahlte. Mithilfe der Bestechung kann Siemens Großaufträge in Griechenland, Nigeria, Italien, Iran, Russland und weiteren Staaten abschließen.

Die Bilanz der Siemens-Schmiergeldaffäre: über 330 dubiose Projekte, 4300 illegale Zahlungen, über 300 Beschuldigte und Kosten von insgesamt 2,9 Milliarden Euro. Es ist der größte und teuerste Korruptionsfall der deutschen Nachkriegsgeschichte, die Spur führt bis in die obersten Führungsetagen bei Siemens.

Heinz K. spielt eine Hauptrolle bei der Aufarbeitung der Affäre. Er ist jedoch nicht der Mastermind, sondern nur ein Handlanger. Er denkt sich das System für die Schmiergeldzahlungen nicht aus, er erbt es. Als er 1994 intern zum Buchhalter bei der Festnetzsparte ICN innerhalb der wichtigen Telekommunikationseinheit Com aufsteigt, findet er ein System für schwarze Kassen vor. Wie lange es vorher bereits bestanden hat, ist unklar.

Technik-Gigant mit langer Geschichte

Mit der Telekommunikationssparte beginnt vor 174 Jahren der Erfolg von Siemens. 1847 legt Werner von Siemens mit der Entwicklung eines Zeigertelegrafen den Grundstein der Firma. Der Mischkonzern lebt lange Zeit zu einem großen Teil von öffentlichen Aufträgen, etwa von der Bundespost, der Bundeswehr oder der Deutschen Bundesbahn. Siemens elektrisiert das Kaiserreich, vernetzt ganz Deutschland, verlegt unter anderem die ersten Telefon- und später auch Internetkabel der Republik. Gerade der Telekommunikationsmarkt ist das Herzstück von Siemens. In der Sparte tätigt das Unternehmen jahrelang riesige Umsätze, 2006 etwa allein 13 Milliarden Euro – mehr als der gesamte Gewinn mancher DAX-Unternehmen. Dabei operiert allein diese Unternehmenseinheit Mitte der 2000er-Jahre in über 160 Ländern.

Die Internationalisierung und Expansion des Konzerns ist zu einem großen Teil das Verdienst von »Mister Siemens«. Heinrich von Pierer steckt hinter dem Erfolg, er war von 1992 bis 2005 Vorstandsvorsitzender und von 2005 bis 2007 Aufsichtsratschef. Er baute den Industriekonzern zu einem Branchenriesen auf. Das personifizierte Gesicht von Siemens ist für diese Geschichte zentral. Denn es wird später auch um die wichtige Frage gehen, wie viel Einblick von Pierer in die dunklen Machenschaften hatte und ob er selbst mit in den Korruptionsskandal verwickelt ist.

Der Jurist und Volkswirt beginnt seine Karriere bei Siemens in der Rechtsabteilung. Ein ehemaliger Mentor holt ihn schließlich in die Kraftwerkssparte, wo er sehr schnell aufsteigt. Von Pierer absolviert eine typische Siemens-Karriere, Stück für Stück arbeitet er sich auf der Karriereleiter nach oben. 1989 schafft er es in den Vorstand und wird 1992 zum Vorstandsvorsitzenden gekürt. In dieser Position ist er als »Mister Siemens« 13 Jahre lang das Gesicht des Unternehmens. 2005 wird er Chefberater in Außenhandelsfragen für Angela Merkel. Auch Kanzler Schröder vertraute ihm und ließ sich von ihm beraten.

Die Siemens-Mitarbeiter helfen nach – mit Bestechungsgeld

Mit den 1990er-Jahren endet die Glückssträhne, es bricht eine sehr schwierige Zeit für den Industriekonzern an. Viele zuvor staatliche Unternehmen werden privatisiert, aus der Bundespost entstehen die Deutsche Post, die Deutsche Postbank und die Telekom. Gegen diese neuen Konkurrenten muss sich Siemens nun durchsetzen.

Die Globalisierung schreitet voran, Firmen im Ausland machen dem einstigen Monopolisten schwer zu schaffen, die Umsätze wachsen nicht mehr so stark wie vorher. Der erfolgsverwöhnte Manager Heinrich von Pierer gerät immer mehr unter Druck. Er beschließt, einige Beteiligungen des massigen Konglomerats abzustoßen und den Konzern zu verschlanken. In einem *Spiegel*-Interview von 1996 sagt er, Siemens müsse jeden Tag Verträge im Wert von 400 Millionen Mark einholen.[2] Die größte Ohnmacht verspüre er, wenn Siemens einen großen Auftrag verlöre. Die Aussage verdeutlicht, unter welchem Erfolgszwang sowohl er als auch die Siemens-Vertriebler zu dieser Zeit stehen.

Die treibende Kraft in der Krise ist bekanntlich die Kreativität. Und so wurden einige Siemens-Mitarbeiter kreativ, als es um das Finden von Lösungen für die schwindenden Aufträge ging. Sie halfen nach – mit Bestechungsgeld.

Sie waren nicht die Einzigen: Viele Unternehmen, die international und insbesondere im Großanlagenbau agierten, schmierten ihre Geschäftspartner damals weltweit. Korruption gehört in den 1990er-Jahren in einigen Regionen zum üblichen Geschäftsgebaren. Diese sogenannten nützlichen Aufwendungen im Ausland waren damals sogar legal. In Ländern wie Vietnam, Thailand, Iran und weiten Teilen Afrikas ist die Korruption so tief im Gesellschaftssystem verankert, dass es ohne Zusatzzahlungen angeblich gar nicht geht, so die landläufige Meinung.

Um hier als deutsches Unternehmen einen Auftrag landen zu können, müssen Entscheidungsträger bestochen werden, sagen Siemens-Mitarbeiter später aus. Siemens ist mit der hohen Exportquote außerdem besonders anfällig für diese Art der Auftragsbeschaffung. Bis 1999 sind sogenannte Provisionen im Ausland sogar straffrei. Deshalb haben beispielsweise die Com- und die Kraftwerkssparte eigene schwarze Kassen, Konten und Prozesse für den Fluss des Geldes eingerichtet. Von den Köpfen hinter dem ersten Schmiergeldsystem in der Telekommunikationssparte wissen wir heute, wie es damals abgelaufen ist.

Mit Bargeld im Kofferraum über die Grenze

Der Buchhalter Heinz K. hebt das Geld bei Filialen der Deutschen oder Dresdner Bank am Promenadeplatz in München ab, bei denen Siemens spezielle Konten für Korruption unterhält. Er fährt es im Kofferraum seines Autos über die Grenze nach Österreich, mal nach Innsbruck, mal nach Salzburg.

In Innsbruck und Salzburg angekommen, zahlt er die Summen jeweils auf Konten bei der Raiffeisenbank ein. Von dort aus werden die Bestechungsgelder an Siemens-Vertriebler im Ausland verteilt. Das Geld geht an Projekte für Ausweise in Argentinien, den Bau einer Metro in Venezuela, Krankenhäuser in China oder Telefone in Russland. In der Regel fließen fünf bis zehn Prozent der Auftragssumme, manchmal bis zu 30 Prozent. Je nachdem, wie gierig die Gegenseite ist.

Über das erste Konto in Salzburg verschiebt Heinz K. zwischen 1994 und 1998 etwa 55 Millionen Euro. Über ein zweites Konto in Innsbruck, das von 1997 bis 1999 besteht, wandern mindestens zehn Millionen Euro auf ausländische Nummernkonten.

Der Geldfluss ist fein säuberlich dokumentiert. Brauchte ein Vertriebsmitarbeiter Geld im Ausland, stellte er einen schriftlichen Antrag, wie der *Spiegel*[3] öffentlich machte. Wenn schon bestochen wird, dann gründlich. Als Grundlage für die korrupten Abläufe fungiert das »Grundsatzpapier Provision für Kundenaufträge«. Die Vertriebsbeauftragten in dem jeweiligen Land ziehen die Verträge an Land und füllen in dem Grundsatzpapier aus, um welches Land es geht, um welches Projekt, sie nennen den Zahlungstermin und die Höhe der Auftrags- und Provisionssumme. Das Formular unterschreiben jeweils ein Techniker vor Ort und ein Vertriebsmitarbeiter. Abgezeichnet wird diese »Provision« dann bevorzugt auf aufgeklebten gelben Post-it-Zetteln. Denn diese lassen sich anschließend leicht wieder ablösen und hinterlassen keine Spuren. Doch bei Siemens muss in der Buchhaltung alles seine Ordnung haben. So kommt es zu einem vorgedruckten Feld auf dem Dokument, auf dem steht: »Hier den gelben Zettel kleben«.

Bis Ende der 1990er-Jahre funktioniert dieses System reibungslos. Die Auftragszahlen schnellen nach oben, Heinrich von Pierer verkündet gute Umsätze und Gewinnzahlen. Siemens-Schwarzgeld fließt unter anderem nach Russland, Aserbaidschan, Kuwait, Kamerun, Nigeria und Vietnam.

Eine Finanzspritze für den Diktator

Die Spur des Geldes lässt sich auch zu einem der gefürchtetsten Diktatoren zurückverfolgen: Sani Abacha, Militärdiktator und von 1993 bis 1998 Präsident von Nigeria. Offenbar hatte Siemens

keine Skrupel, auch mit Diktatoren schmutzige Geschäfte ein-
zufädeln. Abachas Regel lautete: Die Hälfte des Schmiergelds wandert in seine Taschen, um den Rest können sich dann die zum
Teil 30 Beteiligten streiten. Lange bleiben diese Geschäfte geheim.
Doch nachdem Abacha 1998 gestorben ist, kommt eine neue Regierung an die Macht und stellt Nachforschungen an. Erst dabei dringen die pikanten Details der großen Zahlungen von Siemens an
Abacha und seinen ganzen Clan ans Licht.

Abacha war neben seiner brutalen Herrschaft auch dafür
bekannt, dass er sein Land um mehr als 2,2 Milliarden Dollar
erleichterte. Nach seinem Sturz taucht ein Teil des Geldes auf
Schweizer Bankkonten auf, wodurch die Schweizer Behörden auch
auf Siemens aufmerksam werden. Das Kapital auf diesen Konten
stammt offenbar auch von dem deutschen Industriekonzern. Dabei
entdecken die eidgenössischen Ermittler auch die geheimen Konten in Innsbruck und Salzburg. Sie bitten um Amtshilfe bei den
österreichischen Kollegen. Nun ermitteln auch die Behörden in
Österreich bezüglich des Geldes. Im Winter 2000/2001 gewähren
österreichische Gerichte den schweizerischen Ermittlern Zugriff
auf die entsprechenden Konten.

Von diesem Schritt erfahren auch Manager bei Siemens in
der Münchner Zentrale. Die Nervosität steigt auch bei Buchhalter
Heinz K. Er informiert die Rechtsabteilung des Konzerns sowie die
Antikorruptionsabteilung über seine Machenschaften in Österreich.
Anstatt nun umfassende interne Ermittlungen einzuleiten, wollen
die Kollegen jedoch alles unter den Teppich kehren. Sie vereinbaren
Stillschweigen. Man solle so weitermachen, lautet deren Urteil.

Das zweite Schmiergeld-System

Erst 1999 verabschiedet der Bundestag ein neues Antikorruptions-
gesetz, das Bestechungen im Ausland künftig unter Strafe stellt.
Anstatt die Hände von der Korruption zu lassen, stellt Siemens
sein Schmiergeldsystem einfach um. Laut internen Berechnungen
eines Vertriebsmannes für Russland hätte ein Rückzug aus dem

Korruptionsgeschäft damals angeblich einen Geschäftseinbruch von 40 Prozent bedeutet, wie der *Spiegel* schreibt. Das kann und will sich bei Siemens damals niemand leisten.

Das neue, verfeinerte Schmiergeldsystem entwickelt Reinhard S. Der Direktor der Festnetzsparte ist die zweite Schlüsselfigur und eine Art Schatzmeister in diesem Skandal. Der Finanzvorstand der Festnetzsparte, Michael K., habe ihn instruiert, dieses System auszuarbeiten, erklärt er später. Bei einem Besuch im Restaurant »Alter Wirt« in Forstenried trifft man sich, um zu besprechen, wie es weitergeht. Reinhard S. soll es verantworten, Heinz K. ihm zur Seite stehen. Die Leiter von Revision und Rechnungswesen versprechen wegzuschauen. Bei einem Treffen im Restaurant »Alter Wirt« wird besprochen, was sie zu tun und was zu lassen haben.

Zur Spezialität von Reinhard S. gehört zum Beispiel der Scheinberatervertrag, über den korrupte Geschäftspartner im Ausland weiterhin Geld ohne nachweisbare Gegenleistung bekommen. Damit die Geldflüsse nicht so leicht nachverfolgt und aufgedeckt werden können, gründen die Nutznießer der Bestechungsgelder Scheinfirmen und erhalten Scheinberaterverträge. Der einzige Geschäftszweck dieser Tarnfirmen ist es, Schmiergeld von Siemens einzustecken. Die Scheinfirmen der Kunden stellen dann fingierte Rechnungen für Beratungsdienstleistungen und erhalten dafür satte Honorare.

Um die Korruption perfekt zu verschleiern, gründen die Beteiligten weitere Scheinfirmen, die Geschäftsbeziehungen mit dem Empfänger-Schattenunternehmen simulieren. Dies sind meist Briefkastenfirmen, die nicht mehr in Europa oder in Amerika ansässig sind, sondern in Steuerparadiesen wie den britischen Jungferninseln in der Karibik. Von dort aus werden die Schmiergelder wiederum auf Konten in der Schweiz und in Liechtenstein transferiert. In einem letzten Schritt fließen die Summen von den Verteiler-Konten in der Schweiz und Liechtenstein an die eigentlichen Siemens-Kunden und Geld-Empfänger.

Das System funktioniert so gut, dass in den nächsten Jahren bei

Siemens in fast allen Abteilungen geschmiert wird, was das Zeug hält. Es fließen Millionen. In der Mobilfunksparte stammt das Geld von Siemensianern in Singapur, in der Medizintechnik und Stromnetzabteilung verteilen es Siemens-Manager aus Dubai. So sagt es zumindest Reinhard S. später vor Gericht aus. Doch irgendwann nimmt die Korruption bei Siemens absurde Züge an, wie etwa folgende Episode zeigt: Bei einer Gelegenheit melden sich etwa nigerianische Geschäftspartner persönlich in der Münchner Zentrale und verlangen Bargeld. Die Sache ist außer Kontrolle geraten.

In den Jahren 2004 und 2005 zieht sich die Schlinge um den Korruptionsring der Siemensianer allmählich zu. Neben den österreichischen und Schweizer Behörden ermitteln nun auch Strafverfolgungsbehörden in anderen europäischen Ländern.

2004 eröffnen Beamte in Liechtenstein ein Geldwäscheverfahren gegen Reinhard S. In dem kleinen Steuerparadies weckten die hohen Ein- und Ausgänge mehrerer Geldverteilerfirmen einen bösen Verdacht. Banken sind bei besonders hohen Geldeingängen verpflichtet, nachzuprüfen, woher das Geld stammt, um Geldwäsche auszuschließen.

Im selben Jahr ermitteln Behörden auch in Italien, weil Manager der Siemens-Kraftwerkssparte Schmiergeld für den Verkauf von Turbinen an den Stromerzeuger Enel gezahlt haben sollen. Auf diese Transaktion wird der Chef der Compliance-Abteilung, Albrecht Schäfer, aufmerksam. Er informiert angeblich den Konzernlenker Heinrich von Pierer, wie Schäfer später bei seinen Vernehmungen zu Protokoll gibt. 2005 ordnet die Staatsanwaltschaft in Bozen sogar eine Durchsuchung der Siemens-Zentrale an. Die Razzia bleibt zunächst ohne Erfolg, denn die Siemensianer ließen die wichtigsten Akten offenbar zuvor verschwinden. Die Krise gilt vorerst als abgewehrt.

Unterdessen tritt Heinrich von Pierer 2005 nach 13 Jahren als Vorstandsvorsitzender ab. Seine Ära gilt damit jedoch noch nicht als beendet: Denn er übernimmt den Aufsichtsratsvorsitz, ein Machtzentrum im Konzern. Sein Nachfolger als CEO wird Klaus

Kleinfeld, ebenfalls lange im Konzern und mit dessen Regeln vertraut. Der Manager arbeitet seit 1987 in der Firma und saß bereits seit 2004 als Mitglied im Zentralvorstand, er brachte es bis zum stellvertretenden Vorstandsvorsitzenden.

Das Ende des Schweigens

Über Kleinfelds Amtszeit liegt jedoch von Anfang an ein Schatten. Am 15. September 2005 geht ein brisanter Brief bei der Münchner Staatsanwaltschaft ein, der einschlägt wie eine Bombe. In dem Schreiben, das die *Süddeutsche Zeitung* veröffentlicht, erheben mehrere Siemens-Mitarbeiter harte Anschuldigungen gegen den Konzern.

Sehr geehrter Herr Oberstaatsanwalt,

wir möchten Sie über schlimme Handlungsweisen im Siemens Bereich COM, Hofmannstraße in München, informieren:

Über Jahre hinweg war der leitende Angestellte Reinhard S. hauptsächlich tätig in Sachen Schmiergelder verteilen, Subventionen zu erschleichen und Modelle auszuführen, um Steuern und Abgaben am deutschen Staat vorbei zu lenken. Prüfen Sie doch mal alle Italien- und Südafrika- und China-Projekte und auch alle Projekte für die der Herr verantwortlich war bis 2004.

Es gab auch Revisionen, da wurden alle befragt und wir haben alle Unterlagen gezeigt aber ohne Folgen. Die Staatsanwaltschaft war auch schon mal im Haus aber da haben wir alle schnell die Ordner im Archiv verstecken müssen. Es war damals noch im Hochhaus.

Heute ist Herr Reinhard S. Geschäftsführer einer GmbH in der Münchener Innenstadt. Wir sind in der Buchhaltung tätig und überweisen extrem hohe Summen an diese Firma, was angeblich Beratergebühren sein sollen. Es sind garantiert keine Beratergebühren sondern bestimmt Schweigegeld und Geld für Aktionen, die wahrscheinlich nicht legal sind.

Unterschreiben tut die Zahlungsanweisungen ein Herr ... Schauen Sie doch mal alle Zahlungsanweisungen an. Unser Chef unterschreibt davon keine. Mitunterschreiben tut auch ein Herr ...

Bei uns werden Arbeitsplätze abgebaut und Kollegen mit Verset-
zungen ins Ausland bedroht, wenn sie nicht spuren und diese Herren
stecken Millionen ein, nur weil sie wahrscheinlich bereit sind, illegale
Geschäfte zu machen.
Bitte bereiten Sie diesen hohen Überweisungssummen ein Ende.[4]

Der Brief setzt die Staatsanwaltschaft in Alarmbereitschaft: Die
Vorwürfe von Korruption bei einem der größten und mächtigsten
Konzerne des Landes wiegen schwer. Wenn die Behauptungen der
Mitarbeiter stimmen, wäre es ein Skandal größten Ausmaßes. Die
Münchner beginnen zu ermitteln. Nach knapp einem Jahr haben
die Staatsanwälte schließlich genug Informationen gesammelt und
erwirken einen Durchsuchungsbeschluss. Bei einer Großrazzia am
15. November 2006 durchsuchen Hunderte von Ermittlern, Polizisten und Staatsanwälten die Standorte von Siemens in Deutschland und Österreich. Sie fahnden nach Hinweisen auf Korruption
bei Auslandsgeschäften. Die Durchsuchungen bringen die Aufklärung der Schmiergeldaffäre schließlich ins Rollen. Siemens –
nach außen hin bislang immer ein seriöses Ingenieurs-Unterneh-
men – wird öffentlich zerpflückt. Ein Schock für alle Siemensianer,
ein Schock für Deutschland.

Die Staatsanwaltschaft taxiert den Umfang der Schmiergeldzahlungen zunächst auf 200 Millionen Euro – vom tatsächlichen
Ausmaß der Affäre ahnt sie noch nichts.

Die Staatsanwälte durchforsten Aktenberge und sprechen mit
unzähligen Siemens-Mitarbeitern. Heinz K. und Reinhard S. sitzen in der Falle. Die Uhr tickt, ihr Schmiergeldsystem fliegt gerade
auf. Die beiden Männer entschließen sich, zu kooperieren, und setzen auf strafmildernde Umstände für sich. Schließlich ist ihnen
bewusst, dass sie Straftaten begangen haben. Durch die Hinweise
der Beteiligten stoßen die Ermittler auch auf jene Formulare, mit
denen die Vertriebsmitarbeiter intern Bestechungsgelder beantragt
haben. Die Gründlichkeit der Buchhalter Heinz K. und Reinhard S.
gewährt den Ermittlern detailliert Einblick in fast sämtliche Geld-

flüsse; alle Formulare und Dokumente finden sie sauber abgeheftet in Aktenordnern. Somit gelingt die Rekonstruktion des Systems Siemens.

Nach der Razzia verhaften Polizeibeamte mehrere verdächtige Manager. Als einer der ersten Topmanager wird Michael K. beschuldigt, Finanzvorstand der Festnetzsparte von 2001 bis 2004 und Vorgesetzter von Reinhard S. und Heinz K. Die drei sagen aus, sie gelten als wichtige Kronzeugen und sind gleichzeitig Beschuldigte in dem Verfahren. Das ist Mitte November 2006.

Anklagen gegen die Vorstände, erste Festnahmen

Bundes- und europaweit starten nun mehrere Prozesse in der Korruptionsaffäre, unter anderem in München und in Darmstadt. Die Staatsanwaltschaften erheben Anklage gegen mehrere Ex-Siemens-Mitarbeiter und insgesamt zehn aktive und nicht aktive Vorstände.

Als der erste Name eines Zentralvorstands fällt, nimmt die Affäre eine noch größere Dimension an: Thomas Ganswindt, Zentralvorstand für die Telekommunikationssparte Com von 2004 bis 2006. Es ist jene Sparte, in der die Korruption und das System der schwarzen Kassen florierte. Als Vorgesetzter stand er in der Hierarchie über Finanzvorstand K. und damit auch über Reinhard S. und Heinz K.

Der Mann mit der markanten eckigen schwarzen Brille schied kurz vor dem Bekanntwerden der Affäre bei Siemens aus. Er wird nun als Mitwisser beschuldigt, vor allem von S., dem Herrn über die schwarzen Kassen. Am 11. Dezember 2006 nehmen Beamte Ganswindt als ersten Siemens-Vorstand fest und stecken ihn in Untersuchungshaft. Ein Siemens-Vorstand wegen Korruptionsvorwürfen in Haft – Deutschland kommt aus dem Staunen nicht mehr heraus.

Die Com-Sparte gerät nun immer weiter ins Visier der Staatsanwälte. Project Telekonicasi Indonesia, Projekt Vietnam Post und Telekommunikation, Projekt Saudi Telekom Company, Projekt Ministery of Communication of Kuwait sowie zwei weitere in Grie-

chenland und Ägypten: Allein für diese sechs Com-Projekte seien
20,55 Millionen Euro in dunkle Kanäle geflossen, zeigen Recherchen der *Süddeutschen Zeitung*. Für Siemens kleine Summen; 2006
liegt der Jahresumsatz von Com bei 13 Milliarden Euro.

Stückweise dämmert es den Ermittlungsbeamten, dass nicht
nur die Telekommunikationssparte korrupt ist, sondern auch zum
Beispiel die Kraftwerkssparte oder die Mobilfunksparte. Auch der
Verdacht aus Italien bestätigt sich später: Ein Mitarbeiter sagt vor
dem Landgericht Darmstadt aus, zwischen 1999 und 2002 seien
insgesamt knapp sechs Millionen Euro Schmiergeld an den italienischen Energiekonzern Enel gezahlt worden, um zwei Kraftwerks-
aufträge über 450 Millionen Euro zu ergattern.

Überall fließen für angebliche »Beratungsleistungen« hohe
Summen. Die Korruption hat sich tief in die Struktur des gesamten Konzerns gefressen.

Wie viel wusste Mister Siemens Heinrich von Pierer?

Im Dezember 2006 äußert sich erstmals die Konzernspitze im
Detail zu den Korruptionsvorwürfen. Zu dieser Zeit ist Joe Kaeser
Finanzvorstand, später wird der Mann mit dem markanten dunklen Schnauzer von 2013 bis 2021 Siemens-Vorstandsvorsitzender
sein. Kaeser nennt verdächtige Zahlungen in Höhe von 420 Millionen Euro. Die Summen, um die es geht, erreichen ungeahnte Aus-
maße. Siemens muss die Bilanz für das Geschäftsjahr 2005/2006
korrigieren. Aufsichtsratschef Heinrich von Pierer bestreitet, vor
der Razzia im November von schwarzen Kassen gewusst zu haben.

In den Vernehmungen erfahren die Ermittlungsbeamten, dass
einige Vorstände offenbar vor dieser Großrazzia im November
2006 über die herrschende Korruption im Bilde waren. Unklar
bleibt, in welchem Ausmaß. Viele kleinere und mittelgroße Manager belasten die oberste Führungsriege. Darunter auch Heinrich
von Pierer. Es heißt damals von verschiedenen Seiten, er sei über
die dubiosen Konten in Innsbruck informiert gewesen. Es habe
Mitteilungen an den Vorstand gegeben, dass es diverse Ermittlun-

gen bezüglich schwarzer Kassen im Ausland gab, die noch in Pierers Vorstandszeit fielen. Unter anderem belastet ihn auch der Chef der Antikorruptionsabteilung Schäfer.

Aber von Pierer bleibt seiner Linie treu. Immer wieder beteuert er: Nein, er habe nichts von den schwarzen Kassen gewusst und sei sich keiner Schuld bewusst. Er wird in dem Gerichtsverfahren nicht angeklagt, sondern nur als Zeuge geladen.

Doch auf der anderen Seite des Atlantiks droht Siemens Anfang 2007 plötzlich eine viel größere Gefahr: In den USA ermittelt die strenge Börsenaufsicht SEC. Jetzt gilt die höchste Alarmstufe. Da der deutsche Konzern seit 2001 an der amerikanischen Börse gelistet ist, hat die SEC das Recht, alle Geschäfte weltweit untersuchen zu lassen und gegebenenfalls harte Strafen zu verhängen. Im Worst-Case-Szenario könnte Siemens von sämtlichen Geschäften in den USA ausgeschlossen werden. Um das Problem zu lösen, engagiert Siemens die US-Kanzlei Debevoise & Plimpton für eine unabhängige Prüfung, deren Ergebnisse dann auch an die SEC gehen.

Um einen Aufklärungswillen zu dokumentieren und die SEC zu besänftigen, empfehlen die amerikanischen Anwälte dem Konzern, umgehend personelle Konsequenzen zu ziehen. Der Druck auf Kleinfeld und von Pierer wächst. In Deutschland kann man dem CEO sowie dem Aufsichtsratschef auf dem Papier zwar offiziell nichts nachweisen, doch die Amerikaner interessiert das nicht im Geringsten. Eine Korruptionsaffäre durch die beschuldigte Führungsriege aufklären zu lassen, untergräbt jegliche Glaubwürdigkeit des Unternehmens.

In der Münchner Olympiahalle stellt sich Heinrich von Pierer auf der Siemens-Hauptversammlung am 25. Januar 2007 deshalb einem Votum: Die Aktionäre sollen darüber abstimmen, ob der Aufsichtsratsvorsitzende entlastet wird oder nicht. Die Hauptversammlung stimmt mit über 34 Prozent dagegen. Die Aktionäre üben scharfe Kritik an ihm. Pierer kündigt in der Folge an, nicht mehr an Aufsichtsratssitzungen teilzunehmen, in denen über den

Korruptionsskandal beraten wird. Einen Rücktritt lehnt er aber weiterhin ab. Heinrich von Pierer, ein Mann alten Schlages, klammert sich an die Macht.

Haftstrafen für korrupte Betriebsräte

Mitten im Skandal über die Auslandsbestechung rückt ein weiterer Nebenschauplatz in den Fokus: Offenbar haben Siemens-Manager auch Betriebsräte bestochen. Weil das Unternehmen Konflikte mit der Gewerkschaft IG Metall austragen musste, baute die Führungsriege eine konzernnahe Gegen-Arbeitnehmervertretung auf: die sogenannte AUB – Arbeitsgemeinschaft Unabhängiger Betriebsangehöriger. Die Nürnberger Staatsanwaltschaft durchsucht aufgrund des Verdachts Büros in Erlangen, Nürnberg und München.

Im Februar 2007 verhaften Beamte den AUB-Bundesvorsitzenden Wilhelm Schelsky – und der packt aus. Von 2002 bis 2004 habe er Beraterverträge im Gegenwert von ungefähr 20 Millionen Euro erhalten. Durch Schelskys Beeinflussung war die Mitbestimmung des Betriebsrats deutlich zugunsten der Arbeitgeberseite verändert worden. Der Siemens-Zentralvorstand hatte sich also einen handzahmen Betriebsrat gekauft.

Nach 21 Monaten Untersuchungshaft wird Schelsky später im November 2008 wegen Untreue, Betrugs und Steuerhinterziehung zu einer Freiheitsstrafe von vier Jahren und sechs Monaten verurteilt sowie zu einer Zahlung von 3,2 Millionen Euro an Siemens. Sein Auftraggeber, der Siemens-Zentralvorstand Johannes Feldmayer, bekommt zwei Jahre auf Bewährung sowie eine Geldstrafe von 228 000 Euro.

In einem Interview mit dem Magazin *Stern* räumt Schelsky später ein, dass die Konzernspitze ihn beauftragt habe. »Ich sollte mit dem Geld eine Dachorganisation aufbauen, und das habe ich getan. Ich war verdeckt als Lobbyist für Siemens tätig. Es gab einen klaren Auftrag aus der Konzernspitze. Der Plan kam aus dem Zentralvorstand.«[5] Laut Schelsky war der Vorstand der Mastermind.

Der Fall des Vorzeigemanagers

Als die AUB-Vorwürfe im Februar 2007 hochkommen, wird immer klarer: Von Pierer muss gehen. Erst die Bestechungsgelder im Ausland, das System der schwarzen Kassen auf den British Virgin Islands, Konten in Liechtenstein und der Schweiz, dann die Verhaftung der Vorstände und nun auch noch die korrumpierte Gewerkschaft. Auch Bundeskanzlerin Angela Merkel entlässt von Pierer als Berater aus ihrem Kompetenzteam.

Am 19. April 2007 kündigt von Pierer seinen Rücktritt als Aufsichtsratschef an. Denn auch die anderen Aufsichtsräte drängen ihn zum Rückzug.

In dem Schreiben, mit dem von Pierer Presse und Mitarbeiter informiert, sagt er: »Ich gehe davon aus, dass die Neubesetzung des Aufsichtsratsvorsitzes auch einen Beitrag leisten wird, unser Unternehmen allmählich wieder aus den Schlagzeilen und in ruhigeres Fahrwasser zu bringen. Ich habe immer die Überzeugung vertreten, dass die Pflicht gegenüber dem Unternehmen und seinen weit mehr als 400 000 Mitarbeitern in aller Welt Vorrang vor eigenen Interessen haben muss.«

Im letzten Satz seines Schreibens betont er noch einmal seine eigene Unschuld: »Eine persönliche Verantwortlichkeit mit Blick auf die laufenden Ermittlungen war nicht Grundlage meiner Entscheidung.«

Sein Nachfolger an der Spitze des Aufsichtsrats wird Gerhard Cromme, ein bekannter Manager der Deutschland AG. Er führte jahrelang ThyssenKrupp und ist Mitglied in verschiedenen Aufsichtsräten.

Aufräumarbeiten bringen Korruption in Milliardenhöhe ans Licht

Von Pierer ist also Geschichte. Den amerikanischen Börsenaufsehern ist das Signal aber noch zu schwach. Sie verlangen auch den Kopf von CEO Klaus Kleinfeld. Der hält jedoch an seinem Job fest. Er pocht auf eine vorzeitige Vertragsverlängerung und weist in der betreffenden Zeit sehr gute Geschäftszahlen vor. Intern bei Siemens tobt in diesen Tagen ein harter Machtkampf. Cromme will die Führungsriege erneuern, Kleinfeld beharrt auf seiner Stellung. Schließlich setzt sich Cromme durch, Kleinfeld geht. Nur sechs Tage nach von Pierers Rücktritt kündigt der Vorstandsvorsitzende an, dass er für eine Vertragsverlängerung nicht zur Verfügung stehe.

Ein Etappensieg für Cromme, allerdings wird es kurz darauf ziemlich eng für ihn: Nach Kleinfelds Rausschmiss hat er keinen neuen CEO parat. Wochenlang sucht er, dann benennt er den neuen Vorstandsvorsitzenden Peter Löscher, der zuvor Vorstand des US-Pharmakonzerns Merck & Co. war.

Für Cromme und Löscher geht es nun an die Aufräumarbeiten bei Siemens. Künftig gelte totale Transparenz, so lautet das große Versprechen. Gemeinsam mit der US-Kanzlei werden alle verstaubten Akten aus der Schmiergeld-Vergangenheit durchforstet. Als das Aufräum-Team nun jeden Stein im Unternehmen umdreht, dringen immer mehr Informationen über die Schmiergeldaffären nach außen.

Bei der Bilanz-Vorlage im November 2007 steht fest, dass die Dimension des Korruptionsskandals die bisherigen Schätzungen weit übertrifft: Über alle Bereiche hinweg seien zweifelhafte Zahlungen in Höhe von 1,3 Milliarden Euro entdeckt worden, verkündet der neue Vorstandsvorsitzende Löscher.

Das seltsame Selbstverständnis der Siemensianer

Wie selbstgerecht die Manager ihre Straftaten zum Teil rechtfertigen, zeigt folgende Episode: Die Polizei verhaftet Ende 2006 einen 56-jährigen Manager. Man befragt ihn noch während der Autofahrt auf dem Weg ins Gefängnis Stadelheim. Dabei gibt der Mann zu verstehen, dass ihm statt des belasteten Begriffes »Schmiergeldzahlungen« die Formulierung »nützliche Aufwendungen« wesentlich besser gefallen würde. Er spreche auch lieber von »Provisionen« als von »Bestechungsgeldern«, weist er die Beamten zurecht. Ein kleiner Kurs in siemensianischer Semantik.

In der Sozialwissenschaft sprechen Experten von Framing: Verschiedene Formulierungen einer Botschaft können das Verhalten des Empfängers beeinflussen, auch wenn der Inhalt gleich bleibt. So haben sich die Mitarbeiter die schwarzen Kassen wohl auch schöngeredet. Man brauchte die »nützlichen Aufwendungen« zum »Beatmen der Kundschaft«, hieß es auf Siemensianisch. Man sah keine andere Chance, um im harten Wettbewerb mithalten zu können. »Habt ihr von der Zeitung oder haben die von der Polizei überhaupt eine Ahnung, wie es auf der Welt zugeht?«, äußerte ein Manager etwa gegenüber der *Süddeutschen Zeitung*.[6] »Da heißt es zugreifen, ehe es zu spät ist, einsteigen, bevor der Zug abgefahren ist.« Dass die Mitarbeiter mit den Schmiergeldzahlungen etwas Unrechtes taten, scheint vor allem den Vertriebsmitarbeitern entgangen zu sein.

In ihrem Selbstverständnis positionieren sich die Siemensianer nach außen als Hort von Moral, der »ehrlichen« Arbeit. Wer sich in der Nachkriegszeit einen Job bei Siemens gesichert hatte, der hatte ausgesorgt. Karrieren fingen bei dem Industrieriesen häufig direkt nach der Schulzeit an und endeten mit der Rente. Im »Kaminsystem« steigen Mitarbeiter schnell von unten nach oben auf, wie Rauch.

Das ganze Leben lang in einem Betrieb zu leben und zu arbeiten, erzeugt eine starke Identifikation mit dem Unternehmen. Wer sich mit dem eigenen Arbeitgeber stark identifiziert, wird ihn nicht ans Messer liefern. Auch weil ein Bruch des unausgesprochenen Treueschwurs das Karriere-Aus bedeutet. Den sicheren Job bei Siemens wollte niemand aufs Spiel setzen. »Ich hatte nur die Wahl, entweder mitzumachen oder meinen Job zu riskieren«, sagten Angestellte damals gegenüber dem *Spiegel*. Oder auch: »In diesen Bereichen werden keine Fragen gestellt, sie würden auch nicht beantwortet werden.«

Die Ermittlungsakten dokumentieren die damalige Kultur bei Siemens. Sie speiste sich aus langer Betriebszugehörigkeit, Tradition und einem Gefühl der Überlegenheit. Fügt man noch eine großzügige Prise Schweigen hinzu, wird diese Mischung zu einem gefährlichen Cocktail. »Das ist wie bei der Mafia«, sagt der neue Antikorruptionsvorstand von Siemens nach Bekanntwerden des Skandals.

Für Siemens bedeutet die Schmiergeldaffäre nicht nur einen dramatischen Image-Verlust, er kommt das Unternehmen auch teuer zu stehen. 2007 wird der Konzern beispielsweise vom Landgericht München zu einer Geldbuße von 201 Millionen Euro verurteilt. Im selben Jahr verhängt die EU eine Kartellstrafe von 419 Millionen Euro gegen Siemens wegen illegaler Preisabsprachen. Insgesamt bezahlt der Konzern für Strafen und zur Aufklärung der Affäre rund 2,9 Milliarden Euro.

Und auch der Marktwert des Industrieriesen schwindet: 2008, ein Jahr nach Bekanntwerden der Affäre, verliert Siemens nach massiven Kursverlusten 13 Millionen an Börsenwert.

Doch Cromme und Löscher schaffen ab 2008 den Neuanfang und den Bruch mit dem alten System Siemens. Sie bauen unter anderem eine größere Compliance-Abteilung auf. Das überzeugt wiederum die Amerikaner. In den USA einigt sich Siemens 2008 dank demonstriertem Aufklärungswillen mit der SEC: Der deutsche Industriekonzern zahlt in den Staaten eine Strafe von 800 Millionen US-Dollar. Es ist die höchste jemals verhängte Strafzahlung in den USA. Die Strategie des neuen Managements zahlt sich aus. Damit ist der Skandal erledigt. Schon bald erholt sich der Aktienkurs.

Keine Haftstrafen für Topmanager

Für fast alle beschuldigten Siemens-Manager endet der Skandal ohne Haftstrafe. Verurteilt werden nur die kleinen Handlanger, etwa der Buchhalter Heinz K. – der mit dem Kofferraum voller Bargeld über die Grenze fuhr – und der Kassenmeister Reinhard S., Erfinder der Scheinberater. S. wird 2010 wegen Untreue in 49 Fällen zu zwei Jahren Haft auf Bewährung und einer Geldstrafe von 108 000 Euro verurteilt. Auch ihr Chef Michael K., der Finanz-

vorstand der Com-Sparte, gesteht. 2010 verurteilt ihn das Münchner Landgericht zu zwei Jahren auf Bewährung sowie 60 000 Euro
Strafe. K. bedauert öffentlich, die illegale Praxis der schwarzen Kassen gedeckt zu haben.

Teile des Mittelmanagements landen zwar kurzfristig in Untersuchungshaft, werden dann aber wieder freigelassen, erhalten
Bewährungsstrafen oder Geldbußen. Von den zehn angeklagten
Vorstandsmitgliedern wird jedoch niemand schuldig gesprochen,
und niemand kommt ins Gefängnis. Das Verfahren gegen den
zeitweise in Untersuchungshaft genommenen Thomas Ganswindt
wird 2011 gegen eine Geldauflage von 175 000 Euro für eine soziale
Einrichtung eingestellt.

Als einzigen Zentralvorstand verurteilt ein Gericht Johannes
Feldmayer, allerdings nicht direkt für den eigentlichen Korrup-
tionsskandal, sondern für die Bezahlung der zahmen Gewerkschaft
AUB des zwischenzeitlich ebenfalls verurteilten Wilhelm Schelsky.
Einzig Gewerkschaftler Schelsky geht für kurze Zeit hinter Gitter.
Gerechtigkeit sieht anders aus.

Die öffentliche Kritik an den recht zahnlosen Urteilen wütet in
Medien, Bevölkerung und Politik. Es heißt, es seien vor allem die
kleinen Manager hingehängt worden.

Von Pierers Reputation ist ramponiert

Und Heinrich von Pierer? Er weist jede Verantwortung von sich.
Obwohl mehrere Zeugen von Pierer belasten, fehlen gerichtsfeste
Beweise, die seine Mitwisserschaft belegen. Niemand klagt ihn an.
Glaubt man seiner Darstellung, stellte er sich nicht die Frage, wor-
auf nach der Umstellung der Rechtslage, die Bestechung bei Auslandsgeschäften zu Straftaten machte, die glänzende Auftragslage
in Russland oder China gründete. Auch fragte er nicht nach. Damit
hat er nach Ansicht der Staatsanwaltschaft zumindest seine Auf-
sichtspflicht verletzt. Er erhält einen Bußgeldbescheid über 250 000
Euro. Der größte Korruptionsskandal Deutschlands endet für den
mächtigsten Mann im Konzern mit einer banalen Geldstrafe.

Von Pierer wird schließlich wie neun andere Ex-Zentralvor-
stände der Jahre 2003 bis 2006 von Siemens auf Schadensersatz
verklagt. In einem Vergleich einigt sich der Ex-Vorstandsvorsit-
zende mit seinem ehemaligen Arbeitgeber auf fünf Millionen Euro,
Klaus Kleinfeld muss zwei Millionen zahlen. Von den übrigen Ex-
Managern verlangt das Unternehmen zwischen 500 000 und vier
Millionen Euro.

Schwerwiegender dürfte der Ruin seiner Reputation für von
Pierer sein. Angela Merkel verbannt ihn als Wirtschaftsexperten
aus ihrem Zirkel der Macht, auch muss er sämtliche Aufsichts-
ratsmandate niederlegen. Für einen Machtmenschen kommt dies
der Höchststrafe ziemlich nahe. Da hilft es ihm ein wenig, dass er
zumindest finanziell schmerzfrei ist. Allein von Siemens erhält der
Manager außer Dienst eine monatliche Zahlung von 90 000 Euro.

Ganz ausgestanden scheint die Korruptionsaffäre für Siemens
und Heinrich von Pierer jedoch auch mehr als zehn Jahre später
noch nicht. In Griechenland startet ab 2015 ein Mammutprozess
gegen ehemalige Mitarbeiter des deutschen Elektronikkonzerns
Siemens und des griechischen Telekommunikationsriesen OTE
(der mittlerweile im Besitz der Deutschen Telekom ist). 22 von
ihnen werden 2019 zu Haftstrafen zwischen sechs und 15 Jahren
verurteilt. Auch hier sollen Bestechungsgelder von Siemens-Mitarbeitern an griechische Entscheidungsträger geflossen sein, damit
der deutsche Hersteller die Digitalisierung des Festnetzes in Griechenland vorantreibt.

Auch von Pierer wird in Athen in Abwesenheit zu 15 Jahren Haft
verurteilt. Er nennt das Urteil »absurd« und »gegen jede Rechts-
staatlichkeit«, muss seine Haftstrafe nie antreten. Seine deutschen
Anwälte argumentieren, er sei für die gleiche Sache bereits in
Deutschland belangt worden. Nach deutschem Recht kann man
nicht zweimal für die gleiche Tat angeklagt werden. Bis heute
bewegt sich von Pierer weiterhin auf freiem Fuß.

Der Fall von Siemens und von Pierer zeigt, wie problematisch
sich der Wechsel eines Vorstandschefs an die Spitze des Aufsichts-

rats gestaltet. Wenn ein Vorstandschef operativ tätig war, vermag er nach weitverbreitetem Rechtsempfinden danach nicht unvoreingenommen die eigene Ära zu kontrollieren. Wenn wie in von Pierers Fall sogar der eigene Nachfolger installiert wird, bleibt die gute »Corporate Governance« auf der Strecke. Damals gehörte dies jedoch zur üblichen Vorgehensweise. Heutzutage wird eine Abkühlungsphase zwischen diesen beiden Posten erwartet.

Gleichzeitig verdeutlicht die Korruptionsaffäre, welche Rolle eine gute Compliance-Abteilung spielt, die den Namen verdient. Zu Zeiten der Schmiergeldaffären hatte der damalige Chef der Antikorruptionsabteilung, Albrecht Schäfer, nicht genug Kompetenzen und wurde im Unternehmen offenbar nicht wahrgenommen. »Das ist, wie wenn die Feuerwehr zum Löschen mit einem Zahnputzbecher ausgestattet wird«, sagte selbst der Richter zum Abschluss des Verfahrens.

Laut einer Studie aus den USA sind korruptionsresistente Unternehmen wirtschaftlich deutlich erfolgreicher als jene, die für schwarze Kassen anfälliger sind. Und auch bei Siemens zeichnete sich ab, dass die Umsätze nicht einbrachen, als die Manager keine Bestechungsgelder mehr zahlten. Nachdem die neue Compliance-Richtlinie unter Cromme und Löscher eingeführt wurde, stiegen die Auftragseingänge bei Siemens im zweistelligen Prozentbereich. Das neue Siemens-Motto lautet bis heute: »Nur ein sauberes Geschäft ist ein Siemens-Geschäft.«[7]

Der verschollene Tengelmann-Milliardär

Nach dem Drama um Karl-Erivan Haub
entbrennt ein erbitterter Familienstreit

Karl-Erivan Haub gibt nur ungern und selten Interviews. Den öffentlichen Auftritt vermeidet er lieber. Doch an diesem Tag im März 2016 macht der Milliardär eine Ausnahme. Es ist ein besonderer Tag für ihn, denn ein großes Stück Geschichte verschwindet aus seinem Familienunternehmen.

In fünfter Generation führt Haub die Tengelmann-Gruppe. Seit Jahren ist die Supermarktkette Kaiser's Tengelmann sein großes Sorgenkind. Die Läden machen immer mehr Verluste. Haub dachte, mit Edeka einen Abnehmer für die 451 Filialen gefunden zu haben. Doch Konkurrent Rewe machte dagegen mobil, das Bundeskartellamt untersagte die Übernahme, eine Supermarktschlacht begann.

Jetzt scheint Haub doch noch gewonnen zu haben. Bundeswirtschaftsminister Sigmar Gabriel hat die Übernahme im März 2016 genehmigt. Einen Tag später treffe ich* Haub zum Interview in der Konzernzentrale in Mülheim/Ruhr.

Im Empfangsbereich prangt eine riesige Ahnengalerie an der Wand, der Weg in die Chefetage führt vorbei an historischen Supermarktkassen. Karl-Erivan Haub begrüßt mit kräftigem Händedruck. Er wirkt rational, überlegt seine Antworten genau, Einblicke in seine Gefühlswelt gewährt er ungern. Im Interview sagt er: »Es ist für mich ein Tag der Erleichterung, weil wir unsere 451 Super-

---

* Kayhan Özgenc

märkte als Ganzes in sichere Hände abgeben können. Unsere 16 000 Mitarbeiter müssen nicht länger um ihre Jobs fürchten.«[1]

Dann erklärt er aber auch: »Wir alle in der Familie verspüren heute vor allem Wehmut. Die Supermärkte haben Tengelmann groß und bekannt gemacht, sie sind Teil unserer DNA. Ich bin damit aufgewachsen, habe als Schüler für 4,50 Mark in der Stunde bei Tengelmann in Wiesbaden gejobbt und nach meinem Abitur eine Lehre zum Verkäufer und Einzelhandelskaufmann bei Kaiser's in Viersen absolviert. Die Läden waren unser Leben.«

Die Haubs gehören zu den reichsten Familien des Landes, besitzen ein Milliardenvermögen, das sie weltweit in Immobilien investieren, aber auch in vielen Handelsunternehmen wie etwa der Baumarktkette Obi und dem Textildiscounter Kik steckt. Über das Innenleben des Familienclans ist im Frühjahr 2016 wenig bekannt. Im Interview erklärt Haub: »Wenn Sie jetzt denken, ich bin im Luxus groß geworden, dann täuschen Sie sich. Meine beiden Brüder und ich sind sehr geerdet aufgewachsen. Hartes Arbeiten und nichts verprassen, das haben unsere Eltern uns früh vermittelt. Mein Vater hat immer gesagt: Haben kommt von Halten.« Und dann sagt er noch einen sehr bemerkenswerten Satz: »Konflikte wie in anderen Familienunternehmen blieben uns zum Glück erspart.« Dieser Satz sollte mir bei meinen weiteren Recherchen im Gedächtnis bleiben.

Heute wissen wir: Die Haubs haben ein großes Schauspiel aufgeführt. Ihre nach außen zur Schau gestellte Harmonie war blanke Fassade. Bei ihren wenigen Auftritten in der Öffentlichkeit präsentierten sie sich als Kaufmannsfamilie, die sich der Tradition des Handelsunternehmens verpflichtet fühlt. Es gibt zum Beispiel ein Foto, aufgenommen auf ihrer US-Ranch in Wyoming, auf dem etliche Familienmitglieder mit Cowboyhüten und strahlenden Gesichtern posieren. Happy-Family-Feeling!

Zahlreiche vertrauliche Dokumente zeichnen jedoch ein konträres Bild: Demnach sind die Haubs in Wahrheit eine zutiefst zerrüttete Familie. Hinter den Kulissen schwelten schon lange Feindschaften, Misstrauen und Intrigen. Familienmitglieder haben sich sogar mithilfe von Detektiven ausspioniert. In den vergangenen Jahren lieferten sie sich dann eine Schlammschlacht, die es so in der deutschen Wirtschaft noch nie gegeben hat. Es geht um Geld, Macht, verletzte Gefühle und späte Rache. Vor nichts schreckten sie dabei zurück. Nicht einmal der Tod ist ihnen heilig.

Firmeninhaber Karl-Erivan – verschollen in den Gletscherspalten der Alpen

Der 7. April 2018 ist der Tag, der die Tengelmann-Welt für immer verändert. Unternehmenschef Karl-Erivan Haub, genannt Charly, den ich zwei Jahre zuvor noch getroffen habe, verschwindet in den Gletscherspalten der Schweizer Alpen. In einem internen Justizdokument wird detailliert geschildert, was damals geschah:

Am Morgen des 7. April 2018 brach Herr Karl-Erivan Haub (nachfolgend auch »der Verschollene« genannt) allein im Gletschergebiet »Klein Matterhorn/Breithorn« bei Zermatt (Schweiz) zu einem Training für die »Patrouille des Glaciers« auf, einem sehr anspruchsvollen Skibergsteigerrennen, das dann am 18. April 2018 stattfand. Von seinem Training kehrte der Verschollene jedoch nicht zurück. Bei dem Gletschergebiet handelt es sich um eines der höchstgelegenen Skitourengebiete Europas (ca. 4000 m Höhe), in dem schon zahlreiche Menschen vermisst werden.[2]

Dann wird in dem Dokument beschrieben, was kurz vor seinem Verschwinden passiert:

Am 6. April 2018 checkt der Verschollene im Hotel The Omnia in Zermatt für zwei Übernachtungen ein. Gegen 19 Uhr kaufte er im Geschäft »Glacier de Sport« in Zermatt ein und bezahlte mit seiner Kreditkarte; welche Gegenstände er einkaufte, ist nicht bekannt. Am Morgen des 7. April 2018 brach der Verschollene allein zu einer Trainingstour in alpiner Höhenlage auf. (...) Gegen 7.30 Uhr verließ der Verschollene ausweislich einer Videoüberwachung das Hotel mit nur leichter Ski-Bekleidung (blaue Jacke, schwarze Hose), einem schwarzroten Rucksack sowie einem Paar Touren-Ski mit Stöcken. Er fuhr mit dem Skilift »Zermatt-Furi« von der Talstation Zermatt zur »Transferstation Furi«, stieg dort um und fuhr weiter zur Bergstation »Klein Matterhorn« auf 3820 m Höhe. An der Bergstation »Klein Matterhorn« wurde der Verschollene durch eine Videokamera um 9.09 Uhr aufgenommen und zuletzt gesehen.

Zu den Gefahren in dem Skigebiet heißt es weiter:

Die Umgebung stellt sich als gefährliche Bergregion dar. In dem Gebiet »Klein Matterhorn/Breithorn« sind bereits zahlreiche weitere Menschen verschollen und konnten auch noch Jahre später nicht geborgen werden. Die besondere Gefährlichkeit ergibt sich daraus, dass die Bergregion durch Schluchten sowie schwierige Gebirgsstrukturen geprägt und von mehreren tausend Gletscherspalten durchzogen ist, die teils hunderte Meter tief sind.

Die Familie kann Karl-Erivan nicht mehr erreichen. Die Haubs müssen zu diesem Zeitpunkt davon ausgehen, dass ihm etwas zugestoßen ist. Die Suche beginnt. Dazu steht im Dokument:

Ab 23.41 Uhr hielten die Ehefrau Katrin Haub und die Tochter Viktoria Haub in großer Sorge eine Telefonkonferenz ab und versuchten wiederholt erfolglos, den Verschollenen zu kontaktieren (Telefon, WhatsApp, SMS). (...) Am nächsten Morgen, dem 8. April 2018, wurden Behörden, die Rettungsstation Zermatt, die TSG Sicherheit und Service GmbH (zur Tengelmann-Gruppe gehörendes Sicherheitsunternehmen) sowie der externe Sicherheitsdienstleister EXOP verständigt.

Sowohl auf italienischer als auch auf Schweizer Seite des Gletschergebiets wurde ab dem Morgen des 8. April 2018 terrestrisch wie auch luftunterstützt mit allen verfügbaren Mitteln nach dem Verschollenen gesucht. Bei der Suche wurden alle vorhandenen technischen Mittel ein-

gesetzt: LVS Sonden, Recco Ortung, IMSI Catcher, Wärmebildkamera sowie Suchhunde. Gebietskundige und erfahrene Bergrettungsspezialisten haben das Gebiet intensiv nach dem Verschollenen durchsucht. Insbesondere war auch die Luftaufklärung sehr intensiv. Im Zeitraum vom 8. bis 13. April 2018 wurden allein durch Air Zermatt über 16 Stunden Hubschraubereinsatz mit Wärmebildkameras zur Rettung des Verschollenen erbracht.

Obwohl alle denkbaren Anstrengungen unternommen wurden, den Verschollenen zu finden, blieb die Suche erfolglos. In der Woche nach dem 7. April 2018 gab es in dem Gletschergebiet mehrere Meter Neuschnee, die die Sucharbeiten erheblich erschwerten. Am 7. April 2018 und den Folgetagen lagen die Temperaturen im Minusbereich.

Die Überlebenschance hängt im hochalpinen Bereich unabhängig von einem möglichen Verletzungsmuster, wie etwa verursacht durch Absturz oder Sturz in eine Gletscherspalte, vom Grad der Unterkühlung ab. Der leitende Rettungsarzt der Air Zermatt AG, Dr. Axel Mann, stellte am 19. April 2018 hierzu fest: Unter Berücksichtigung der getragenen Kleidung (Isolation) und der winterlichen Bedingungen im hochalpinen Bereich (Temperatur, Wind) besteht bis 48 h noch eine realistische Überlebenschance, welche nach 4–5 Tagen gegen Null läuft. Die Rettungssuche wurde nach 96 h aus medizinischer Sicht in eine Bergungssuche gewandelt. Es muss leider festgestellt werden, dass nach 12 Tagen für Herrn Haub, unter Berücksichtigung der obengenannten Kriterien, bei einer Exposition im hochalpinen Gletscherbereich keine Überlebenschance mehr besteht.

Am 13. April 2018 wurde die Überlebenssuche eingestellt und in eine sog. Bergungssuche gewandelt. Auch die Bergungssuche blieb jedoch ohne Erfolg. Aufgrund der Gletscherfließgeschwindigkeit und der sich stets verändernden Schneebedingungen kann nicht ausgeschlossen werden, dass der Körper des Verschollenen auch über Jahre hinweg nicht gefunden werden kann.

Mord oder Flucht werden nicht ausgeschlossen

Plötzlich ist Karl-Erivan Haub im Alter von 58 Jahren verschwunden, vermutlich tot. Alles sieht nach einem Unfall in den Bergen aus. Die Familie trauere und stehe jetzt zusammen, heißt es aus der Mülheimer Tengelmann-Zentrale. Doch längst nicht alle in der Familie und im näheren Umfeld glauben an einen Ski-Unfall. Es gibt dort auch ganz andere Theorien zum Verschwinden von Karl-Erivan Haub. Mord oder Flucht werden nicht ausgeschlossen. Diverse Geheimnisse im Leben von Karl-Erivan Haub werden nun gelüftet, etwa Verbindungen zum russischen Geheimdienst und eine jahrelange Geliebte. Von Doppelleben und Detektiven ist die Rede. Davon wird später noch die Rede sein.

Karl-Erivan Haub stand an der Spitze eines Milliardenkonzerns. Was verbirgt sich hinter der Unternehmensgruppe? Tengelmann erwirtschaftet im Geschäftsjahr 2020 einen Umsatz von rund 8,3 Milliarden Euro und beschäftigt mehr als 75 000 Mitarbeiter. Mit einem Kolonialwarenladen in Mülheim/Ruhr beginnt einst die Tengelmann-Saga. Damals, im Jahr 1867, gründet ein gewisser Wilhelm Schmitz-Scholl das Unternehmen unter dem Firmennamen »Wilh. Schmitz-Scholl«. Geschäftszweck ist der Großhandel mit Kolonialwaren aller Art sowie der Import von Kaffee und Tee. Nach dem Tod des Gründers übernehmen seine beiden Söhne Wilhelm junior und Karl die Geschäftsführung, richten eigene Verkaufsstellen für die Produkte ein.

Ein entscheidender Mann an ihrer Seite ist der Prokurist Emil Tengelmann. Mit seinem Namen steht er Pate für das 1893 neu gegründete Unternehmen »Hamburger Kaffee-Import-Geschäft Emil Tengelmann«. Jetzt geht es rasant aufwärts. Die erste Filiale für Kaffee, Tee und Kakao wird in Düsseldorf eröffnet, bis zum Ersten Weltkrieg folgen 560 weitere in ganz Deutschland. Auch eine eigene Kakao- und Schokoladenfabrik kommen hinzu.

Die dritte Generation: dunkle Vergangenheit
im Dritten Reich und Wirtschaftswunder

Die dritte Generation startet im Jahr 1933. Es sind Karl-Erivans Großmutter Elisabeth Haub und sein Großonkel Karl-Erivan Schmitz-Scholl, der nun die Geschäfte führt. Ein dunkles Kapitel in der Firmengeschichte beginnt: Schmitz-Scholl pflegt enge Kontakte zu Nazi-Größen wie Heinrich Himmler. Er wird Mitglied der NSDAP und SS-Hauptsturmführer. Tengelmann ist ein wichtiger Lieferant der Wehrmacht, produziert etwa in großem Umfang Spezialnahrung für die Soldaten. 32 Monate sitzt Schmitz-Scholl nach Kriegsende in Haft, bevor er nach einem erfolgreich abgeschlossenen Entnazifizierungsverfahren als »Mitläufer« entlassen wird.[3]

Nach dem Krieg erlebt Deutschland das Wirtschaftswunder, davon profitiert auch Tengelmann. Das erste Selbstbedienungsgeschäft wird 1953 in München eröffnet. Im Jubiläumsjahr 1967/1968 betreibt das Unternehmen mehr als 400 Filialen, der Umsatz überschreitet erstmals die Milliardengrenze. Dann, im Jahr 1969, verstirbt Karl-Erivan Schmitz-Scholl plötzlich. Überraschend schnell muss die vierte Generation das Ruder übernehmen. Der verstorbene Firmenchef hat keine Kinder. Der einzige Sohn von Elisabeth Haub, der ebenfalls Erivan heißt, wird im März 1969 allein geschäftsführender Gesellschafter des Familienunternehmens. Er ist der Vater des späteren Tengelmann-Chefs Karl-Erivan Haub, der Jahrzehnte später in den Schweizer Alpen spurlos verschwindet. Woher stammt die Idee, alle ältesten Söhne Erivan zu nennen? Im Interview sagt mir Karl-Erivan Haub dazu: »Wir vermuten, von Vorfahren aus Jerewan, der Hauptstadt von Armenien.«

Sein Vater Erivan macht Tengelmann richtig groß und die Familie zu Milliardären. In seiner Ära wird der Konzern zum Handelsgiganten. Anfang der 1970er-Jahre übernimmt Haub den einstmals größten Konkurrenten Kaiser's Kaffee, daraus entwickelt sich die Supermarktkette Kaiser's Tengelmann. Daneben baut er einen eigenen Discounter mit der Marke »Plus« auf.

Erivan Haub expandiert aber auch ins Ausland. Er beteiligt sich an der amerikanischen »The Great Atlantic and Pacific Tea Company«, kurz A&P, in New Jersey. Erivan Haub ist ohnehin ein großer USA-Fan. Seine Ranch im Bundesstaat Wyoming baut er mit Ehefrau Helga zum zweiten Familiensitz aus, dort züchtet er Büffel. Die drei Söhne Karl-Erivan, Georg und Christian kommen zwischen 1960 und 1964 auf der Ranch zur Welt. Alle drei besitzen deshalb auch einen amerikanischen Pass und damit die doppelte Staatsbürgerschaft.

Die Übernahmestrategie verfolgt Erivan Haub in den 1980er- und 1990er-Jahren weiter. Jetzt wird auch abseits des Lebensmittelhandels investiert. Tengelmann übernimmt 1985 die Mehrheit an der Baumarktkette Obi, bis heute der große Gewinnbringer in der Unternehmensgruppe. Daneben steigt Haub ins Kleidungsgeschäft ein. Mit Takko und Kik entstehen zwei Textildiscounter, ebenfalls sehr profitabel. Mitte der 1990er-Jahre wird die Umsatzmarke von 50 Milliarden Mark überschritten. Tengelmann beschäftigt 200 000 Mitarbeiter und gehört zu den größten Lebensmittelbetrieben der Welt. Erivan Haub ist ganz oben angekommen.

Das Tengelmann-Imperium gerät ins Wanken

Doch im Tengelmann-Reich beginnt es nun zu kriseln. Erivan Haub, ein leidenschaftlicher Briefmarkensammler, liebt es, immer neue Firmen zu übernehmen, immer neue Filialen zu eröffnen. Von Verlustbringern kann er sich hingegen schwerlich trennen. Durch die vielen Zukäufe ist ein schwer zu steuerndes Sammelsurium entstanden. Und so gerät der Handelsriese immer stärker in finanzielle Schieflage. Besonders die verlustträchtigen Supermärkte Tengelmann und Kaiser's machen Haub zu schaffen. Offizielle Zahlen gibt die verschwiegene Unternehmensgruppe nicht bekannt, aber von jährlichen Verlusten in Höhe von rund 50 Millionen Euro ist in der Branche die Rede. Haub muss immer mehr Geld aus dem Privatvermögen nachschießen.

Die roten Zahlen zwingen ihn zu einer umfangreichen Sanierung und Restrukturierung. In einem seiner seltenen Interviews erklärt er im Sommer 1999 gegenüber dem *Manager Magazin* die Hintergründe:

Wir haben im Laufe der Jahre rund 30 Unternehmen gekauft und eigentlich nie jemanden entlassen. Und wir garantieren den neuen Mitarbeitern, dass ihre gesamte Dienstzeit im Lebensmittelhandel als Betriebszugehörigkeit angerechnet wird. Das kostet natürlich eine Menge Geld. Denn die sind jetzt alle in den höchsten Tarifklassen. Aber das war nun mal meine Philosophie als Familienunternehmer: Wenn sich jemand für uns entschieden hat und keine goldenen Löffel geklaut hat, dann sollte der bei uns eine Heimat finden. (...) Mein oberstes Ziel ist es aber, dieses Unternehmen zu erhalten, mit allen Mitarbeitern und Pensionären. Unter Wahrung der Ethik, unter Wahrung der Sozialverträglichkeit. Das ist mein Hobby, ein teures Hobby, aber ich konnte es mir bisher leisten. Andere sammeln Bilder und Autos. Ich sammle Läden – und Menschen.[4]

Sein ältester Sohn, Karl-Erivan, ist zu diesem Zeitpunkt auch sein Stellvertreter bei der Tengelmann-Gruppe und zugleich Europa-Chef. Er hat sein Management-Handwerk bei McKinsey gelernt. Die knallharten Unternehmensberater verkörpern das komplette Gegenteil vom Tengelmann-Patriarchen, dem jeder Mitarbeiter persönlich am Herzen liegt. Der Sohn drängt und drängelt den Vater immer stärker, endlich einzugreifen und den Konzern neu aufzustellen. Erivan Haub sagt dazu in einem Interview:

Ich bin stolz darauf, dass unsere Familie noch nie zerstritten war. Mein ältester Sohn und ich kommen glänzend miteinander aus, auch wenn anderes kolportiert wird.[5]

Eine Ära endet: Patriarch Erivan Haub zieht sich zurück

Ein halbes Jahr nach diesem Interview scheidet Erivan Haub als Geschäftsführer aus, wechselt in den neu gegründeten Beirat. Der Patriarch tritt ab. Nach 31 Jahren endet damit eine Ära. Nun übernimmt die fünfte Generation. Die operative Verantwortung wird auf Karl-Erivan und den vier Jahre jüngeren Bruder Christian übertragen. Der kümmert sich ums US-Geschäft. Der mittlere Bruder Georg ist offiziell für das Immobiliengeschäft zuständig, spielt aber keine Rolle im Unternehmen. Der neue starke Mann im Tengelmann-Reich ist der Stammhalter Karl-Erivan Haub. Er bestimmt fortan die Geschicke des Handelsriesen. Als später der Familienstreit eskaliert und publik wird, erzählt Christian Haub dem *Manager Magazin*:

Unsere Familie hat nie gut harmoniert. Mein Vater konnte nicht von der Macht lassen. Diesen Machtanspruch haben unsere Eltern meinem Bruder Karl-Erivan eingeimpft; er hat ihn verinnerlicht und perfektioniert.[6]

Christian Haub durfte damals laut eigener Aussage nicht in der Konzernzentrale mitarbeiten, übernahm stattdessen bei der US-Tochter A&P die Führung. Als der amerikanische Handelskonzern 2010 in die Insolvenz geht, gilt er als der Schuldige. Im Interview sagt er dazu:

Ich musste alle wesentlichen Entscheidungen laufend mit meinem Bruder abstimmen. Trotzdem haben mir meine Eltern die Schuld an dem A&P-Ende in die Schuhe geschoben und Karl-Erivan stets bevorzugt, während ich in Deutschland nicht existent war. Geschäftspartner und Öffentlichkeit wussten kaum, dass Charly auch noch zwei Brüder hatte.[7]

Nach der Machtübernahme räumt Karl-Erivan Haub bei Tengelmann auf. Es gibt eine neue Unternehmensstruktur, die Familie kontrolliert sich nicht mehr selbst. Externe Manager erhalten mehr Einfluss, vor allem der frühere Wella-Chef und renommierte Handelsprofi Peter Zühlsdorff. Verlustbringer, von denen sich der Vater nicht trennen wollte, stößt der neue Chef ab. Mehr als 100 Warenhäuser werden verkauft, ebenso die traditionsreiche Schokoladenfabrik Wisoll. Viele Läden müssen schließen. Später verschwindet auch die Discounterkette Plus, wird vom Konkurrenten Netto von Edeka geschluckt. Stück für Stück zieht sich Tengelmann aus dem Lebensmittelhandel, dem einstigen Kerngeschäft, zurück. Stattdessen fließen die Investments in die profitablen Firmen Obi und Kik. Dort sprudeln die Gewinne.

Startschuss für die große Supermarktschlacht

Jahrelang scheint es ruhig um Tengelmann, bis dann 2015 die große Supermarktschlacht ausbricht. Karl-Erivan Haub konnte seine Familie, insbesondere seinen Vater, davon überzeugen, die letzten Lebensmittelläden im Portfolio abzugeben. Es geht um 451 Filialen von Kaiser's Tengelmann mit rund 16 000 Mitarbeitern, die gegen die Einkaufsmacht und ausgeklügelten Konzepte von Aldi, Edeka & Co. keine Chance mehr haben. Seit Jahren schreiben sie hohe Verluste. »In den vergangenen 15 Jahren haben wir mehr als eine halbe Milliarde Euro aus dem Familienvermögen dazugeschossen«, sagte mir Haub später im Interview.[8] Mit Edeka ist er sich bald handelseinig. Es dreht sich eher um eine Abgabe als einen Verkauf, die Mitarbeiter sollen zudem übernommen werden.

Doch dann torpediert das Bundeskartellamt den Deal. Die Behörde befürchtet weniger Wettbewerb und steigende Preise. Auch die Monopolkommission der Bundesregierung spricht sich dagegen aus, demnach würde die Übernahme die starke Marktstellung von Edeka noch weiter ausbauen. Konkurrent Rewe macht in einer großen Anzeigenkampagne Stimmung gegen den Deal, Vorstandschef Alain Caparros schießt in Interviews gegen Haub und Edeka.

Trotz massivem Gegenwind hält Haub an seinen Plänen fest, die Läden an Edeka zu verkaufen. Er setzt jetzt alles auf eine Karte – die sogenannte Ministererlaubnis. Damit kann der damalige Bundeswirtschaftsminister Sigmar Gabriel den Deal noch genehmigen. Nach langem Tauziehen erteilt Gabriel dann diese Ministererlaubnis. Das juristische Scharmützel geht noch ein paar Monate weiter, dann kann Haub endlich die Läden wie geplant veräußern.

Spionage-Thriller im Hause Tengelmann

Während der Supermarktschlacht meldet sich ein Informant bei mir. Er berichtet von einer Spionage-Affäre im Hause Tengelmann. Sein Kontaktmann in Bonn habe auch etliche Unterlagen dazu. Am nächsten Tag fliege ich nach Köln/Bonn, treffe die »Quelle« in der alten Bundeshauptstadt. Der Termin erweist sich als Volltreffer. Der Mann hat etwa ein Dutzend Aktenordner zu dem Fall. Ich packe die Dokumente in einen rasch organisierten Mietwagen und düse zurück nach Berlin. Es sind zu viele Ordner, um sie im Flugzeug transportieren zu können. Der Spionage-Thriller beginnt.

Was ich aus den Unterlagen erfahre, wirft ein äußerst schlechtes Licht auf den Firmenchef. Laut den vertraulichen Dokumenten lässt Karl-Erivan Haub ehemalige Mitarbeiter und Geschäftspartner durch Privatdetektive beschatten, belästigen und bedrängen. Dafür gibt er einen Millionenbetrag aus. Für die illegalen Aktionen verurteilt ihn sogar später ein Gericht.[9]

Der erste Fall beginnt mit anonymen Erpresserschreiben. Karl-Erivan Haub erstattet zusammen mit seiner Frau Katrin Strafanzeige. In dem Polizeiprotokoll heißt es:

Seit dem 22.12.2006 erhielt der Geschädigte Haub per Fax und SMS Schreiben, in denen jemand die Zahlung einer nicht näher bestimmten Geldsumme für kompromittierende Fotos, die eine außereheliche Beziehung belegen würden, fordert und im Falle einer Nichtzahlung mit der Veröffentlichung dieser Bilder droht. Ab Juni 2007 erhielt seine Ehe-

frau ähnliche Nachrichten, in denen sich der Verfasser auf eine außer-
eheliche Beziehung ihrerseits beruft.[10]

Es existieren keine Fotos und auch keine konkreten Geldforde-
rungen, aber die Haubs fühlen sich bedroht. Die Familie schaltet
die Sicherheitsfirma Adato aus Hannover ein, beauftragt sie mit
verdeckten Ermittlungen. Sie sollen den Erpresser finden. Zwischen Adato und Tengelmann bestehen enge Verbindungen. Frühere Sicherheitsexperten von Haub arbeiteten jahrelang für Adato.
    Schnell nimmt Adato einen Hauptverdächtigen ins Visier. Es
soll sich um den ehemaligen Leibwächter der Familie Haub handeln. Ein »sprachwissenschaftliches Gutachten« würde ihn belasten. Darin heißt es:

Anhand eines Vergleichs von 3 Nachrichten des unbekannten Absenders
mit einigen Vergleichstexten und biografischen Daten des Verdächtigen
erfolgt die Schlussfolgerung, dass dieser mit »zumindest hoher Wahr-
scheinlichkeit« der Urheber ist. Eine Urheberschaft einer anderen Per-
son wird dagegen als unwahrscheinlich eingestuft.[11]

Der frühere Leibwächter gerät ins Fadenkreuz

Der Verdächtige genoss als Personenschützer jahrelang das voll-
kommene Vertrauen der Familie. In einem Brief an Karl-Erivan
Haub schreibt er 2004: »Ich würde ohne zu zögern mein Leben
gegen das Ihre eintauschen.« Nach einem schweren Verkehrs-
unfall muss er seinen Job aufgeben. In persönlichen Schreiben
dankt ihm Haub für seinen »vorbildlichen« Einsatz, zahlt ihm
eine großzügige Abfindung von 550 000 Euro, stellt ihm ein tadel-
loses Zeugnis aus. Warum sollte dieser loyale Mann die Haubs jetzt
erpressen? Es gibt kein Motiv, keine Belege. Zudem bestreitet er
gegenüber den Adato-Ermittlern jegliche Vorwürfe.
    Doch die Haubs scheinen wie besessen von der Theorie zu sein,
dass der ehemalige Bodyguard hinter den anonymen Schreiben
und der Erpressung steckt. Die Operation gegen ihn wird nun mas-

siv ausgeweitet. Ein Observationsteam von Adato beschattet den Ex-Leibwächter und dessen Frau rund um die Uhr. Die Privatermittler mieten eine Wohnung als »Einsatzzentrale« in unmittelbarer Nähe des Verdächtigen in Bonn an, um jeden seiner Schritte verfolgen zu können. Akribisch wird alles in Protokollen notiert. Darin steht etwa zum 8. Juni 2007:

08.30h: Ankunft zweier Ermittler der Adato, die dann Aufstellung nehmen mit Blick auf das Wohnhaus des Verdächtigen.

09.53h: Der Verdächtige fährt mit seinem Fahrzeug vor, betritt das Wohnhaus.

10.09h: Kommt wieder aus der Wohnung und fährt mit seinem Fahrzeug Richtung Bayenthal.

10.25h: Der Postbote, der für die Straße zuständig ist, wird von den Ermittlern unter Vorgabe einer falschen Identität zu dem Objekt und zu dem Verdächtigen befragt. Dieser gibt an, dass er zurzeit als Vertretung eingesetzt ist.

11.25h: Ein hinzukommender dritter Ermittler, der im Vorfeld einen Peilsender am Fahrzeug des Verdächtigen angebracht hatte, betritt das Privatgrundstück der Eheleute.

Laut den Protokollen in den Ermittlungsakten wird demnach heimlich ein Peilsender am Auto des früheren Personenschützers installiert. Daneben wird er zeitweise von 13 Fahrzeugen verfolgt. Sachverständige, die regelmäßig von Adato beauftragt werden, fertigen dubiose Gutachten an, aus denen hervorgeht: Vom Ex-Bodyguard gehe eine unmittelbare Gefahr für die Familie Haub aus. Ein Psychologe etwa rät, ihm gegenüber »Druck von offizieller Seite aufzubauen«. Deshalb sei es »sinnvoll, dass er falls möglich mit Behörden in Konflikt gerät«.

Im Klartext: Die Polizei solle gegen den Mann vorgehen, auch wenn es keinerlei Beweise gegen ihn gebe. Das Ehepaar Haub wird dann auch tatsächlich zusammen mit Adato-Ermittlern im Polizeipräsidium Köln vorstellig. Laut Protokoll verdächtigt man einen früheren Mitarbeiter. Zudem versorgt Adato die Behörden mit immer neuen, angeblich belastenden Erkenntnissen.

Ein verheerendes Urteil gegen den Traditionsunternehmer

Irgendwann platzt dem ehemaligen Leibwächter der Kragen. Er klagt vor dem Landgericht Bonn gegen die Haubs und Adato: Sie sollen ihn und seine Ehefrau endlich in Ruhe lassen. Als Beweis legt er ein »Stalking-Protokoll« vor, in dem »einzelne Vorfälle in dem Zeitraum vom 22.12.2006 bis 13.11.2008« aufgelistet sind. Der Mann gewinnt vor Gericht, doch die Gegenseite legt Beschwerde ein. Und so kommt es am 20. Juli 2010 vor dem Oberlandesgericht (OLG) Köln zu einem Urteil, das für eine der reichsten Familien des Landes mehr als peinlich ist (Aktenzeichen 3 U94/09).

Die OLG-Richter konstatieren einen »schwerwiegenden Eingriff in die Persönlichkeitsrechte«. Von einem »systematischen Beobachten« ist die Rede. »Außerdem lassen die durchgeführten Maßnahmen auf einen Belästigungscharakter schließen«, heißt es im Urteil. Die Entscheidung ist klar: Den Haubs und Adato wird untersagt, »Observations- und Überwachungsmaßnahmen« gegen den Kläger vorzunehmen, »Lichtbilder oder Aufnahmen anderer Art (Video-, Tonaufnahmen)« anfertigen zu lassen. »Für jeden Fall der Zuwiderhandlung« drohe ein »Ordnungsgeld von bis zu 250 000 Euro, ersatzweise Ordnungshaft von bis zu sechs Monaten«.

In einem weiteren Fall schickt ein ehemaliger Tengelmann-Geschäftspartner einen Vorschlag für einen »mobilen Supermarkt« an Haubs Kölner Privatadresse. Haub ist entsetzt, sieht die Tatsache, dass er das Schreiben an seine private Anschrift bekommt, als Affront. Er beauftragt Adato, sich um den Mann zu »kümmern«. Unter dem Vorwand, ihn in seiner Geschäftsidee zu unterstützen, erschleichen sich die Privatermittler unter falscher Identität das Vertrauen der »ZP« (Zielperson).

Monatelang kontrollieren die Detektive jeden seiner Schritte. Als das auffliegt, erhöht Adato den Druck. Ein Psychologe schreibt dem Mann, dass sein »ungewöhnlicher Kontaktversuch« (also die

Tatsache, dass er Haub privat angeschrieben hat) Anlass zur Sorge
darstelle. Er weist ihn darauf hin, dass bedrohliches Verhalten
Konsequenzen haben könne. Kurze Zeit später erstattet der frühere Geschäftspartner Strafanzeige gegen Haub und einen Adato-
Mitarbeiter. Grund: Er sei von dem Detektiv beinahe überfahren
worden. Die Staatsanwaltschaft Wuppertal ermittelt daraufhin
gegen die Beschuldigten (Aktenzeichen 621 Js 194/12). Eine Zeugin
bestätigt den Tatvorwurf. Aber in einer Mitteilung zur Einstellung
des Verfahrens heißt es, »den beiden Beschuldigten ist jedoch eine
Straftat nicht hinreichend sicher nachzuweisen«.

Eskalation mit Operation »Sissi«:
Karl-Erivan nimmt seinen Bruder ins Visier

Der wohl spektakulärste Spitzelfall betrifft die eigene Familie.
Karl-Erivan Haub lässt über Jahre das Leben seines Bruders Georg
beschatten. Von Anfang 2012 bis Mitte 2015 läuft die geheime Operation mit dem Decknamen »Sissi«. Georg gilt als das schwarze
Schaf in der Familie und als nicht geeignet für einen Führungs-
posten im Unternehmen. Die offizielle Version lautet, er kümmere
sich um die zahlreichen Immobilien von Tengelmann.[12]

Der mutmaßlich unter krankhaftem Verfolgungswahn leidende
Karl-Erivan Haub ist wegen der neuen Lebensgefährtin seines Bruders alarmiert. Georg Haub hatte sich nach der Trennung von seiner ersten Ehefrau, Liane, in »Sissi« verliebt. Die neue Frau an
Georgs Seite, die dieser später auch heiratet, ist Karl-Erivan Haub
aber nicht geheuer. Er fürchtet, dass sie es auf das Geld seines Bruders abgesehen haben könnte. Immerhin gehört diesem ein Drittel des milliardenschweren Tengelmann-Konzerns, genauso wie
seinen beiden Brüdern. Karl-Erivan Haub beauftragt Adato mit
umfangreichen Nachforschungen. Die Detektive aus Hannover
legen los, beschatten das Paar und deren Umfeld permanent. Sie
machen heimlich Fotos, erstellen ein streng vertrauliches Dossier
mit teils intimen Details. Darin ist über Georg Haub (GH) und
»Sissi« (SR) unter anderem zu lesen:

Beide sind offenbar bereits im Alter von 17 und 19 Jahren kurzzeitig mit-einander liiert. (...) SR und GH verlieren sich nach bisherigen Erkennt-nissen für Jahre aus den Augen. (...) GH heiratet schließlich seine erste Frau Liane. Aus dieser Ehe gehen zwei Söhne hervor. SR hat nach eige-nen Angaben zwei feste Beziehungen, kann sich jedoch nicht entschlie-ßen zu heiraten. (...) Anfang 2009 trennen sich sowohl SR als auch GH von ihren jeweiligen Partnern. Im März steht fest, dass beide fest miteinander liiert sind.

Im Juli 2009 findet ein gemeinsamer Kurzurlaub von GH und SR auf Sylt statt – im Anschluss daran ein mehrwöchiger gemeinsamer Urlaub in Südafrika. Nach Rückkehr [von] dieser Reise richtet GH sei-ner neuen Lebensgefährtin noch im selben Monat ein eigenes Büro in seinem Wohnhaus in Murnau ein. Im Herbst ist SR bereits mit der Renovierung und Einrichtung des Hauses von GH in Murnau beschäf-tigt, in das sie in Folge einzieht. Knapp ein Jahr später, im August 2010, wird ihr das Grundstück mit Wohngebäude (...) in Murnau am Staffel-see übertragen.

Die Ermittler sehen Haubs Verdacht, dass es der Frau um sein Ver-mögen geht, bestätigt. Jetzt spionieren sie intensiv ihre Vergangen-heit aus und notieren:

Entsprechend bewege sie sich zumeist gezielt und bewusst in Kreisen derer, die etwas vorzuweisen haben, unternimmt später teure Rei-sen, um auch dort auf Personen, speziell Männer, zu treffen, die Geld, Macht und Einfluss besitzen.

Verdeckte Ermittler sind im Münchner Rotlichtmilieu unterwegs

Die Detektive schrecken auch nicht davor zurück, verdeckte Ermitt-ler ins Münchner Rotlichtmilieu einzuschleusen. In dem Dossier behaupten sie, dass »Sissi« Kontakte in diese Szene habe:

*Im Februar 2012 ergeben sich aus zwei unterschiedlichen Quellen (...)
erste ernstzunehmende Hinweise auf eine mögliche Rotlichtvergangen-
heit von SR. Namentlich in Erscheinung treten dabei ein Münchner
Nachtclub und eine Begleitagentur (Escort). In Folge dessen kommt es
von Seiten der Ermittelnden zu diversen Treffen mit verschiedensten
Personen aus dem Rotlichtmilieu.*[13]

Für einen hohen fünfstelligen Betrag kauft Adato sogar Fotos, die
die Frau angeblich bei sexuellen Handlungen mit Prominenten zeigen. Eindeutige Beweise, das räumen Haubs Schnüffler ein, gibt es
allerdings nicht. Doch die Bespitzelungen reißen nicht ab.

Verbindungen zur Russen-Mafia und dem Putin-Umfeld?
Ein Berater wird von den Ermittlern als besonders gefährlich eingestuft. Zu ihm heißt es im Dossier unter dem Kürzel FGC:

*Im September/Oktober 2010 tritt FGC erstmals offiziell als persönlicher
Berater und schließlich als Generalbevollmächtigter von GH in Erschei-
nung. (...) In der Folgezeit wird FGC offenbar für GH zu einem engen
Vertrauten. Schilderungen zufolge genießt GH die Zusammenarbeit mit
FGC und setzt ausnahmslos das um, was dieser empfiehlt. Sämtliche,
höchst vertraulich geschäftliche, aber auch private Themen werden mit
FGC kommuniziert. FGC versucht Recherchen nach mit Vehemenz,
in dem Familienunternehmen Fuß zu fassen, bietet sich sogar als zu-
künftiger Finanzchef der Tengelmann-Gruppe an und versucht sich als
Beiratsmitglied zu platzieren. Trotz aller Brillanz und Wortgewandtheit
vermittelt er aber an verschiedensten Stellen immer wieder subtil den
Eindruck von Unseriosität.*

Die Detektive erheben in ihrem Dossier massive Vorwürfe gegen
den Berater:

*FGC ist den Ermittlungen zufolge als dubioser Geschäftspartner mit
konkreten Verbindungen zur Organisierten Kriminalität einzustufen.*

Von 1992 bis 1997 ist FGC Vorsitzender der St. Petersburg Immobilien und Beteiligungen, kurz SPAG, in Mörfelden-Walldorf. Während seiner Tätigkeit gerät er unter Verdacht, an kriminellen Machenschaften beteiligt zu sein. Die SPAG soll in dieser Zeit für die Russenmafia, genauer den St. Petersburger Tambow-Clan rund 225 Millionen Euro gewaschen haben.

Neben FGC ist (...) Vladimir Smirnow, enger Vertrauter des damaligen St. Petersburger Bürgermeisters Wladimir Putin, Mitbegründer der SPAG. (...) Dieses Netzwerk stand ab 1999 im Visier von Nachrichtendiensten und internationalen Fahndern. So ermitteln u. a. das BKA und der BND gegen die SPAG.

2003 ermittelt die Darmstädter Justiz gegen FGC und acht weitere Beschuldigte wegen des Verdachts der Geldwäsche, des Betruges und der Untreue. Bei der SPAG kommt es zu umfangreichen Durchsuchungen und Ermittlungen von Seiten des Bundeskriminalamtes. Das BKA informiert schließlich den damaligen Bundeskanzler Gerhard Schröder, dieser führt in der Sache ein Telefonat mit Wladimir Putin. (...) FGC selbst weist diese Anschuldigungen zurück und reicht mit zwei weiteren Beschuldigten eine Schadensersatzklage gegen die Bundesrepublik Deutschland in Höhe von 10 Millionen Euro ein. 2007 steht das Strafverfahren kurz vor einer Anklage durch die Staatsanwaltschaft Darmstadt. Die Schadensersatzklage wird im März 2009 abgewiesen. Im Oktober 2009 wird das Strafverfahren in dieser Sache wegen Strafverfolgungsverjährung eingestellt.

Belege für die zahlreichen, überaus brisanten Schilderungen tauchen in dem Dossier nur selten auf. Die Ermittler behaupten zudem, das Bundeskriminalamt habe vertraulich eine konkrete Einschätzung über den Berater von Georg Haub abgegeben:

Im März 2011 wird die Vorgehensweise von FGC daher dem BKA geschildert, im Fokus steht dabei die Verbindung zu GH und zu SR. Wegen der mutmaßlichen Kontakte FGC's zur Organisierten Kriminalität wird die dringende Empfehlung ausgesprochen, sowohl von geschäftlichen als auch von privaten Kontakten zu FGC abzusehen und sich zurückzuziehen. Grund: Das BKA kommt aufgrund der bisherigen Ermittlungsergebnisse zu der Überzeugung, dass der Kontakt von FGC zu GH gezielt eingefädelt wurde.

Nur zwei Monaten nach der angeblichen Einschätzung des BKA geschieht laut Dossier Folgendes:

Ende Mai 2011 legt FGC offiziell seine Tätigkeit als persönlicher Berater von GH nieder, offizielles Vertragsende ist der 30.06.2011. (...) Während seiner Tätigkeiten für GH soll FGC einen Tagessatz von 3000 Euro berechnet haben. Als Abschiedsgeschenk erhält er einen Bentley. Bis zum heutigen Zeitpunkt ist gesichert, dass SR, vermutlich aber auch GH, zu FGC regelmäßigen, zum Teil täglichen Kontakt halten. Dies geschieht zumeist per Mail, offenkundig aber auch telefonisch. Es ist denkbar, dass SR als verlängerter Arm von FGC und damit u. U. zur Organisierten Kriminalität agiert.

Am Ende des Dossiers kommen die Detektive zu diesem Resümee:

Klar ist, dass FGC GH und damit das Familienunternehmen Tengelmann über seine Beratungsinstanzen hinweg bereits so infiltriert hat, dass bis heute, nachweislich über GH und SR, jede Information und jede Entscheidung an ihn weitergetragen wird. Inwieweit er Entscheidungen und unternehmerische Tätigkeiten des Konzerns bereits mit beeinflusst hat und immer noch beeinflusst, kann nur vermutet werden.

Genau das hat im Verlauf der vergangenen Monate und Jahre den Prozess der Entfremdung innerhalb der Familie auf beiden Seiten vorangetrieben. Die früher einmal vertraute, offene Kommunikation im Rahmen der Familie ist schwierig bis unmöglich geworden. Das wiederum dürfte Wasser auf die Mühlen von SR und FGC sein. Sie haben erreicht, was es zu erreichen galt: Die Abwendung GH's von der Ursprungsfamilie.

Die Spitzelaktion gegen den Bruder kostet Millionen

Der Bruder als Spielball von dubiosen Figuren mit Verbindungen zur organisierten Kriminalität? Die Russen-Mafia als potenzieller Einflussnehmer beim Familienunternehmen Tengelmann? Karl-Erivan Haub erfährt von dem gewaltigen Bedrohungsszenario, das die Adato-Detektive in ihren Berichten zeichnen. Er ist in großer Sorge. Schließlich wird Georg Haub mit den Informationen von Adato konfrontiert, erfährt von der angeblichen Bedrohung. Er empfindet dies als persönlichen Angriff auf seine neue Familie. Es kommt zu einem tiefen Riss zwischen Georg und Karl-Erivan. Letzterem wird auch vorgeworfen, dass er Geld aus dem Familienunternehmen verwendet hat, um den eigenen Bruder auszuspionieren. Die Operation »Sissi« soll mehrere Millionen Euro gekostet haben. In der Familie traut nun kaum noch einer dem anderen.

Die Spitzel-Aktivitäten geraten jetzt völlig außer Kontrolle. Ein von Adato eingesetzter Privatdetektiv wendet sich an Karl-Erivan Haub und versucht, den Tengelmann-Chef mit angeblich brisanten Familieninterna zu erpressen. Haub zahlt nicht und beendet die Zusammenarbeit mit Adato. Das ist allerdings gar nicht so einfach. Denn er hat bereits 2010 heimlich Teile der Detektei gekauft. Demnach schloss Tengelmann mit Adato eine »atypisch stille Gesellschaft«, pumpte rund 1,2 Millionen Euro in die Firma. Haub kaufte sich also seine eigene Spionagefirma, wurde der beste Kunde von Adato. Nun, im Jahr 2015, kündigt er den Beteiligungs- und Beratervertrag und muss dafür noch mal eine Abfindung zahlen.[14]

Einige Monate später treffe ich Karl-Erivan Haub. Er hat um das Gespräch gebeten, möchte gern seine Sicht auf die Spionage-Affäre darlegen. Bei dem Treffen räumt er Fehler ein. Er habe sich von den Detektiven zu sehr steuern lassen, ihre Bedrohungsszenarien zu wenig hinterfragt. Mittlerweile sei er überzeugt, dass Adato mit allen Mitteln den Millionenauftrag habe behalten wollen. Zudem habe die Detektei vorbestrafte Ermittler eingesetzt, deren Informationen überhaupt nicht überprüft wurden. Inzwischen ist Adato in die Insolvenz gegangen.

Haub erklärt weiter, er habe sich bei seinem Bruder Georg entschuldigt. Die beiden hätten sich demnach ausgesprochen. Am Ende bittet er mich, nicht weiter über den Streit zwischen den beiden Brüdern zu berichten. Sie hätten Frieden geschlossen. Es ist das letzte Mal, dass ich Karl-Erivan Haub treffe. Knapp fünf Monate später ist er spurlos verschwunden, in den Gletschern am Matterhorn.

Der neue starke Mann bei Tengelmann – Christian Haub

Zwei traurige Ereignisse erschüttern die Tengelmann-Welt innerhalb weniger Wochen. Am 6. März 2018 stirbt der Patriarch Erivan Haub im Alter von 85 Jahren. Wie kein anderer hat er das Familienunternehmen geprägt. Am 7. April 2018 kommt es dann zu dem Drama um Karl-Erivan Haub, der von seiner Ski-Tour nicht zurückkehrt.

Nun übernimmt Christian Haub das Ruder. Er ist ein freundlich wirkender Mann, der aber stets im Schatten seines großen Bruders stand. Jetzt räumt er in der Mülheimer Zentrale, die ihm so lange verwehrt blieb, auf. Er trennt sich von diversen Vertrauten seines Bruders, vor allem vom wichtigen Berater Peter Zühlsdorff, und holt neue Manager zu Tengelmann. An ihm nagt die Pleite des US-Unternehmens A&P, für die er in der Familie verantwortlich gemacht wurde. Er will allen zeigen, dass er ein Unternehmen führen kann.

Hinter den Kulissen beginnt bereits kurz nach dem Verschwinden von Karl-Erivan Haub der Familienstreit um das Erbe. In seinem Testament hat Karl-Erivan Haub festgelegt, dass seine Firmenanteile auf die Kinder übergehen. Die Zwillinge Viktoria und Erivan sind zu diesem Zeitpunkt Mitte zwanzig. Die fälligen Erbschaftssteuern belaufen sich auf rund 450 Millionen Euro. Das Unternehmen hätte die Steuerlast übernehmen können. Für den milliardenschweren Tengelmann-Konzern wäre das auch kein Problem.

Doch Christian und sein Bruder Georg, der nun in den Beirat einzieht, haben noch ein paar offene Rechnungen zu begleichen.

Jahrzehntelang litten sie darunter, dass die Eltern Karl-Erivan als Lieblingssohn bevorzugten. Der wiederum demonstrierte seine Überlegenheit gegenüber Christian und ließ Georg sogar bespitzeln. Das Verhältnis der Brüder, das nach außen als harmonisch galt, war in Wahrheit zerrüttet. Gegenüber dem *Manager Magazin* sagt Christian dazu: »Privat gab es keine Kontakte, und geschäftlich konnten wir nur gut zusammenarbeiten, solange ich die Entscheidungen meines Bruders nicht hinterfragte.«[15]

Streit um die Erbschaftssteuer

Die Erbschaftssteuer nutzt Christian Haub nun als Druckmittel, um die Kinder seines verschollenen Bruders zu einem Verkauf ihrer Firmenanteile zu bewegen. Viktoria und Erivan wollen aber nicht verkaufen, sondern vielmehr eine wichtige Rolle im Familienunternehmen einnehmen. Allerdings vermögen sie aus eigenen Mitteln die fällige Erbschaftssteuer nicht zu bezahlen. Deshalb lassen sie zusammen mit ihrer Mutter Katrin den verschollenen Vater nicht für tot erklären. Denn die Erbschaftssteuer muss erst beim Tod eines Menschen beglichen werden, nicht, wenn jemand als vermisst gilt.

In einer Stellungnahme von Tengelmann heißt es: »Die Familie befindet sich derzeit in Gesprächen darüber, wie die Erbschaftssteuer finanziert wird, die eine Todeserklärung des verschollenen Karl-Erivan Haub nach sich ziehen würde. Es ist völlig klar, dass es darin auch um den Ausgleich unterschiedlicher Standpunkte geht.«[16]

Im Sommer 2020 landet der Familienstreit der Haubs erstmals vor Gericht. Unter dem Aktenzeichen 22 O 65/19 läuft das Verfahren beim Landgericht Duisburg. Kläger sind die beiden Kinder, aber auch Karl-Erivan Haub. Ein ungewöhnlicher Fall: Er ist immer noch nicht für tot erklärt worden. Für den verschollenen Ex-Tengelmann-Chef hat seine Ehefrau Katrin die Klage gegen die Tengelmann Verwaltungs- und Beteiligungs GmbH eingereicht. Dabei geht es im Kern um die Frage, ob Christian Haub mit rechtlich sauberen Mitteln die Macht im Unternehmen an sich gerissen hat.

Denn am 27. November 2018, ein halbes Jahr nach dem Verschwinden von Karl-Erivan, fällte der Beirat von Tengelmann, das wichtige Machtzentrum, eine umstrittene Entscheidung. Dabei wurde ein langjähriger Vertrauter von Karl-Erivan aus dem Gremium abberufen und durch den Duisburger Familienunternehmer Franz Markus Haniel ersetzt. Haniel würde die »Wertschätzung und das Vertrauen aller Gesellschafterstämme« genießen, erklärte Christian Haub damals. Mit der personellen Veränderung gewann er an Einfluss im vierköpfigen Beirat.

Aus Sicht der Kläger ist der damalige Beschluss allerdings ungültig, da die Neubesetzung des Beirats nicht mit der notwendigen Dreiviertelmehrheit in der Gesellschafterversammlung erfolgt sei, sondern nur mit einer Zweidrittelmehrheit. Christian und Georg waren dafür, Katrin als Vertreterin von Karl-Erivan dagegen. Das Gericht teilt die Rechtsauffassung der Kläger, eine herbe Niederlage für Christian Haub. Er weiß jetzt, dass er nicht so einfach durchregieren kann bei Tengelmann – und dass die Erben seines Bruders sich vehement zur Wehr setzen. Die haben zudem eine wichtige Verbündete auf ihrer Seite: Clan-Mutter Helga Haub hält zu Katrin, Viktoria und Erivan, stellt sich bei dem Konflikt gegen ihren Sohn Christian.

Nach diesem Urteil droht bei Tengelmann die Handlungsunfähigkeit. Denn wichtige Entscheidungen können von den zerstrittenen Gesellschaftern blockiert werden. Auch das Szenario einer Zerschlagung des Konzerns macht bereits die Runde. Die verfeindeten Lager kommunizieren fast nur noch über ihre Anwälte. Und dort taucht nun ein neuer, prominenter Akteur auf: Christian Haub verpflichtet Mark Binz, Star-Anwalt aus Stuttgart und spezialisiert auf Auseinandersetzungen in Familienunternehmen.

Bei Haribo und Tönnies etwa war er bereits im Einsatz. Wer Binz engagiert, holt sich die Abteilung Attacke ins Haus. Er kämpft mit harten Bandagen, greift seine Gegner auch gern öffentlich an.

In der Tengelmann-Causa schießt er gleich zu Beginn gegen die Erben von Karl-Erivan Haub: »Christian will das Unternehmen fortführen. Wenn ein Stamm ausscheiden will, muss er entweder kündigen oder verhandeln. Wir lassen nicht länger zu, dass die Unternehmensführung behindert wird, nur um sich die eigene Lästigkeit abkaufen zu lassen.«

Der neue Anwalt will den Firmenpatriarchen für tot erklären lassen

Wenige Wochen nach seiner Verpflichtung holt Binz dann zum ersten großen Schlag aus. Am 7. Oktober 2020 geht beim Amtsgericht Köln sein »Antrag auf Einleitung des Aufgebotsverfahrens und auf Todeserklärung« ein. In dem vertraulichen Dokument heißt es:

In Sachen Karl-Erivan Haub, geboren am 2. März 1960, gesetzlich vertreten durch Frau Katrin Haub als Abwesenheitspflegerin, wird durch Christian Haub beantragt: Der verschollene Herr Karl-Erivan Haub wird für tot erklärt. Zu diesem Zweck wird das Aufgebotsverfahren gemäß §§2, 16 VerschG eröffnet. Als Todeszeitpunkt wird der 7. April 2018, 24.00 Uhr, festgestellt.[17]

In seiner Begründung greift Anwalt Binz frontal Katrin Haub an, die die Stimmrechte ihres verschollenen Ehemannes wahrnimmt:

Mit der sorgsamen Ausgestaltung der Gesellschaftsverträge sollte unbedingt sichergestellt werden, dass der Ehegatte eines Gesellschafters im Falle einer Scheidung oder des Ablebens eines Gesellschafters unter keinen Umständen Einfluss auf die Geschicke der jeweiligen Gesellschaft nimmt. Derzeit nimmt aber die Abwesenheitspflegerin gegen den in den Gesellschaftsverträgen klar zum Ausdruck kommenden übereinstimmenden Willen der Gesellschafter als Ehefrau des Verschollenen dessen Gesellschaftsrechte war, sodass dem Antragsteller bereits allein aus diesem Grund die mit der Verschollenheit eingetretene Schwebelage nicht weiter zumutbar ist.[18]

In dem juristischen Schriftsatz spricht Binz der Kontrahentin Katrin Haub die fachliche Eignung ab, ihren verschollenen Ehemann vertreten zu können. Zudem kritisiert er:

So überzieht die Abwesenheitspflegerin seit Sommer 2019 das Unternehmen mit immer neuen querulatorischen Auskunftsersuchen mit zum Teil völlig unrealistischer Fristsetzung (z. T. von Stunden!) zu beliebigen unternehmerischen Fragen, zuletzt insbesondere auch zum Dienstvertrag des Antragstellers, deren Beantwortung erhebliche Ressourcen im Unternehmen bindet und bereits jetzt enorme Kosten verursacht hat, für die gerade während der Corona-Pandemie bessere Einsatzmöglichkeiten bestünden.

Ferner hat die Abwesenheitspflegerin im Namen des Verschollenen die Wahl von Franz Haniel in den Beirat der TVB vor dem Landgericht Duisburg angefochten und damit den von ihr initiierten Gesellschafterkonflikt bewusst in die Öffentlichkeit gezogen.

Schließlich widerspricht auch der kürzlich gestellte Antrag der Abwesenheitspflegerin, die im Unternehmen vorhandenen Rücklagen in Höhe von rund 1,9 Mrd. Euro zugunsten der privaten Erbschaftssteuer größtenteils aufzulösen, dem Interesse des Unternehmens. (...) Einem solchen Vorschlag, der die Axt an die Grundpfeiler des stolzen und traditionsreichen Familienunternehmens Tengelmann legt, hätte der Verschollene niemals zugestimmt. Erst recht ist völlig undenkbar, dass der Verschollene selbst einen solchen Antrag gestellt hätte. (...) Die mit der Todeserklärung entstehende Erbschaftssteuer von rund 450 Mio. Euro ist auch der einzige Grund, warum die engste Familie des Verschollenen bislang von der Einleitung eines Aufgebotsverfahrens abgesehen hat.

Einziges Ziel dieses unsäglichen Verhaltens der Abwesenheitspflegerin ist es, als »lästiger Gesellschafter« treuwidrig Druck auf den Antragsteller als Gesellschafter und Geschäftsführer auszuüben, ihn mürbezumachen und einen Keil zwischen ihn und seinen Bruder Georg zu treiben, um ihre unberechtigten monetären Forderungen durchzusetzen. Zum einen soll die erhebliche Erbschaftssteuerbelastung vollständig oder zumindest zum größten Teil aus dem Unternehmen heraus finanziert werden. Zum anderen verfolgt die Abwesenheitspflegerin gemeinsam mit ihren Kindern das Ziel, zu einer möglichst hohen Abfindung aus dem Unternehmen auszusteigen.[19]

Schwägerin Katrin Haub wird als unfähig und machtgierig dargestellt

Laut Verschollenengesetz aus dem Jahr 1939 kann jeder, der ein begründetes rechtliches Interesse hat, einen solchen Antrag stellen. Im Fall Haub ist das Dokument, das Binz im Auftrag von Christian verfasst hat, der vorläufige Höhepunkt der Familienfehde. Denn der Schritt, Karl-Erivan für tot erklären zu wollen, ist nicht mit Ehefrau Katrin abgestimmt. Die wird in dem Antrag, kurz zusammengefasst, als unfähig, streitsüchtig und machtgierig dargestellt.

Katrin Haub ist entsetzt über den Antrag auf Todeserklärung und äußert sich nun erstmals zum Familienstreit. Ein Sprecher erklärt: »Christian Haub versucht offenkundig, durch den Antrag auf Todeserklärung eine Erbschaftssteuerfestsetzung gegen den Stamm KEH in Höhe von 450 Millionen Euro zu bewirken, in der Hoffnung, dass die Mitglieder des Stammes KEH in diesem Fall zur Vermeidung einer persönlichen Insolvenz ihre Anteile an Tengelmann ihm unter Wert verkaufen werden.« Es habe sich in der Vergangenheit gezeigt, dass Christian Haub nur durch den Druck gerichtlicher Entscheidungen daran gehindert werden könne, Gesellschafterrechte zu missachten, erklärt der Sprecher von Katrin Haub weiter. Der Tengelmann-Chef habe wiederholt sein Wort gebrochen. Da ihr keine Pflichtverletzungen vorgeworfen werden könnten, verlege sich Christian Haub darauf, sie und ihre Kinder als »lästig« zu bezeichnen: »Im Übrigen entspricht es dem Selbstverständnis von Christian Haub, dass er jede Kritik an seinem Verhalten, mag sie auch noch so berechtigt sein, als lästig empfindet.«

Wie lange es nun dauern wird, bis Karl-Erivan offiziell für tot erklärt wird, ist derzeit nicht abzusehen. Wenn sie sich weiterhin »geschäftsschädigend« verhalte, droht Christian Haub damit, die

Familie von Karl-Erivan Haub als Gesellschafter aus dem Tengelmann-Konzern auszuschließen. Ein Rauswurf aus dem Unternehmen wäre das nächste Kapitel in diesem Kampf um Macht und
Milliarden.

Hinter den Kulissen beginnt nun der Poker ums Geld. Wie
aus internen Mails hervorgeht, sind Katrin Haub und ihre Kinder
bereit, bei Tengelmann auszusteigen. Als Abfindung fordern sie
eine Summe von 1,6 Milliarden Euro. Doch Christian Haub pocht
auf den Gesellschaftervertrag. Demnach würden ihnen lediglich
70 Prozent des Verkehrswertes ihrer Anteile (34,3 Prozent) zu-
stehen. Das wäre etwas weniger als eine Milliarde Euro.

Einer seiner Lieblingssprüche war:
Die besten Spiele finden im Geheimen statt
Ausgerechnet in dieser Zeit, also Ende 2020, geht es mit den Spekulationen und Gerüchten um Karl-Erivan Haub los. Einer seiner
Lieblingssprüche war, so berichtet es ein enger Mitarbeiter: Die
besten Spiele finden im Geheimen statt. Im Zuge des Familien-
streits werden plötzlich jahrelang gehütete Geheimnisse publik. So
führte der langjährige Tengelmann-Chef ein verborgenes Doppelleben. Für die Öffentlichkeit steuerte er das internationale Han-
delsimperium, tauchte gelegentlich auch mit Ehefrau Katrin bei
diversen Anlässen auf. Sein anderes Leben teilte er über Jahre mit
einer Frau aus St. Petersburg. Veronika E. arbeitete damals für eine
Event-Agentur, war auch an der Organisation einer Geburtstagsfeier für die Mutter von Karl-Erivan beteiligt. In ihrem Profil auf
der Firmen-Homepage schrieb sie über sich selbst, dass sie die
Berge, extreme Abenteuer und das Adrenalin liebe. Ganz genauso
wie Karl-Erivan.[20]

Lange Zeit waberte das Gerücht zu dieser Affäre durch das
Tengelmann-Reich. Sicherheitsmitarbeiter etwa wunderten sich,
dass Karl-Erivan zu angeblichen Geschäftsterminen nach Russland
keine Leibwächter mitnahm. Er soll sich sogar einen russischen
Pass besorgt haben, um unauffällig mit Linienflügen anzureisen.

Ein Beweis für die heimliche Liebe kam jedoch erst heraus, als im Zusammenhang mit den Rettungsmaßnahmen in den Schweizer Alpen Textnachrichten von Karl-Erivan ausgelesen wurden. Demnach schrieb Veronika E. an dem Tag, als Karl-Erivan verschwand, dass sie nun auf dem Weg nach Moskau sei. Im Umfeld der Familie tauchte deshalb die Frage auf: Könnte es sein, dass Karl-Erivan gar nicht tot, sondern untergetaucht ist, um ein anderes Leben zu führen? Ein Leben mit Veronika? Ein Leben in Russland?

Auch Christian Haub scheint alles für möglich zu halten. Er unterstützt kostspielige Ermittlungen, um zu erfahren, was damals am Matterhorn wirklich passiert ist. Hintergrund sind geheime Dossiers seiner Sicherheitsabteilung, die viele Fragen aufwerfen. Nach dem Verschwinden begann ein Expertenteam um den Sicherheitschef mit den Nachforschungen, die in keinen Polizeiakten auftauchen. Laut den vertraulichen Berichten soll Karl-Erivan Haub Verbindungen zum russischen Geheimdienst FSB gehabt haben. Seine langjährige Geliebte Veronika E. soll eine nachrichtendienstliche Ausbildung genossen haben und als »Lockvogel« eingesetzt worden sein. Mithilfe von Telekommunikationsdaten konnte die Tengelmann-Sicherheit feststellen, dass Karl-Erivan einen Tag vor seinem Verschwinden noch 30 Minuten mit Veronika E. gesprochen hat.

Verunglückt, untergetaucht oder ermordet?

Ein weiteres Telefonat an diesem Tag alarmierte die Tengelmann-Ermittler. Karl-Erivan hatte offenbar mit einem Mann namens Sergey Grishin, genannt »Scarface«, gesprochen. Er sei bei Grundstückdeals für Plus-Filialen im Raum zwischen Moskau und St. Petersburg um das Jahr 2010 herum als Geschäftspartner aufgetreten, heißt es. Dabei sollen Firmengelder in Höhe von rund 40 Millionen Euro verschwunden sein. Zur gleichen Zeit soll Grishin als Chef der russischen Rosevrobank im Zentrum eines Geldwäscheskandals gestanden haben. Angeblich wurde auch Geld des russischen Geheimdienstes ins Ausland geschleust. Angesichts der brisanten Verbindungen schließen die Detektive nicht aus, dass Karl-Erivan Haub womöglich Opfer eines Gewaltverbrechens wurde.[21]

Es sind abenteuerliche Geschichten, die in der Familie und deren Umfeld kursieren. Verunglückt, untergetaucht oder ermordet? Das Rätsel um Karl-Erivan kann bis heute nicht gelöst werden, auch weil seine Leiche nie gefunden wurde.

Rund drei Jahre nach seinem Verschwinden in den Schweizer Alpen wird Karl-Erivan im Frühjahr 2021 offiziell für tot erklärt. »Die zur Begründung der Todeserklärung erforderlichen Tatsachen sind auf Grund der vorgenommenen Ermittlungen und der beigebrachten Unterlagen für erwiesen erachtet worden«, heißt es in dem Beschluss des Kölner Amtsgerichts. Zweifel an seinem Tod hält das Gericht für nicht belegbar. »Zur Akte vorgetragene anderslautende Meinungen fußen auf Möglichkeiten, Vermutungen und nicht prüfbaren Unterlagen«, stellt das Gericht fest. Sie seien nicht ausreichend, »die ernstlichen Zweifel am Fortleben des Verschollenen zu beseitigen«. Deshalb sei dem Antrag auf Todeserklärung stattzugeben.[22]

Auch Ehefrau Katrin und die beiden Kinder schlossen sich nun dem Antrag an, Karl-Erivan Haub für tot zu erklären. Kurz zuvor einigten sie sich nach harten Verhandlungen über den Verkauf ihrer Firmenanteile an Christian Haub. Der Kaufpreis soll sich auf rund 1,75 Milliarden Euro belaufen. Christian Haub besitzt jetzt knapp 69 Prozent an Tengelmann, sein Bruder Georg die restlichen knapp 31 Prozent.

Der Mann, der in seiner eigenen Familie als Versager abgestempelt wurde, hat sein Ziel erreicht: Christian Haub hat die Macht im Tengelmann-Reich endgültig übernommen und ist die Familie seines Bruders Karl-Erivan losgeworden. Der Preis der Machtübernahme ist die komplette Zerstörung der Großfamilie. Mutter Helga will weiterhin nichts mit Christian zu tun haben. Auf der Trauerfeier für Karl-Erivan soll sie gesagt haben, »der falsche Sohn« sei gestorben. Damit meinte sie wohl Georg.[23]

Bruder Georg hat Christian mittlerweile verklagt. Er sei »menschlich sehr enttäuscht«, so Christian Haub.[24] Im aktuellen Bruderzoff geht es mal wieder ums Geld. Natürlich wie immer bei den Haubs um viel Geld. Also genau das, wovon die Haubs eigentlich genug haben. Am Resümee von Christian Haub bestehen wahrlich keine Zweifel: »Unsere Familie ist für immer und ewig auseinandergebrochen.«

Der Drogeriekönig dankt ab

Wie das Imperium von Anton Schlecker
in die größte Pleite der Nachkriegsgeschichte
schlitterte

Meike Schlecker ist bleich im Gesicht, ihr Blick ausdruckslos. Sie rückt auf ihrem Stuhl nach vorn und sagt einen Satz, der ihr später zum Verhängnis wird: »Ich glaube, Sie haben das nicht verstanden. Es ist nichts mehr da.«[1] Es ist eine denkwürdige Pressekonferenz, damals, im Januar 2012. Gerade haben Reporter die Tochter des einstigen Drogeriekönigs Anton Schlecker nach den über 1,2 Milliarden Euro gefragt, die ihr Familienunternehmen rund 28 000 Gläubigern schuldet. Nichts mehr da? Eine von etlichen Lügen im Schlecker-Drama. Jeder kennt Schlecker. Überall in Deutschland gab es bis 2012 eine dieser schmucklosen Filialen, bei der man noch schnell Spülmittel, Zahnpasta oder Shampoo preisgünstig einkaufen konnte. Schlecker galt als Imperium mit Milliardenumsätzen, aufgebaut von der Familie um den Patriarchen Anton Schlecker, einen gelernten Metzger. 2012 brach jedoch die große Pleite über Europas größtes Drogeriemarkt-Imperium herein und spülte es vom Markt. 28 000 Gläubigern schuldet die Unternehmer-Familie Geld, insgesamt 1,2 Milliarden Euro. Viele von ihnen waren Filialmitarbeiterinnen, die »Schlecker-Frauen«: schlecht ausgebildet, schlecht bezahlt und schlecht behandelt, bis zum Schluss.

Im Jahr 2022 liegt die spektakuläre Insolvenz zehn Jahre zurück. Die Pleite von Schlecker entpuppte sich dabei als Politikum. Denn die Arbeitslosigkeit der rund 24 000 verbliebenen

Mitarbeiter und Mitarbeiterinnen, darunter zahlreiche »Schlecker-Frauen«, empörte die gesamte Republik.

Der Name Schlecker steht auch für die Gier der Superreichen, die auf illegalem Weg noch schnell ein paar Millionen beiseiteschafften. Es geht um Betrug und um Insolvenzverschleppung.

Dahinter steckt ein Familiendrama. Denn der als streng und starrsinnig geltende Anton Schlecker verriet seine eigenen Kinder. Staatsanwälte klagen Vater, Sohn und Tochter an, die Kinder müssen nach dem Prozess ins Gefängnis. Vater Schlecker kommt mit einer Bewährungsstrafe davon.

Auf der Suche nach dem verbrannten Schlecker-Vermögen stellte sich der Bevölkerung, der Staatsanwaltschaft und den Richtern vor allem die Frage: Haben die Schleckers die Insolvenz vorsätzlich verschleppt, um vorher noch so viel Geld wie möglich beiseitezuschaffen?

Eine wahre Wirtschaftswundergeschichte

Dabei begann das Schlecker-Drama doch eigentlich als Erfolgsgeschichte. Anton Schlecker wird 1944 in der Schwäbischen Alb geboren. Er wächst in Ehingen auf, einer Kleinstadt bei Ulm. Bis heute wohnt er in seiner Heimatstadt. Seine Eltern führen einen erfolgreichen mittelständischen Fleischereibetrieb mit mehreren Filialen, Anton Schlecker muss dort früh mit anpacken. Mit 17 Jahren absolviert er deshalb zunächst eine Metzgerlehre, mit 21 Jahren hat er bereits seinen Meisterbrief in der Tasche. Im Alter von 30 Jahren leitet er das elterliche Unternehmen, zu dem inzwischen Metzgereien, eine Fleischfabrik, eine Brotfabrik sowie Warenhäuser gehören.

Sein eigentliches Vorbild ist Anfang der 1970er-Jahre nicht sein Vater, sondern ein junger Drogist aus Burgwedel bei Hannover: Dirk Roßmann. Im März 1972 eröffnet der heute bekannte Unternehmer den ersten Selbstbedienungs-Drogeriemarkt in Deutschland. Zuvor existierten rund 12 000 unabhängige Drogerien, in denen die Kunden nicht selbst ins Regal griffen, sondern vom Inhaber bedient wurden. Man kannte sich, man schätzte sich. Diese Läden waren klein, denn damals gab es nicht 100 verschiedene Sorten Haarshampoo oder Seife.

Das änderte sich mit dem wachsenden Wohlstand im Nachkriegsdeutschland. Im Jahr 1973 startet auch Götz Werner mit dm. Sowohl bei Rossmann als auch bei dm können Kunden wie im Supermarkt aus einem großen Sortiment wählen, das kommt gut an: Die Kassen bei Rossmann und dm klingeln. 20 000 Mark setzt Dirk Roßmann am ersten Tag der Eröffnung um – so viel verdiente die Drogerie seiner Eltern zuvor im Monat. Das neue Geschäftsmodell weckt das Interesse von Metzger und Unternehmer Anton Schlecker.

Mitte der 1970er-Jahre schafft eine Gesetzesänderung die Basis für neue Geschäfte in dem Segment: Denn 1974 fällt die sogenannte Preisbindung. Bis zu diesem Jahr bestimmten die Hersteller den Preis für ihre Waren, ähnlich wie heute die Buchverlage immer noch den Preis eines Buchs gegenüber dem Buchhandel festlegen. Ab 1974 ist es jedem Drogerie-Betreiber erlaubt, die Preise selbst festzulegen. Die Idee der Discounter-Drogerie ist geboren, denn mit steigendem Einkaufsvolumen sinken die Preise. Diese neue Marktlücke will Anton Schlecker ausnutzen.

1975 eröffnet der gelernte Metzger in Kirchheim unter Teck seine erste Drogerie. Alles ist billiger als bei den inhabergeführten Drogisten. Zu Beginn hat Schlecker es leicht, da die etablierten Drogisten mit dem Billigheimer preislich nicht mithalten können. Wie Rossmann und dm wächst auch Schlecker deshalb rasant, zunächst mit Drogerieartikeln in den Metzgereien seines Vaters, dann mit eigenen Filialen.

Im Gründungsjahr 1975 eröffnet Anton Schlecker insgesamt 17 Filialen, 1977 schon 100, 1984 existieren 1000 Schlecker-Märkte. Durchschnittlich 200 Quadratmeter messen seine Filialen, verglichen mit den 30 bis 40 Quadratmetern der herkömmlichen inhabergeführten Drogerien ein Vielfaches an Fläche für Regale, Einkaufswagen und ein größeres Sortiment. Zum Vergleich: Ein dm-Markt bietet heute auf durchschnittlich 631 Quadratmetern sein schier unendliches Arsenal an Körperpflege- und Haushaltsprodukten. Schlecker meidet damals bewusst die teuren Einkaufsmeilen und platziert seine Märkte in Randlagen oder in Dörfern, in denen es sonst kaum Angebot gibt. Damit möchte er zum Nahversorger für die Bevölkerung avancieren.

Schlecker orientiert sich am Aldi-Discount-Prinzip: die Kosten drücken, um das Angebot so billig wie möglich zu halten. In den Filialen wird deshalb keinerlei Wert auf die Präsentation, den Komfort oder die Qualität gelegt. Enge Gänge, überbordende Regale und grelles Licht prägen die Schlecker-Märkte. Meist führt eine einzige Verkäuferin den Laden, sitzt an der Kasse, füllt Regale auf und beantwortet die Nachfragen der Kunden.

Kredite von den Lieferanten, nicht von den Banken

Um weiter wachsen zu können, ersinnt Schlecker eine neue Strategie. Aufgrund seiner starken Marktmacht verhandelt der Geschäftsführer mit seinen Lieferanten, dass Rechnungen erst 30 Tage nach der Lieferung fällig werden. Damit räumen die Lieferanten ihm im Prinzip einen Kredit ein. Schlecker muss nie zur Bank gehen, um einen Kredit zu bekommen. Mit diesem Trick finanziert er seine neuen Filialen, die ihm ein noch größeres Einkaufsvolumen verschaffen. Er drückt so die Preise weiter nach unten, sein Marktanteil wächst.

Dieses System entpuppt sich als äußerst gewinnbringend. Schlecker schreibt mit seinem Wachstum in Europa Geschichte. Österreich, Spanien, Belgien oder die neuen Bundesländer: Kein Landstrich ist mehr vor einer Schlecker-Filiale sicher. 1990 zählt der Inhaber 8000 Märkte. In den 1990er-Jahren arbeiten 50 000 Mitarbeiter in 17 Ländern für den Drogerie-Unternehmer. Ab 1994 hängt Schlecker dm und Rossmann ab und kann sich nun Marktführer nennen. 1999 weist die Firma 300 Millionen D-Mark Gewinn auf.

Schlecker wächst und wächst: Frankreich, Italien, Dänemark, Polen, Belgien, Tschechien, Ungarn und Portugal. 2006 summiert sich die Zahl der Filialen auf 12 000. Doch die aggressive Expansionsstrategie birgt Probleme. In die relativ kleinen Läden passt nur ein reduziertes Sortiment, es fehlt an Platz in den Regalen. Wachstum erzielt das Unternehmen nur noch durch die Eröffnung neuer Filialen. Die Krise ist vorprogrammiert.

Die Familie hinter dem Imperium

Nach außen hin präsentiert sich Familie Schlecker als ein Vorzeige-Clan: Anton, Ehefrau Christa und die Kinder Lars und Meike scheinen eine Einheit. Die Öffentlichkeit erfährt wenig über sie, denn die Schleckers führen wie die Albrechts (Aldi) ein sehr zurückgezogenes Leben. Anton Schlecker baut in seinem Heimatort Ehingen ein großes Haus, das er hinter hohen Mauern versteckt. Die Eltern fahren zwar Porsche, aber ausschweifender Luxus gehört im Schwäbischen nicht zum guten Ton, auch nicht bei den Schleckers.

Wie die Privatperson Anton Schlecker tickt, wissen nur sehr wenige. Was hinter den hohen Mauern des Schlecker-Anwesens passiert, dringt nicht nach außen.

Die Entführung der Kinder

Doch mit dem wachsenden Wohlstand kommen auch die Schattenseiten des Erfolgs. Am 23. Dezember 1987 werden die Kinder Lars und Meike Schlecker entführt. Ein Artikel der *Bild-Zeitung* von Heiligabend 1987 beschreibt die Tatnacht:

Sie hatten Freunde besucht, scherzten, lachten, während sie die fünf schwarzen Marmorstufen zur kupferbeschlagenen Eingangstür hinaufstiegen. In diesem Augenblick sprangen drei Männer auf sie zu. Sie trugen Motorradmützen, graue Anoraks, hatten Pistolen in der Hand. »Los, ins Wohnzimmer!«, kommandierte einer und: »Ganz ruhig, dann passiert euch nichts.«[2]

Die drei Entführer agieren ruhig, präzise und mit Kaltblütigkeit. Ein Täter bewacht im Haus die Eltern, die anderen beiden verschleppen den 16-jährigen Lars und die 14-jährige Meike in eine alte Fischerhütte im Wald, etwa sechs Kilometer von der Villa entfernt. Dort fesseln sie die Kinder mit Handschellen an ein altes Bett.

In der Nacht vor Weihnachten spielt sich dann ein Verhandlungsdrama im Wohnzimmer der Schleckers ab. Mit vorgehaltener Pistole verlangen die Täter 18 Millionen D-Mark von Anton Schlecker. Der Vater, ganz der raffinierte Preisdrücker, handelt die Summe für die Freilassung seiner Kinder herunter: Bei 9,6 Millionen D-Mark liegt seine Schmerzgrenze. Denn diese Summe Lösegeld hat er vorsorglich für eine potenzielle Entführung versichert. Er erklärt den Entführern, er könne nur diese Summe so schnell auftreiben, und weist seinen Prokuristen an, das Geld von der Bank zu beschaffen. Nach etwa 24 Stunden lassen die Geiselnehmer beide Teenager wieder frei. Die Polizei fahndet erfolglos nach den Tätern. Viele Jahre lang vermag sie den Fall nicht aufzuklären.

Erst zwölf Jahre später, 1999, fasst die Polizei die drei Entführer. Das Lösegeld von 9,6 Millionen D-Mark haben sie verprasst. Nun benötigen sie Nachschub. Sie kidnappen einen Bankdirektor und planen, ihre Masche, mit der sie bei den Schleckers erfolgreich waren und mit der sie unentdeckt blieben, zu wiederholen. Dabei begeht einer der Täter einen folgenschweren Fehler: Er ruft aus einer Telefonzelle in seinem Heimatdorf an. Die Polizei verfolgt den Anruf zurück, kommt den Tätern auf die Spur und verhaftet sie schließlich. In den Vernehmungen erfahren die Kriminalpolizisten, dass ihre Verdächtigen hinter der Schlecker-Entführung und zahlreichen Banküberfällen stecken. Über 20 Jahre lang haben die drei Männer zahlreiche Verbrechen begangen und dabei rund 20 Millionen Euro erbeutet. Schlecker war jedoch ihr größter Coup.

1999 startet vor dem Landgericht Ulm ein spektakulärer Prozess. Erstmals erscheint die Familie Schlecker wieder in der Öffentlichkeit, denn alle vier sagen als Zeugen aus. Um die Familie zu schützen, verhängt das Landgericht ein Fotografierverbot. Das Gericht verurteilt die Hauptangeklagten wegen räuberischer

Erpressung und Menschenraubs zu jeweils dreizehneinhalb Jahren, den dritten zu sieben Jahren Gefängnis.

Das Leben nach der Entführung

Die Entführung markiert eine Zäsur im Leben der Familie. Das traumatische Erlebnis hat zur Folge, dass sich die Eltern und Kinder noch stärker aus der Öffentlichkeit zurückziehen – ähnlich wie auch die Albrecht-Familie hinter dem Aldi-Imperium nach der Entführung des Patriarchen Theo Albrecht im Jahr 1971. Aus der Zeit nach der Entführung existieren keine offiziellen Fotos mehr von den Schleckers. Die Familie führt weitere Sicherheitsmaßnahmen ein, in der Konzernzentrale in Ehingen überwachen Video-Anlagen das Kommen und Gehen sämtlicher Menschen, die das Gebäude betreten.

Auch die Geschäfte laufen nach der Entführung im Verborgenen. Anton Schlecker führt seine Drogeriekette als persönlich haftender eingetragener Kaufmann (e. K.). Damit legt er nur dem Finanzamt gegenüber Rechenschaft ab. Bilanzen wie etwa ein börsennotiertes Unternehmen muss er nicht veröffentlichen. Damit umgeht er die öffentliche Präsentation der Zahlen etwa auf Pressekonferenzen. Allein ausgewählte Journalisten lädt er ein, zum Beispiel Redakteure von Lokalzeitungen, denen er vertraut.

Sein Geschäft bleibt daher intransparent, kritische Journalisten haben keinen Einblick in sein Imperium. Aufgrund dieser Rechtsform haftet Schlecker ganz allein mit seinem Privatvermögen für das gesamte Unternehmen. Heutzutage gilt diese Rechtsform als antiquiert. Die überholte und riskante Form, die Geschäfte zu führen, soll Anton Schlecker später zum Verhängnis werden.

Schwäbischer Millionär und Geizkragen mit Sparwahn

Anders als die meisten Kinder suchen sich Lars und Meike ihr Leben und ihren Berufsweg nicht selbst aus. Als Erben ihres Vaters verlangt dieser, dass sie das Unternehmen später einmal übernehmen sollen. Als Vorbereitung lauschen sie dem Patriarchen sonntags drei Stunden beim Frühstück, wie er die Geschäfte führt. Erst 2000 steigen die Kinder ins Unternehmen ein, treten jedoch nicht öffentlich in Erscheinung. Lars fokussiert sich aufs Marketing, Meike arbeitet im Bereich Finanzen. Beide durchlaufen alle Stationen der Firma. Doch der Vater will ohnehin nicht von der Macht lassen.

Ihr Vater gilt als streng und eigen. Sein Freund und Vorbild Dirk Roßmann sagt über ihn in einer Dokumentation des SWR: »In seinem privaten Umfeld hat Anton Schlecker sich sehr anständig verhalten, wir waren befreundet.«[3] Im Rahmen seines Freundeskreises sei er sehr hilfsbereit gewesen. Zu Weihnachten schreiben die beiden sich Briefe. Mit seinen ehemaligen Sport- und Schulfreunden soll er sich regelmäßig getroffen haben, in Ehingen firmiert der Freundeskreis unter dem Namen »Sauna-Club«.

Diese freundliche Seite von Anton Schlecker bleibt vielen seiner Mitarbeiter verborgen. Verbissen kämpft er gegen die Umsetzung von Arbeitnehmerrechten der »Schlecker-Frauen«. Mitte der 1990er-Jahre verhindert die Unternehmensführung mit Drohungen, Einschüchterungsversuchen sowie der Versetzung von Mitarbeitern konkret, dass sich ein Betriebsrat gründet. Gewerkschaften verteufelt er, in Verdi sieht er den ausgemachten Feind. Nach einer Kampagne von Verdi gegen Schlecker muss Anton Schlecker schließlich die Gründung von dezentralen Betriebsräten und eines Gesamtbetriebsrats dulden. Schritt für Schritt bröckelt das Image des sauberen Unternehmers.

Sein ausgeprägter Geiz schürt weitere Probleme. Schlecker-Filialen gelten als leichtes Ziel für Raubüberfälle. Denn dort gibt es weder Telefone noch einen Sicherheitsdienst oder Kameras in den Filialen, um die Verkäuferinnen zu schützen. Ganz der Schwabe, spart der Millionär an allen Ecken und Enden. In der Szene sprechen Kriminelle davon, »einen Schlecker zu machen«, weil es derart einfach ist, ungesehen eine Filiale zu überfallen. In der öffentlichen Wahrnehmung ist schnell ein Schuldiger gefunden: Anton Schlecker und sein Sparwahn.

Nun dringt auch sukzessive nach außen, dass Mitarbeiter schlecht behandelt werden. Laut Medienberichten herrscht eine Kultur der Angst, sagen anonyme Mitarbeiter. Nur wer brav seinen Job erledigt und sich nicht für Arbeitnehmerrechte einsetzt, wird mit viel Glück mit dem goldenen Schlecker-Orden, einer goldenen gravierten Münze, ausgezeichnet.

Christa Schlecker gilt als Vollstreckerin des eisernen Willens ihres Mannes. Als Verantwortliche für das Personal drangsaliert sie die Mitarbeiterinnen in den Filialen. Diese fürchten ihre Strenge, man nennt sie »den Drachen«. »Mitarbeiter sind wie alte Möbel. Wenn sie lästig werden, dann schmeißen wir sie raus«, soll Christa Schlecker gesagt haben, wie ein Insider in der *Financial Times Deutschland* damals berichtet.[4] Dieses Zitat hat sie nie bestätigt, jedoch berichtete auch das *Handelsblatt* Ähnliches.[5] Jeden Donnerstag geht das Ehepaar auf die Reise und inspiziert die Läden höchstpersönlich, manchmal 30 Geschäfte pro Woche. Die Angestellten in den Filialen fürchten diese berühmten Donnerstagsbesuche, bei denen mit Kritik nicht gespart wird. Manchmal werden die zuständigen Verkaufsleiter und Verkaufsleiterinnen vorgewarnt. Dann werden die Filialen eigens für den Besuch schick hergerichtet und dem Gründerpaar eine Scheinwelt vorgegaukelt. In jedem Geschäft hängt bis zum Schluss ein Foto von Anton und Christa Schlecker.

Diese Kultur der Angst spielt eine Schlüsselrolle beim Zerfall des Schlecker-Imperiums. Denn niemand in den Filialen und auf den mittleren Ebenen traut sich, die Vorgesetzten darüber aufzuklären, wie schlecht die Geschäfte wirklich laufen, warum die Kunden ausbleiben.

Das erste Mal vor Gericht

Hinzu kommen Negativ-Schlagzeilen über Tarifbetrug in der Firma. 1998 durchsuchen Beamte die Schlecker-Zentrale in Ehingen bei einer groß angelegten Razzia. Sie können belegen, dass die Milliardäre den Verkäuferinnen eine Bezahlung nach Tarif zwar auf dem Papier zusichern, sich aber aufgrund der notorischen Knauserigkeit nicht daran halten. Das Gericht verurteilt Christa und Anton Schlecker zu je zehn Monaten Haft auf Bewährung und einer Geldstrafe in Höhe von einer Million Mark. Der Ruf der Unternehmer ist ruiniert. Sie stehen als Ausbeuter da.

2009, knapp zehn Jahre nach seiner ersten Verurteilung, folgt der nächste Skandal. Der Geschäftsführer gründet eine eigene Zeitarbeitsfirma, um seinen festangestellten Mitarbeiterinnen und Mitarbeitern zu kündigen und ihnen Zeitarbeit anzubieten. Dort verdienen sie nicht nur weniger, sondern haben auch weniger Rechte. Um dieses Lohndumping zu verbieten, verabschiedet der Bundestag eigens ein Gesetz. »Lex Schlecker« soll laut der damaligen Arbeitsministerin Ursula von der Leyen diesen »Drehtür-Effekt« verhindern. In einer Rede im Bundestag verurteilt sie Schleckers Verhalten:

Da haben einige Schlupflöcher ausgenutzt, um die Stammbelegschaft systematisch schlechterzustellen. Das ist weder der Sinn von Zeitarbeit noch die Intention des Gesetzes. Wer seiner Belegschaft kündigt, um sie für die gleiche Arbeit zu schlechteren Löhnen als Zeitarbeiter wieder einzustellen, der, meine Damen und Herren, kündigt auch den fairen Umgang miteinander auf. Das wollen wir nicht tolerieren. Und deshalb schließen wir mit diesem Gesetz jetzt diese Gesetzeslücke.

Die Gewerkschaft Verdi ruft zum Boykott der Kette auf: »Kauft nicht mehr bei Schlecker ein!« Die Öffentlichkeit fragt sich: Wie weit kann der Geiz einen Unternehmer treiben? Warum behandelt er seine Angestellten, die ihm den Erfolg und Wohlstand beschert haben, so schlecht? Das Ansehen des Drogeriekönigs sinkt in der öffentlichen Wahrnehmung immer weiter.

Erste wirtschaftliche Probleme

Neben den zahlreichen Skandalen mehren sich die geschäftlichen Fehler. Als auch Lebensmittelhändler wie Kaufland, Lidl und Aldi billige Drogerieprodukte anbieten, findet Schlecker keine Antwort auf die Konkurrenz. Die Marktanteile sinken. Laut einer Analyse des Marktforschungsunternehmens Nielsen gehören Schlecker 2005 noch etwas mehr als zehn Prozent Marktanteile im Segment. Im selben Jahr verfügt Rossmann über weniger Marktanteile, dm kann immerhin ein Prozent mehr Marktmacht aufweisen. Bis 2009 sinkt Schleckers Marktanteil auf rund sieben Prozent, der von dm steigt auf 16 Prozent, und auch Rossmann holt auf etwa 8,5 Prozent auf. Kaufland und Lidl liegen in dem Ranking mit mehr als 16 Prozent vorn. Regionale Ketten wie Müller aus Ulm oder Budnikowsky aus Hamburg wachsen immer mehr und drängen Schlecker an den Rand. Rossmann und dm investieren in hellere, schönere, kundenfreundliche Läden, die Produkte sind dort auch meist günstiger.

Galt die Standortwahl in Dörfern und Randlagen früher als Erfolgsrezept, sind diese nun im Vergleich zur Konkurrenz kaum rentabel. Manche Filialen generieren nur 30 000 Euro Monatsumsatz. Die Läden sind zu klein, die Lagen zu schlecht, das Konzept veraltet.

Lange glich Schlecker den Misserfolg vor Ort mit der aggressiven Neueröffnungsstrategie aus. Die Expansion trifft aber schließlich auf ihre natürlichen Grenzen. Schlecker-Läden kannibalisieren sich gegenseitig, als die Filialen immer näher zusammenrücken und sich die Kunden wegnehmen. Statistisch gesehen befindet sich zu den Hochzeiten bei 11 000 Filialen in Deutschland ein Geschäft nur etwa drei Kilometer vom nächsten entfernt. Kurz nach der Jahrtausendwende ist die Sättigungsgrenze schließlich erreicht, die Geschwindigkeit der Neueröffnungen nimmt ab und damit auch der Erfolg. Die Gelddruckmaschine stottert.

Das hinterlässt sichtbare Spuren: Immer mehr Kunden und Mitarbeiter berichten von leeren Regalen. Denn bei Schlecker wird nur alle zwei Wochen neue Ware geliefert, die Bestellung erfolgt altertümlich per Fax. Die Kunden bleiben weg, jedes Jahr werden es eine Million weniger. Die Umsätze sinken, Schlecker schreibt rote Zahlen. 2007 steht unterm Strich ein Verlust von 80 Millionen Euro.

Ab 2009 muss Schlecker viele Filialen im Ausland schließen und zieht sich schließlich aus Dänemark und später auch Holland und Belgien zurück. Der einst marktstärksten Drogeriekette bleiben danach noch rund 12 000 Läden in zehn Ländern Europas.

Der schwächelnde Schlecker übergibt die Macht

Weder die Skandale noch die schwindenden Umsätze bewegen das Ehepaar Schlecker zum Umdenken. Der Misserfolg und die Anfeindungen zehren an dem 66-Jährigen, Weggefährten beschreiben ihn zu diesem Zeitpunkt als müde. Viel zu spät beruft er Lars und Meike ins Unternehmen. Die beiden sollen das ramponierte Image des Unternehmens aufpolieren.

Die 37-jährige Meike und der 38-jährige Lars sollen fortan die neuen Gesichter von Schlecker sein. Anders als ihr Vater geben die beiden nun Interviews und suchen die Öffentlichkeit. Sie wirken angriffslustig, motiviert und bestimmt. Die Veränderung in der Führung kündigt die Familie im November 2010 im *Manager Magazin* mit einem großen Exklusivinterview an. Das Wirtschaftsmagazin titelt: »Schleckers letzte Chance – Jetzt übernehmen die Erben das Kommando«.[6] Begleitet wird der Titel von einer großen Fotostrecke, die die Titelgeschichte illustriert.

Die beiden holen erstmals externe Berater in das Unternehmen und wollen den elterlichen Betrieb umkrempeln. 230 Millionen Euro sollen in die Modernisierung der veralteten Läden fließen. Für das auf Sparkurs getrimmte Unternehmen gilt eine solche Investition als Sensation.

Bis zu 2000 Läden glaubt Meike Schlecker pro Jahr umbauen zu können, andere werden geschlossen. Ende 2010 hat die Drogeriekette nur noch 8000 Geschäfte in Deutschland. »Im nächsten Jahr werden wir das Filialnetz noch bereinigen«, kündigt Lars Schlecker im *Manager Magazin* noch an. Im Juni 2011 folgt dann der erste Schock. Rund zehn Prozent der über 8000 Filialen in Deutschland stehen vor dem Aus und sollen geschlossen werden.

Die großen Ankündigungen wirken wie ein Schauspiel für die Außenwelt. Denn hinter den Kulissen bleibt Anton Schlecker alleiniger Eigentümer, seine Frau und er verbleiben ebenfalls in der Geschäftsführung. Schlecker gibt vor, sich neu erfinden zu wollen, doch niemand glaubt ihnen. Sämtlichen Ideen kommen zu diesem Zeitpunkt bereits zu spät.

Es machen erste Gerüchte die Runde, dass Schlecker das Geld ausgeht. Der Firmengründer soll sogar bereits Finanzspritzen aus der eigenen Tasche ins Unternehmen gesteckt haben. Mitte 2011 gibt Lars Schlecker noch ein Interview, in dem er größere Geldprobleme dementiert. Das Zukunftsprogramm *Fit for Future* laufe blendend an. Wie viel Einblick der Sohn damals bereits in den ruinösen Zustand der Geschäfte hat, bleibt unklar. Welches Drama sich tatsächlich hinter den verspiegelten Fronten der Ehinger Firmenzentrale abspielt, ahnt zu dieser Zeit noch niemand.

Die große Pleite

Dann geht plötzlich alles sehr schnell. Bereits im Januar 2012 ist es vorbei mit Schlecker. Als die Bank entscheidende Kredite versagt, ruft Meike Schlecker ihren Vater an und sagt laut *Handelsblatt*: »Papa, die lassen uns fallen.«[7] Es ist der 20. Januar 2012. Noch am selben Mittag trifft der Insolvenzverwalter Arndt Geiwitz die Familie im sechsten Stock der Ehinger Firmenzentrale. Alle seien kreidebleich gewesen, berichtet Geiwitz später dem *Handelsblatt*.

Drei Tage später, am 23. Januar 2012, meldet der Patriarch Insolvenz an. Als einziges Familienmitglied tritt Meike Schlecker mit dem Insolvenzverwalter Geiwitz am 30. Januar vor die Presse: »Es ist kein signifikantes Vermögen mehr da, das dem Unternehmen hätte helfen können und die Restrukturierung hätte weitermachen können. Sonst würde ich hier nicht sitzen, sonst hätten wir die Insolvenz mit Sicherheit nie angemeldet.«[8]

Weil Anton Schlecker das Unternehmen in der ungewöhnlichen Rechtsform des eingetragenen Kaufmanns geführt hat, haftet er nun persönlich für sämtliche Schäden. Als die Journalisten Fragen stellen, wird sie deutlicher: »Ich glaube, Sie haben das nicht richtig verstanden. Es ist nichts mehr da.«[9]

Dieser legendäre Satz wird der Familie Schlecker später zum Verhängnis, denn offenbar war doch noch »etwas« da. Die Insolvenz gleicht einer Schockwelle, die ganz Deutschland lähmt. Rund 24 000 Mitarbeiterinnen und Mitarbeiter, vor allem die »Schlecker-Frauen«, stehen auf der Straße.

Zunächst bemüht sich Insolvenzverwalter Geiwitz um eine Sanierung, gibt sich noch vorsichtig optimistisch. Angestrebt werde, »das Unternehmen als Ganzes zu erhalten und damit auch das Filialnetz und die Arbeitsplätze«. Für den Juristen und Sanierungsexperten Arndt Geiwitz ist es der erste große, prominente Fall. Später wird er auch Karstadt, Kaufhof und Galeria umkrempeln und zu einem der bekanntesten Sanierer im deutschen Handel aufsteigen. Doch je tiefer sich Geiwitz in das Zahlenwerk von Schlecker gräbt, desto dunkler wird es. Seit 2004 hatte der Konzern nur noch im Jahr 2006 kurzzeitig schwarze Zahlen geschrieben. Seitdem hagelte es nur noch Verluste. Ende 2011 hatte die Firma eine Milliarde Schulden angehäuft.

Anton Schlecker versuchte vor der Pleite verzweifelt, die nötigen Mittel aufzutreiben. Er bat die Banken um Kredite, hatte jedoch keine nennenswerten Sicherheiten. In seiner Not tritt der Patriarch an einen alten Freund heran: Er bittet Dieter Schwarz, den Lidl-Gründer und Chef der Schwarz-Gruppe, ihm 100 Millionen Euro zu leihen. Als Kaufmann verlangt Schwarz ebenfalls Sicherheiten. Schlecker kann immerhin Grundstücke im Wert von 30 Millionen anbieten, die er für einen Kredit über 30 Millionen Euro an Schwarz verpfändet. Den Kredit bei dem reichsten Mann Deutschlands kann der Schlecker-Gründer nie zurückzahlen. So wechseln die Schlecker-Grundstücke den Besitzer und gehören nun Unternehmer Schwarz.

Schlecker ist nicht mehr zu retten

Die Pleite nimmt an Fahrt auf. Insolvenzverwalter Geiwitz räumt ein, dass die Sanierung gescheitert ist. Die Schulden sind zu hoch, die Strukturen zu unprofitabel, eine Rettung damit ausgeschlossen.

Jetzt übernehmen Staatsanwälte, Richter und der Insolvenzverwalter. Kein leichter Job: Geiwitz muss alle Mitarbeiter persönlich entlassen und ihre Kündigung unterschreiben. Für sie kommt dies ohne Vorwarnung. Weder Betriebsrat noch die Gewerkschaften haben Wind von dem Aus bekommen. Die Angestellten erfahren aus den Medien von der Insolvenz. Viele von ihnen warten noch bis heute auf die Auszahlung für Überstunden.

Monatelange Proteste und Gewerkschaftsdemonstrationen folgen. Für die 11 000 nun arbeitslosen Schlecker-Frauen in Deutschland sucht schließlich die Agentur für Arbeit neue Jobs. Dass angeblich nichts mehr von dem Unternehmensvermögen vorhanden ist, trifft die Angestellten am härtesten: Aus der Insolvenzmasse hätten ihre Abfindungen bezahlt werden sollen.

Eine scheinheilige Familie

Als Meike Schlecker auf der denkwürdigen Pressekonferenz sagte, dass nichts mehr da sei, richteten sich diese Worte offenbar nur an die Gläubiger und Arbeitnehmer. Denn gleichzeitig fahren die Familienmitglieder in den Tagen nach diesem Auftritt in ihren Porsches von einem Termin zum nächsten. Wo ist das Geld der letzten Jahrzehnte hingeflossen? Experten schätzten Anton Schleckers Vermögen zuvor zeitweise auf etwa zwei Milliarden Euro. Was geschah mit den satten Gewinnen? Hat die Familie womöglich widerrechtlich einige Millionen beiseitegeschafft?

Diese Fragen beschäftigen nun die Staatsanwaltschaft. Im Juli 2012, ein halbes Jahr nach der Insolvenz, eröffnen die Staatsanwälte ein Ermittlungsverfahren gegen Anton Schlecker und 13 weitere Beschuldigte wegen Insolvenzverschleppung. Die Ermittlungen sollen fast vier Jahre andauern. Die Beamten durchsuchen Wohnungen und Büroräume, beschlagnahmen Akten und durchforsten sie. Die Ermittler setzen nach und nach die Puzzleteile zusammen, um zu beweisen, dass die Schleckers die Pleite ihres Unternehmens herausgezögert und vorher so viel Geld wie möglich abgezweigt haben.

Erst im April 2016 kommt es schließlich zur Anklage. Anton, Lars und Meike Schlecker wird Untreue, vorsätzlicher Bankrott und Insolvenzverschleppung in 36 Fällen vorgeworfen. Kurz: Sie sollen Vermögenswerte beiseitegeschafft haben, die ihnen nicht zustanden. In der Anklageschrift findet sich der Vorwurf eines »sittlich anstößigen Erwerbsinteresses« – den Schleckers wird nicht nur der Verstoß gegen das Gesetz vorgeworfen, sondern auch gegen die Moral.

Insgesamt geht es um mehr als 20 Millionen Euro, die versickert sind. Kurz vor der Pleite überträgt Schlecker das Anwesen im Schwäbischen auf seine Frau, der Tochter schenkt er ein Haus und dem Sohn ein Luxusapartment in Berlin für zwei Millionen Euro. Den vier Enkeln überträgt er je 200 000 Euro.

Der große Auftritt vor Gericht

6. März 2017, der Tag des Prozessauftakts. In Saal 18 des Landgerichts Stuttgart beginnt um neun Uhr die Verhandlung gegen die Schleckers. In den ersten drei Reihen sitzen nur Journalisten und Fotografen. Was den Unternehmern vorgeworfen wird, liegt im öffentlichen Interesse, deswegen dürfen Journalisten hier fotografieren. Seit den 1980er-Jahren gibt es nun erstmals wieder öffentliche Familienfotos.

Ganz vorn sitzt Anton Schlecker mit seinen beiden Anwälten. Die Haare schlohweiß, das Gesicht müde und knittrig von den Falten. Früher färbte er sich die Haare noch schwarz. Hinter ihm seine Frau Christa, ebenfalls mit zwei Anwälten und eisigem Blick. Dahinter Lars und Meike mit ihren Anwälten.

Vor Gericht äußert sich Anton Schlecker erstmals zu der Pleite. »Dass dieses Unternehmen kaputtgehen könnte, hätte ich nie gedacht«, sagt er. »Mein Unternehmen war mein Leben.« In seinen Äußerungen macht er deutlich, dass er die Pleite nicht kommen gesehen habe. Auch seine Anwälte zeichnen das Bild eines von der Insolvenz überraschten Eigentümers. Eine Familie in einer Ausnahmesituation, die sich Fehler erlaubt, aber nicht bewusst etwas Verbotenes im Schilde geführt habe.

Die Staatsanwaltschaft wiederum stellt die Schleckers als raffgierige Familie dar, die in der Zeit kurz vor der Insolvenz bewusst Vermögen abgezweigt habe, um sich zu bereichern.

Nach mehr als 20 Prozesstagen fällen die Richter 2017 ein Urteil. Anton Schlecker wird wegen vorsätzlichen Bankrotts in vier Fällen zu einer Bewährungsstrafe von zwei Jahren verurteilt. Er kommt auf freien Fuß.

Seine Kinder hingegen müssen beide ins Gefängnis. Lars erhält eine Haftstrafe von zwei Jahren und neun Monaten, Meike zwei Jahre und acht Monate wegen Insolvenzverschleppung und vorsätzlichen Bankrotts. Das Urteil überrascht die Öffentlichkeit. Der jahrelange Alleinherrscher, der das Unternehmen in die Krise steuerte, kommt glimpflich davon, während seine Kinder für ihn die Strafe absitzen müssen.

Ausschlaggebend für das Urteil war am Ende die Höhe der veruntreuten Gelder. Meike und Lars Schlecker überwiesen sich zwei Tage vor der Insolvenz 6,1 Millionen Euro. Das Geld kam als Gewinnausschüttung deklariert über die Logistikfirma LDG, die mit Schlecker zusammenhing. Die Logistik- und Dienstleistungsgesellschaft mbH (LDG) belieferte die Schlecker-Filialen mit Ware zu deutlich überhöhten Preisen. Andere Kunden als das väterliche Unternehmen gab es nicht. Im Gegensatz zum Drogerieunternehmen war die LDG hochprofitabel. Zeitweise hatte sie eine Gewinnmarge von 50 Prozent des Umsatzes.

Das Logistikunternehmen war rechtlich zwar unabhängig, wurde tatsächlich aber wie eine hundertprozentige Tochter von Schlecker geführt. Zwar leiteten auf dem Papier andere Führungskräfte den Logistik-Arm. Der Stuttgarter Richter war nach der Beweisführung der Staatsanwaltschaft jedoch überzeugt, dass

Meike und Lars neben ihrer Funktion als Gesellschafter faktisch auch als Geschäftsführer agierten. Sie hätten Entscheidungen getroffen, Verträge unterschrieben und Investitionen geplant – und wirtschafteten zum Ende hin offenbar in die eigene Tasche. So haben die Kinder über LDG laut dem Richter ihrem Vater als Geschäftsführer von Schlecker zuletzt noch einen Kredit in Höhe von 50 Millionen Euro bewilligt.

Von den abgeschöpften Millionen haben die Schlecker-Kinder bislang 14 Millionen Euro an den Insolvenzverwalter zurückgezahlt. Trotzdem sagt der Richter zu der Strafe der Kinder: »Bei der Höhe [des Untreuevorwurfs] kann man keine Bewährungsstrafe mehr geben.«

Zu Anton Schleckers Vergehen heißt es in der Urteilsschrift: »Nach einem umfangreichen Beweisprogramm sah es die Kammer als erwiesen an, dass spätestens am 1. Februar 2011 nach Eingang einer Betriebsauswertung für das Jahr 2010 die Angeklagten zutreffend erkannten, dass dem Unternehmen Schlecker die Insolvenz drohte. Dennoch schaffte der Angeklagte Anton Schlecker nach Überzeugung der Kammer auf unterschiedlichste Art und Weise Vermögenswerte in Höhe von insgesamt 3,6 Millionen Euro beiseite, um diese dem Zugriff der Gläubiger zu entziehen und seiner Familie zukommen zu lassen.«[10]

Das Geld hatte er zu großen Teilen seiner Frau übertragen, mit der er eine Gütertrennung vereinbart hatte. Ins Gefängnis muss er dennoch nicht, denn der Stuttgarter Richter berücksichtigt zum einen sein hohes Alter, zum anderen habe Schlecker den Schaden in Höhe von 3,6 Millionen Euro durch Zahlungen an den Insolvenzverwalter überkompensiert. Zudem habe er keine Steuern hinterzogen oder Geld ins Ausland transferiert, das Motiv Gewinnsucht entfalle daher.

Drei Stunden dauert die Urteilsverkündung, Schlecker hört mit versteinertem Gesicht zu. Danach geht er zu seiner Tochter, die gerade nach einem Taschentuch greift. Es gibt keine tröstende Umarmung, nur ein paar Worte, berichten Gerichtsreporter später.

Als der Richter ihr Urteil verliest, schüttelt Meike Schlecker immer wieder ungläubig den Kopf und sucht den Blick ihres Bruders oder der Anwälte. Kreidebleich verlässt sie den Gerichtssaal.

Christa und Anton Schlecker fahren nach dem Gerichtstermin jeweils in ihren Porsches zurück nach Ehingen, Lars lebt weiter in seinem Berliner Luxusapartment. Solange die Urteile nicht rechtskräftig sind, dürfen die Kinder auf freiem Fuß bleiben. Auch Meike Schlecker kann mit ihren zwei Kindern zunächst wieder nach London, wo sie laut Gerichtsunterlagen von 24 000 Euro im Monat lebt.

Während der Vater das für ihn recht milde ausfallende Urteil annimmt, gehen die Kinder bis zum Bundesgerichtshof (BGH) in Revision. Sie versuchen außerdem, beim Landgericht Stuttgart die Veröffentlichung des Urteils zu verhindern, da es noch nicht rechtskräftig sei. Der BGH lehnt die Revision der Schlecker-Kinder im April 2019 ab, reduziert die Haftstrafen aber auf zwei Jahre und sieben Monate. Im Sommer 2019 treten beide ihre Haft an.

Lars Schlecker geht in die JVA Hakenfelde in Berlin, seine Schwester kommt ins Frauengefängnis Berlin-Reinickendorf. Beide dürfen in den offenen Vollzug, das heißt, sie übernachten zwar im Gefängnis, bewegen sich aber tagsüber frei. Sogar eine eigene Wohnung dürfen sie haben und können einer sozialen Arbeit nachgehen.

Während seine Kinder für seine kriminellen Machenschaften geradestehen, bricht der gefallene Drogeriekönig nach der Insolvenz jeglichen Kontakt zu seinen alten Freunden ab. Das Ehepaar Schlecker zieht sich zurück, verweigert jedes Interview, gibt keine öffentlichen Erklärungen ab.

Nach langen Bemühungen der Politik geht es für die Schlecker-Frauen vergleichsweise gut aus: Die meisten finden neue Jobs, einige machen sich sogar mit ihren eigenen Drogerien selbstständig. Die letzten zwei verbliebenen Schlecker-Frauen in der Selbstständigkeit schließen 2021 ihr Geschäft im mecklenburgischen Gnoien.[11]

Im Sommer 2021 haben Meike und Lars Schlecker zwei Drittel ihrer Strafen abgesessen, der Rest der Strafe wird zur Bewährung ausgesetzt, sodass sie vorzeitig aus dem Gefängnis entlassen werden.

Für ihren Vater haben sie ein großes Opfer gebracht, gingen für ihn ins Gefängnis. Das Gericht hatte formell keine andere Wahl, als jene zu belangen, die auf dem Papier zuständig waren. Für die Untreue bei der LDG waren Meike und Lars verantwortlich. Dass der Vater aber der Drahtzieher hinter dem Komplott war, gilt unter Branchenkennern als sehr wahrscheinlich. Der *Spiegel* schreibt in einem Artikel von 2017:

Jeder, der sich nur ein kleines bisschen mit dem Geschäftsgebaren des Unternehmens Schlecker befasste, [wusste], dass die Kinder nichts weiter als Strohleute im Netz des Drogerieimperiums waren. Am Ende hielt immer der Patriarch die Fäden in der Hand. Er entschied, er delegierte, er ließ umsetzen, was er sich ausgedacht hatte. Dass die Kinder die Geschicke diverser Schlecker-Unternehmungen lediglich auf dem Papier leiteten, lässt sich schon daran erkennen, dass sie schon zu jener Zeit hauptsächlich in London und Berlin lebten.[12]

Viel zu spät bezog Vater Anton die Kinder in das Geschäft mit ein. Bis zum bitteren Ende hielt er an der Verantwortung fest. Dass irgendetwas in dem Konzern ohne sein Wissen gelaufen sei, wirkt undenkbar. Er hätte vor Gericht aussagen und seine Kinder entlasten können. Doch ein Geständnis oder eine Einsicht fehlen bis heute. Dafür muss er damit leben, seine beiden Kinder und die Eltern seiner Enkel ins Gefängnis gebracht zu haben.

Wie das Urteil das Verhältnis der Familie beeinflusst hat, bleibt bis heute ein eisern gehütetes Geheimnis.

Schafft Schlecker ein Comeback?

Für das Unternehmen Schlecker hat sich nun, genau zehn Jahre nach der Pleite, eine Comeback-Chance aufgetan. Der österreichische Unternehmer Patrick Landrock kündigte Anfang 2022 an, die Marke »noch größer, digitaler und innovativer« wieder aufzubauen.

Sein in Kitzbühel ansässiges Unternehmen »kitzVenture« hat sich die Markenrechte von Schlecker gesichert. Im Interview mit dem SWR sagte Landrock, er wolle nicht nur auf Drogerieartikel setzen, sondern auch den Lebensmittelmarkt angreifen. Groß kündigte er an, bereits im ersten Halbjahr 2022 online starten zu wollen. In der zweiten Jahreshälfte sollen dann die ersten Filialen kommen.

Von Landrocks Plänen hält der renommierte Insolvenzverwalter Geiwitz offenbar nicht viel: »Ein großes Comeback von Schlecker kann ich mir schwer vorstellen«, sagt er in einem Interview der *Wirtschaftswoche*.[13] Gegen den umstrittenen Unternehmer läuft in Österreich derzeit ein Verfahren wegen Anlagebetrugs, Landrock beteuert seine Unschuld. Mit seiner Ankündigung, Schlecker wiederauferstehen lassen zu wollen, hat sich Landrock jedenfalls viel Aufmerksamkeit gesichert. Ob der Unternehmer sein Vorhaben aber wirklich in die Tat umsetzen kann, wird er erst noch beweisen müssen. Die Familie Schlecker wird dabei wohl keine Rolle mehr spielen.

Ein Spitzel, ein abgefackeltes Haus, eine Leiche

Die Abhöraffäre bei VW

Ein eingeschweißter silberfarbener USB-Stick in einem braunen Briefumschlag: So beginnt im Sommer 2020 eine außergewöhnliche Geschichte, die mich* bis heute nicht loslässt. Es geht um die Abhöraffäre bei VW und einen erbitterten Streit mit einem Zulieferer, um ein abgebranntes Fachwerkhaus und eine Leiche in einem Fahrzeug.

An einem regnerischen Tag im Juni treffe ich in einem Café in Berlin meinen Informanten. Ich kenne ihn seit Jahren, es besteht ein Vertrauensverhältnis. Er berichtet mir von beunruhigenden Neuigkeiten aus dem Innenleben von VW. Demnach gebe es Unterlagen, die offenbaren, wie der Autokonzern gegen einen ungeliebten Zulieferer vorging. Von knallharten, umstrittenen Methoden ist die Rede. Ich könne mir aber auch selbst ein Bild davon machen, erklärt der Informant, denn es würden geheime Tonbandaufnahmen existieren.

Beim zweiten Treffen ein paar Tage später übergibt er mir den Briefumschlag mit dem Stick. Der Informant fungiert als Mittelsmann. Er sagt nicht, woher der Stick stammt, und auch nicht, wer die internen Gespräche aufgezeichnet haben könnte. Ein solches Stillschweigen ist bei investigativen Recherchen nicht ungewöhnlich, damit es keine Spuren zur Quelle gibt. Ich mag es natürlich

---

* Kayhan Özgenc

lieber, wenn ich weiß, aus welcher Ecke vertrauliche Informationen stammen, die mir gezielt zugespielt werden. Dann sind die Motivation der Quelle und die Hintergründe besser zu verstehen. Handelt es sich etwa um Rache, Eitelkeit, soll Gerechtigkeit wiederhergestellt oder ein Rivale beschädigt werden? In diesem Fall scheint alles möglich.

Auf dem Stick sind tatsächlich Stimmen gespeichert, und zwar sehr viele. Die Tonaufnahmen umfassen insgesamt rund 50 Stunden Meeting-Mitschnitte. Wir stellen umgehend ein Team zusammen, um die Audiodatei auszuwerten. Die wichtigste Frage lautet: Handelt es sich wirklich um interne Besprechungen von VW-Managern?

Es stellt sich heraus, dass die Aufnahmen echt sind. Es ist eine mühsame Puzzlearbeit, die Wochen dauert. Wir notieren die Passagen, die uns wichtig erscheinen, und gleichen die Stimmen aus den einzelnen Meetings ab. Immer wieder tauchen dabei dieselben Personen auf. Die Tonqualität ist meist gut. Aus den Gesprächsinhalten ergibt sich: Eine Gruppe von VW-Managern trifft sich regelmäßig und berät darüber, wie ein unliebsamer Zulieferer namens Prevent ausgeschaltet werden soll.

Die Aufzeichnungen passen zu dem Streit, den sich der Autobauer seit Jahren mit der Prevent-Gruppe liefert. Hinter dem Unternehmen steht die bosnische Familie Hastor, die seit den 1970er-Jahren als wichtiger Zulieferer mit VW im Geschäft ist. Familien-Patriarch Nijaz Hastor begann einst damit, in Sarajevo VW-Modelle im Auftrag der Wolfsburger zusammenzuschrauben, und baute über die Jahre ein wahres Zulieferer-Imperium auf. Vor allem Sitzbezüge und Getriebeteile steuerte Prevent bei. Alles lief weitgehend reibungslos. VW hatte einen verlässlichen Zulieferer mit überaus günstigen Preisen – und die Hastors wurden immer reicher.

Doch dann übernahmen die Söhne des Patriarchen, und die Stimmung kühlte sich merklich ab. Die neuen Prevent-Chefs akzeptierten es nicht mehr, wenn Volkswagen mal wieder die

Preise drücken wollte. Die Methoden in der Branche gelten als ziemlich rau. Hersteller wie VW sitzen in der Regel am längeren Hebel und drohen den Zulieferern mit dem Ende der Zusammenarbeit, wenn die ihre Preise nicht senken. Die Firmen fühlen sich dann erpresst, begehren aber nicht auf, weil sie gegen die Übermacht der Autobauer keine Chance sehen.

Die widerspenstigen Hastors werden aus Sicht der Wolfsburger immer mehr zum Problem. Heimlich bereitet VW ein Ende der jahrzehntelangen Zusammenarbeit vor. Laut internen VW-Dokumenten wird bereits im Jahr 2013 eine »Exitstrategie Prevent« erstellt. Das Projekt nennen die Wolfsburger »Elefant«. Bis 2020 soll die »Aussteuerung« von Prevent vollzogen sein. Im Klartext: Bis dahin soll es Prevent als Zulieferer in der Volkswagen-Welt nicht mehr geben. Wegen der langen Produktionszyklen können Zulieferer nicht von heute auf morgen ausgetauscht werden. Von der ersten Planung eines Fahrzeugmodells bis zur fertigen Produktion dauert es in der Regel fünf bis sechs Jahre.

Der Zulieferer stoppt die VW-Produktion

Im August 2016 kommt es zum Showdown zwischen Hersteller und Zulieferer. VW storniert kurzfristig einen Auftrag bei einer Prevent-Tochter, nach Angaben von Prevent geht es um ein Volumen von rund 500 Millionen Euro. Die Hastors sind wütend, entscheiden sich für die maximale Eskalation: Die beiden Tochterfirmen Car Trim und ES Automobilguss stoppen die Lieferung von Getriebegehäusen und Sitzbezügen. In sechs deutschen VW-Werken muss die Produktion vorübergehend ruhen, etwa bei der Golf-Fertigung im Wolfsburger Stammwerk. Am Standort Emden müssen 7500 der 9000 Beschäftigten in Kurzarbeit gehen, in den anderen fünf Fabriken sind weitere 21 000 Beschäftigte betroffen.

Prevent hat es geschafft, die VW-Fabriken lahmzulegen. Einer der größten Autohersteller der Welt wird von einem Dienstleister öffentlich vorgeführt, das hat es so noch nie gegeben. Der Schaden wird auf mehr als 100 Millionen Euro beziffert. Um die Produktion wieder in Gang zu bringen, einigen sich die Wolfsburger nach harten Verhandlungen mit dem Zulieferer auf ein Eckpunktepapier, das die weitere Zusammenarbeit regeln soll. Beide Unternehmen verzichten auch auf Schadensersatz. Es ist eine Art Waffenstillstand.

Geheime Taskforces gehen an den Start

Doch hinter den Kulissen geht es jetzt richtig zur Sache. VW will eine derartige Demütigung nie wieder erleben und startet das geheime »Projekt Herzog«. Dafür beauftragt ein VW-Jurist im März 2017 die US-Kanzlei Hogan Lovells, Informationen über Schlüsselpersonen aus der Prevent-Gruppe in Deutschland und Bosnien zu beschaffen. Dazu gehören Mitglieder der Familie Hastor, etliche Führungskräfte und Firmen-Anwälte. Als Vermittler gibt die US-Kanzlei den VW-Auftrag an eine Berliner Sicherheitsfirma weiter. Dort übernimmt ein früherer BKA-Mann den Fall.[1]

Laut einem ersten Zwischenbericht, der an VW gegangen ist, haben die Detektive auch die Privatadressen von Zielpersonen aufgesucht. In dem Dossier heißt es: »Das Klingelschild zeigt nur W. Der Briefkasten weist jedoch neben W. zusätzlich ein Namensschild auf. Ein Profil auf diesen Namen in einem sozialen Netzwerk beinhaltet Beiträge mit slowenischem Hintergrund sowie Bewertungen zu Kosmetik- und Wellnesseinrichtungen. Möglicherweise ist die Beziehung im Rahmen seiner Tätigkeit für Prevent zustande gekommen.« In einem anderen Fall sind Daten von Kindern der Zielperson übermittelt worden.

Die Entscheidung ist gefallen: VW will Prevent so schnell wie möglich loswerden. Den Auftrag dafür erhält die Sondereinheit mit dem Namen »Projekt 1«. Das ist die VW-interne Truppe, deren Gespräche heimlich mitgeschnitten wurden und uns nun als Audiodatei vorliegen. Wir nennen die 50 Stunden langen Aufnahmen, die aus den Jahren 2017 und 2018 stammen, die »VW-Tapes«.[2]

Das Projektteam agiert im Verborgenen, Prevent soll keinen Wind davon bekommen. Doch mit einem Lauschangriff wird jederzeit gerechnet. In einer der ersten Sitzungen sagt der Projektleiter: »Wir sind gläsern. Wir wissen, dass die Prevent-Gruppe alles weiß, was wir tun. Auch bei Themen, wo nur eine Handvoll Leute Bescheid wussten, wissen sie es trotzdem. Woher, bleibt fraglich. Bitte nicht falsch verstehen, es kann sein, dass hier etwas unter dem Tisch klebt.«

Deshalb gibt es zu der Geheimoperation auch kaum Unterlagen im VW-Konzern. Der schriftliche Auftrag für »Projekt 1« wird offenbar sicher in einem Tresor verwahrt. »Den Beschluss gibt es nur einmal im Safe, den gibt es offiziell gar nicht«, sagt der Projektleiter Anfang 2018 in einer internen Runde. »Die wollen im Vorstand gar nichts festhalten dazu. Ich habe aber gesagt, Leute, irgendetwas muss ich dazu haben. Das Papier wurde von allen Vorständen unterschrieben und ging in den Safe. Da habe ich auch ein bisschen an mich gedacht.«

Die Experten aus verschiedenen VW-Abteilungen entwickeln Strategien, um »die Abhängigkeit von der Prevent-Gruppe zu eliminieren«. Das sei auch ein »Signal für den Markt, dass sich Lieferstopps nicht auszahlen«. VW will an Prevent also ein Exempel statuieren, damit nicht noch andere Zulieferer aufbegehren und Ärger machen. »Weitere Erpressungen« müssen unbedingt vermieden werden, heißt es laut den Unterlagen.

Einigkeit herrscht in der geheimen Taskforce auch darüber, dass Prevent bei neuen Aufträgen nicht mehr zum Zug kommen darf. Konkret geht es darum, wie VW beim neuen Golf 8 Prevent von der Bewerbung auf die Ausschreibung für die Sitzbezüge ausschließen kann. Ein Manager fragt laut Tonaufzeichnungen: »Wie modifizieren wir die Bieterlisten so, dass wir Prevent gesondert nicht anfragen?« Den Teilnehmern des Meetings scheint klar zu sein, dass ein solches Vorgehen heikel ist. Denn der Zulieferer produziere zu Dumpingpreisen, wäre also der günstigste Anbieter und würde sich auf den Listen weit nach vorn schieben, heißt es in der

Runde. Deshalb müsse man sich in dem Fall entscheiden, nicht nach dem *best bid*-Prinzip vorzugehen, argumentiert ein VW-Mann. Denn es wäre »sehr verdächtig«, Prevent von der Bieterliste runterzunehmen. »Das riecht zu sehr nach Absprache«, meint auch eine Managerin.

Am Ende bleibt Prevent beim Golf 8 tatsächlich außen vor, anders als bei den Vorgängermodellen. Auf Anfrage bestätigt uns VW, dass die Sondereinheit darüber diskutiert habe, wie »man mit neuen Angeboten von Prevent-Gesellschaften umgeht«. Es sei absolut üblich, dass vor einer Beauftragung eines Lieferanten neben dem Preis auch die Qualität und insbesondere die Liefertreue in die Bewertung einfließen.

Eine weitere Gefahr sieht das Projektteam im Falle, dass Prevent andere Zulieferer übernimmt. Vor allem solche, die VW schlecht behandele. »Wenn wir jetzt gewisse Mittelständler da aushungern lassen und wir sagen, da einigen wir uns erst mal nicht, das könnten dann genau die sein, wo die Eigentümerstruktur sagt: ›Ey, ihr könnt mich mal. Ich verkaufe das jetzt an Prevent.‹ Wo haben wir Lieferanten, die stark an dem Stahlpreis hängen, im Moment relativ klein sind und die wir aushungern?«, fragt eine VW-Frau in die Runde. Die Antwort: 80 Prozent der kleineren und mittelständischen Zulieferer seien davon betroffen.

Vertrauliche Liste mit Übernahme-Kandidaten

Das Projektteam erstellt eine vertrauliche Liste mit 217 Zulieferern. Diese Firmen kommen aus VW-Sicht von einer Einflussnahme durch Prevent in Betracht. »Wir haben entsprechend die Lieferanten integriert, die potenziell für eine Übernahme infrage kommen, und mit einem entsprechenden Drohpotenzial ausgezeichnet«, berichtet ein VW-Manager. Die 217 Zulieferer werden dann noch mal in drei Kategorien unterteilt: Gruppe A sind die Unternehmen, die am ehesten von einer Übernahme betroffen sind. 44 Firmen stehen auf dieser Liste. Bei ihnen holt VW eine sogenannte Informationspflicht ein, falls Prevent einmal anklopfen sollte. Das heißt:

Die Firmen verpflichten sich, VW von Übernahmeversuchen seitens Prevent zu berichten.

Im Fall der Firma Grammer kommt es dann tatsächlich zu einer Übernahmeschlacht. Das Unternehmen aus der Oberpfalz produziert unter anderem Kopfstützen, gilt als systemrelevanter Lieferant für die Autobauer. Im Jahr 2017 kauft sich Prevent mit 20 Prozent bei Grammer ein. In Wolfsburg herrscht Alarmstimmung beim »Projekt 1«. In einem internen Dokument heißt es, man müsse einen freundlichen Aktionär an Bord holen und über eine Kapitalerhöhung den Einfluss von Prevent eindämmen.

Aus den aufgezeichneten Gesprächen geht hervor, dass Volkswagen die Anti-Prevent-Strategie mit den Konkurrenten Daimler und BMW offenbar abstimmt. Demnach gibt es konkrete Überlegungen, gemeinsam gegen Prevent vorzugehen und sich bei Grammer einzukaufen. »Das ist derzeit die Diskussion zwischen uns, Daimler und BMW. Und einem Finanzinvestor, der das für uns machen würde. Da hatte ich gestern schon einen ersten Entwurf, wie so was aussieht«, berichtet ein Mitglied von »Projekt 1«. Später behauptet VW auf Anfrage, dass es keine abgestimmte Handlung mit anderen Herstellern gegeben habe.

Im Kampf um den Zulieferer erreichen die Wolfsburger am Ende jedenfalls ihr Ziel. Das chinesische Unternehmen Ningbo Jifeng, eng mit VW verbandelt, übernimmt die Mehrheit, kauft Prevent raus. »Es wird bald die Mitteilung geben, dass er (Jifeng) zukauft, über die Börse, ganz normal«, erzählt ein Teilnehmer der Sondereinheit. Die VW-Leute sind demnach vorab über die Pläne von Jifeng informiert, verbünden sich heimlich mit den Chinesen, um Prevent auszuschalten.

»Der Gerhard Schröder hat sich eingeschaltet«

Auch prominente Namen tauchen in den »VW-Tapes« auf. Da findet sich zum Beispiel eine brisante Passage zu Gerhard Schröder, Altkanzler und ehemaliger VW-Aufsichtsrat mit exzellenten Kreml-Kontakten. »Der Gerhard Schröder hat sich eingeschaltet«, berichtet der Projektleiter. »Ach, schön«, sagt ein Teilnehmer. Für oder gegen VW, wird gefragt. Die Antwort: Schröder sei als Lobbyist auf VW-Seite tätig. Eine Managerin schlägt vor, dass Schröder seine Putin-Beziehungen nutzen solle, um Prevent den Geldhahn in Russland abzudrehen.

Im Sommer 2020 veröffentlichen wir die Story, zahlreiche Medien greifen sie auf. In einer Stellungnahme wirft Prevent dem VW-Konzern »kriminelles Verhalten« vor: »Volkswagen war in den vergangenen Jahren offenbar besessen von dem Gedanken, Prevent und seine Tochterunternehmen um jeden Preis zu vernichten. Volkswagen hat dazu seine extreme Marktmacht rücksichtslos eingesetzt. Insgesamt sind wir überzeugt, dass Volkswagen an Prevent ein öffentliches Exempel statuieren wollte, wie man mit unabhängigen Zulieferern umgeht.« Und dann heißt es zum System VW: »Es lässt jedem Zulieferer so viel Luft zum Atmen, dass er gerade nicht pleitegeht und in maximale Abhängigkeit gerät.«

Der Autokonzern zweifelt nicht an der Echtheit der Aufnahmen und versucht in einer Erklärung, die geheime Sondereinheit zu rechtfertigen: »Das damalige interne Projektteam hatte die Aufgabe, weiteren Schaden vom Unternehmen, seinen Kunden, Mitarbeitern und Lieferanten abzuwenden. Es wurde offen über alle möglichen Lösungsansätze diskutiert. Das Projektteam hat regelmäßig Vorstandsvorlagen für wichtige Entscheidungen angefertigt, da es selbst kein Entscheidungsgremium war. Das Team hat aber selbstverständlich nicht zu jedem Gedanken eine Vorlage für den Vorstand angefertigt.« Die Ergebnisse der Projektgruppe präsentierte jemand, der später im Konzern Karriere macht: Ralf Brandstätter, mittlerweile Chef der Marke VW. Er informierte Vorstandschef Herbert Diess persönlich.

Wer hat die Meetings heimlich abgehört?

Die »VW-Tapes« geben Einblicke in die Gedankenwelt der Manager und offenbaren, wie der Autohersteller mit fast allen Mitteln einen Lieferanten in die Knie zwingen wollte. Wer aber steckt hinter den heimlichen Mitschnitten? Wer hat sie in Auftrag gegeben, wer hat sie angefertigt? Unser erster Verdacht fällt auf Prevent. Das Motiv: Rache. VW hat im Jahr 2018 sämtliche Verträge mit der Firmengruppe gekündigt. Seitdem überziehen sich die beiden Parteien gegenseitig mit Klagen. Durch die Tonaufnahmen wird VW massiv beschädigt.

Doch Prevent bestreitet, etwas mit der Abhöraffäre zu tun zu haben. Wir stoßen auf Unterlagen, aus denen hervorgeht: Prevent selbst hat VW frühzeitig über einen Spionageverdacht informiert. Anfang 2018 schrieb Prevent in mehreren Briefen an Aufsichtsräte und Vorstände, geheime Dokumente erhalten zu haben. Die Schreiben gingen zum Beispiel an Betriebsratschef Bernd Osterloh und Niedersachsens SPD-Ministerpräsident Stephan Weil, der im VW-Aufsichtsrat sitzt.[3]

Der Autobauer leitet daraufhin eine interne Untersuchung ein, kann aber keinen Täter ermitteln. Ein VW-Manager erzählt uns: »Unsere Sicherheitsleute haben sich damals wirklich nicht mit Ruhm bekleckert. Wir hätten die undichte Stelle viel früher entdecken müssen.«

In der Konzernsicherheit arbeiten die Top-Leute aus der Branche. Der frühere Sicherheitschef Dieter Langendörfer etwa war der Star-Fahnder bei der Hamburger Polizei. VW-Patriarch Ferdinand Piëch holte ihn einst nach Wolfsburg. Piëch hatte stets große Angst, abgehört zu werden. Deshalb musste Langendörfer mit seinem Team Räume nach Wanzen absuchen, bevor Piëch sich dort mit seinen Gesprächspartnern traf. Aus Furcht vor Lauschangriffen mussten sämtliche Aufsichtsräte vor Beginn einer Sitzung auch ihre Handys abgeben. Und nun werden stundenlange Gespräche einer Sondereinheit mitgeschnitten und gelangen auch noch an die Öffentlichkeit. Ein Super-GAU für die Konzernsicherheit.

Kaum sind die »VW-Tapes« publik, erstattet der Autobauer bei der Staatsanwaltschaft Braunschweig Strafanzeige. Er erklärt: »Volkswagen wurde Opfer einer illegalen Abhör-Attacke. Wenn interne und vertrauliche Sitzungen illegal dokumentiert und solche Informationen unberechtigt an die Öffentlichkeit gelangen, schockiert uns das zutiefst. Der Fall wird selbstverständlich untersucht.« Jetzt beginnt die Suche nach dem Spion in den eigenen Reihen.

Die Konzernsicherheit nimmt alle Mitglieder der Sondereinheit unter die Lupe, sie werden einzeln befragt. Schnell gibt es einen ersten Verdacht: Christian M. hatte stets sein Handy auf dem Besprechungstisch liegen. Hat er damit die Gespräche heimlich aufgezeichnet? Der VW-Manager wird mit den Spionage-Vorwürfen konfrontiert – und räumt eine Beteiligung ein. Er arbeitet in der Compliance-Abteilung. Umgehend wird M. vom Dienst freigestellt, muss sein Büro räumen.

Das Haus des Maulwurfs geht in Flammen auf

Der erste Tatverdächtige ist gefasst, die Hintergründe bleiben aber weiter unklar. Warum zeichnete Christian M. die Gespräche heimlich auf, riskierte damit Karriere und Job bei Volkswagen? Reporter Philip Kaleta begibt sich auf Spurensuche, fährt in das niedersächsische Dorf, in dem M. wohnt. Er findet den mutmaßlichen Maulwurf, befragt ihn zu den Vorwürfen. Christian M. sitzt hinter dem Steuer eines grünen Mähdreschers, mäht das Weizenfeld seiner Familie. Er will sich zur Affäre nicht äußern: »Kein Kommentar. Schönen Tag noch.«

Unser Reporter recherchiert weiter im Dorf und stößt auf die Brandruine eines großen Fachwerkhauses. Es ist das Wohnhaus von Christian M., komplett zerstört von einem Großbrand. Erst wenige Wochen zuvor, am 26. Mai 2020, brach das Feuer in der Nacht aus. Gegen halb fünf Uhr morgens traf die Feuerwehr ein. Im Einsatzbericht heißt es, »starker Feuerschein und eine große Rauchsäule waren deutlich sichtbar«. Etwa 100 Feuerwehrleute kämpften den ganzen Tag mit den Flammen. Erst gegen 18.30 Uhr ist der Einsatz beendet.

Zum Zeitpunkt des Brandes war niemand im Haus. Die Schadens- und Versicherungssumme hat die Polizei in einer Pressemitteilung nach dem Brand auf 600 000 Euro geschätzt. Später geht man von mehr als einer Million Euro aus.

Sofort nach dem Einsatz machen sich die Brandexperten von Polizei und Feuerwehr ans Werk, untersuchen das Grundstück. Sie finden konkrete Hinweise, die auf Brandstiftung schließen lassen. Die Täter haben demnach eine Propangasflasche neben die Gasleitung des Hauses gestellt und anschließend Benzin verschüttet. Das Haus sei dann laut Zeugenaussagen regelrecht »in die Luft geflogen«. Offenbar haben die Täter das Haus zuvor durchsucht, Schubladen geöffnet und Schmuck gestohlen.[4] Der Großbrand wird zum Fall für die Staatsanwaltschaft Braunschweig, die nun gegen unbekannt ermittelt. Geschädigter in dem Verfahren ist Christian M. Nur wenige Wochen später leitet dieselbe Staatsanwaltschaft ein Ermittlungsverfahren ein, in dem Christian M. der Beschuldigte ist. Dem VW-Manager wird Geheimnisverrat und Verletzung des Dienstgeheimnisses vorgeworfen, weil er interne Gespräche heimlich aufgezeichnet haben soll.

Die Abhöraffäre entwickelt sich jetzt immer mehr zum Krimi. Was hat der Spionagefall bei Europas größtem Autobauer mit einem abgebrannten Fachwerkhaus in der niedersächsischen Provinz zu tun? Gibt es eine Verbindung zwischen den heimlichen Mitschnitten und der mutmaßlichen Brandstiftung? Spielt Geld in dem Fall womöglich auch eine Rolle? Schließlich geht es um eine hohe Versicherungssumme gegen Brand, die demnächst ausbezahlt werden könnte. Viele Fragen tauchen auf. Die Staatsanwaltschaft hat jetzt beide Akten zu Christian M. auf dem Tisch und erklärt: »Ein Zusammenhang wird geprüft.«[5]

Natürlich gibt es nun reichlich Spekulationen. Da geht es etwa um die finanzielle Situation von Christian M. und die Frage, ob er dringend Geld benötigte und womöglich für seine Spitzeldienste angeheuert wurde. Aber in wessen Auftrag soll er unterwegs gewesen sein? Und warum ging er bei den Tonaufnahmen so offensichtlich unprofessionell vor, wenn er den Autobauer für einen VW-Rivalen auskundschaften sollte? Prevent beteuert weiter, mit der

Sache nichts zu tun zu haben. Volkswagen sieht sich als »Opfer einer illegalen Abhör-Attacke«.⁶

Die Feuerwehr findet eine Leiche im ausgebrannten Auto

Dann, am 10. August 2020, um 19.32 Uhr, geht ein Notruf ein. Die Feuerwehr im niedersächsischen Ort Grasleben rückt aus. Ihr Ziel ist ein Feldweg in der Nähe des Dorfes Rottorf. Von Weitem sehen die Einsatzkräfte schon Flammen in den Himmel schießen, sie denken zunächst, ein Feld brennt. Doch als sie näher kommen, erkennen sie die Umrisse eines brennenden Autos. »Als die ersten Kräfte eintrafen, stand ein Pkw in Vollbrand, und einige Bäume und die Böschung brannten«, steht später im Einsatzbericht. Der Brand wird gelöscht, im Auto liegt eine Leiche. »Leider konnten wir eine Person, die sich im Fahrzeug befand, nicht mehr retten«, heißt es.⁷ Der Halter des Fahrzeugs ist Christian M. Alles deutet darauf hin, dass er der Tote ist. Eine DNA-Analyse bestätigt das später.

Als ich die traurige Nachricht erfahre, bin ich schockiert. Umgehend rufe ich meinen Informanten an, der mir den USB-Stick übergeben hatte. Ich will von ihm wissen, ob es eine Verbindung zwischen Christian M. und dem Stick gibt. Wollte er uns womöglich die heimlichen Tonmitschnitte zuspielen? Mein Informant sagt, Christian M. sei nicht die Quelle.

Der Tod von Christian M. erschüttert in diesen Tagen viele. Skandale gab es bei VW schon einige, womöglich damit zusammenhängende Tote allerdings nicht. Der mysteriöse Kriminalfall wirft zahlreiche Fragen auf. Erst der Brand seines Wohnhauses, dann die mutmaßliche Spionage und schließlich sein Tod. Und das alles innerhalb weniger Wochen. Kann das wirklich Zufall sein?

Die Staatsanwaltschaft ermittelt nun auch in einem Todesfall. Es gibt erste konkrete Hinweise, dass es sich um einen Suizid handelt. Christian M. hinterlässt mehrere Abschiedsbriefe. Aber es bestehen Zweifel – weil es in Suizidfällen selten zu einer Selbstverbrennung in einem Auto kommt. Aber auch deshalb, weil in diesem Fall alles für möglich gehalten wird. Bei den Kollegen der *Zeit* meldet sich kurz nach dem Tod ein Informant, der Christian M. gut gekannt haben will. Er glaubt nicht an einen Suizid und vermutet gar einen Auftragsmord. Denn M. sei eine Schlüsselfigur in der Auseinandersetzung zwischen VW und Prevent gewesen. »Ähnliche Hinweise erreichten die *Zeit* aus Bosnien«, schreiben die Kollegen.[8] Das ist die Heimat der Prevent-Eigentümerfamilie Hastor.

Viele Gerüchte machen die Runde. Aus dem VW-Konzern wird die Spur dabei auch immer wieder Richtung Prevent gelegt. Das Verhältnis ist durch den jahrelangen, erbittert geführten Streit so verhärtet und verfeindet, dass man in Wolfsburg den Hastors alles zutraut, sogar einen Mord. Belege dafür fehlen.

Christian M. hatte mit Prevent zu tun, verhandelte in seiner Tätigkeit als Einkäufer häufig mit Vertretern des Zulieferers über Preise und Lieferkonditionen. Doch dann verließ er auf eigenen Wunsch den Bereich Beschaffung, wechselte Ende 2019 zur Compliance-Abteilung. Bevor er im Abhörskandal aufflog, soll er länger krankgeschrieben gewesen sein.

In einem Abschiedsbrief soll er auch Vorwürfe gegen seinen Arbeitgeber Volkswagen erhoben haben. Die Konzernsicherheit soll ihn zu Hause abgeholt und in die Wolfsburger Zentrale gefahren haben. Dort sei er bei der internen Befragung zur Abhöraffäre unter Druck gesetzt worden. Ein VW-Sprecher erklärt dazu: »Der im Verdacht stehende Mitarbeiter hat unmittelbar zugegeben, die Aufnahmen erstellt zu haben, und hat im Gespräch mit den zuständigen Mitarbeitern der Konzernsicherheit sehr gefasst gewirkt.« Aus Konzernkreisen heißt es, dass man seiner Fürsorgepflicht gegenüber den Mitarbeitern nachgekommen sei und es nach dem Gespräch keinen weiteren Kontakt mehr gegeben habe.

Plötzlich steht die Staatsanwaltschaft vor der Tür

Die Ermittlungen der Staatsanwälte gehen in alle Richtungen, auch ein VW-interner Machtkampf wird als Hintergrund nicht ausgeschlossen. Dann stehen die Fahnder plötzlich bei uns in Berlin vor der Tür. Ein Beamter präsentiert uns den Durchsuchungsbeschluss. Eine richterlich genehmigte Razzia in einer Redaktion kommt nur selten vor. Das liegt an den besonderen Rechten von Journalisten, die ihre Quellen nicht preisgeben müssen und deshalb ein Zeugnisverweigerungsrecht in Anspruch nehmen können.

Wir ziehen sofort einen Verlagsjuristen zum Gespräch hinzu. Die Ermittler erweisen sich als freundlich, machen aber schnell klar, was sie wollen: die Audiodatei mit den Tonaufnahmen. Es gibt jetzt zwei Möglichkeiten: Entweder rücken wir das Material raus, oder sie durchsuchen die Büros, beschlagnahmen vertrauliche Unterlagen und unsere Laptops. Wir wollen keine schnüffelnden Ermittler in unserer Redaktion. Die Inhalte der Tonaufnahmen haben wir ohnehin veröffentlicht. Aber wir halten noch mal Rücksprache mit dem Informanten, der uns den Stick im braunen Briefumschlag gegeben hatte. Für ihn ist es kein Problem, wenn wir den Beamten eine Kopie des Sticks aushändigen, um eine Durchsuchung abzuwenden.

Die Ermittler ziehen wieder ab – und hinterlassen uns unfreiwillig eine neue Story. Denn aus dem Durchsuchungsbeschluss geht hervor: Die Staatsanwaltschaft ermittelt nach dem vermeintlichen Suizid von Christian M. gegen die russische VW-Managerin Kseniia K. Demnach soll sie M. den Auftrag für die illegalen Tonaufzeichnungen gegeben haben. Kseniia K. gehörte ebenfalls zum »Projekt 1«, das den Zulieferer Prevent ausschalten sollte.[9]

Jetzt kommt heraus: Kurz vor seinem Tod sagte Christian M. noch bei der Staatsanwaltschaft aus. Dabei räumte er ein, die vertraulichen Sitzungen der Sondereinheit mit seinem Handy heimlich mitgeschnitten zu haben. Aber was war seine Motivation? Hat er Geld von Hintermännern dafür bekommen? Die schlichte Antwort von M. lautete: Er habe auf Anweisung seiner Vorgesetzten Kseniia K. gehandelt. Damals arbeitete er noch in der Einkaufsabteilung. Auch in seinem Abschiedsbrief wird später eine Passage zu der Frau auftauchen.

Seinem Arbeitgeber VW erzählte Christian M. die brisante Geschichte mit der Vorgesetzten erstaunlicherweise nicht. Bei der internen Befragung gestand er lediglich die heimlichen Mitschnitte. Aufgrund dieses Anfangsverdachtes leitete die Staatsanwaltschaft das Ermittlungsverfahren gegen Kseniia K. ein, es kam zu einer Durchsuchung bei Volkswagen in Wolfsburg. In ihrer Funktion als Einkaufsmanagerin hatte sie in engem Kontakt mit Prevent gestanden, als Bindeglied zwischen dem Zulieferer und dem VW-Management fungiert. Nach dem Ende von »Projekt 1« wechselte K. von Wolfsburg nach Russland, leitet dort seit Januar 2019 die Einkaufsabteilung von VW.

Eine neue Spur führt nach Russland

Jetzt führt die Spur also nach Russland. Ein Verdacht: Kseniia K. könnte für Prevent die VW-Sondereinheit ausspioniert haben, womöglich gegen Bezahlung. Doch der Zulieferer dementiert umgehend eine Verbindung zu der Managerin. Sie selbst weist in einer Video-Befragung die Anschuldigungen zurück. Die bei der Razzia beschlagnahmten Unterlagen bringen die Ermittler auch nicht weiter. Sie können das Rätsel um die Abhöraffäre nicht lösen.

In einer ungewöhnlich langen Stellungnahme gibt die Staatsanwaltschaft Braunschweig den Abschluss der Ermittlungen bekannt, wohl auch, um Gerüchten und Spekulationen ein Ende zu setzen. Es heißt, dass es »keine Anhaltspunkte für ein strafrechtlich relevantes Verhalten Dritter« gebe. Vielmehr sei von einem »atypisch verlaufenen Suizid des damals freigestellten VW-Managers« auszugehen. An dem Fahrzeug hätten sich »keine Spuren einer Manipulation« gefunden.

Ausführlich schildern die Staatsanwälte, wie Christian M. ums Leben kam: »Nach den Ergebnissen der rechtsmedizinischen

Untersuchung trat der Tod durch die Einwirkung von Rauchgasen in Gestalt von Kohlenmonoxid und Cyanid ein. Dem vorangegangen ist der anhand eindeutiger Reifenspuren nachvollziehbare Versuch des später Verstorbenen, sich durch ein Auffahren mit seinem Pkw auf eine Böschung das Leben zu nehmen. Bei diesem Fahrmanöver hat sich ausweislich des Gutachtens des Brandsachverständigen mutmaßlich das trockene Gras der Böschung durch die auf dem Boden aufliegende Auspuffanlage entzündet. Von dort griff das Feuer auf den Unterboden des Fahrzeugs über und erfasste schließlich das gesamte Fahrzeug.«

Laut Staatsanwaltschaft sei angesichts mehrerer Abschiedsbriefe davon auszugehen, dass »der 37-Jährige aufgrund privater Probleme aus dem Leben geschieden« sei. Dabei habe auch die Abhöraffäre eine Rolle gespielt: »Der Manager sah sich insoweit offenbar als der mutmaßliche Maulwurf derart bedrängt, dass er für sich keinen anderen Ausweg als die Selbsttötung sah.«

Abschließend teilen die Staatsanwälte mit, dass es sich bei dem niedergebrannten Wohnhaus von Christian M. »zweifelsfrei« um eine »vorsätzliche Brandstiftung« handelte.[10] Die Täter konnten jedoch nicht ermittelt werden, auch die Hintergründe des Brandes ließen sich nicht aufklären. Für einen Zusammenhang mit der Abhöraffäre gebe es keine Belege. Der Fall Christian M. ist nicht aufgeklärt, die Akte aber geschlossen.

Anmerkungen

Die VW-Rotlichtaffäre

1   »Ein Zulieferer packte aus«, *Focus*, 27.6.2005
2   »Hartz und das Liebesmädchen«, *Bild-Zeitung*, 7.7.2005
3   »Der Mann, der alles zahlte«, *Focus*, 1.8.2005
4   »15 Jahre Sex-Spaß?«, *Focus*, 24.10.2005
5   »Ich fühle mich betrogen«, *Focus*, 6.2.2006
6   »Peter und die Wolfsburger«, *Focus*, 31.10.2005
7   »Das Vorzimmer redet«, *Focus*, 5.12.2005
8   »Die Bordell-Beichte«, *Focus*, 17.7.2006
9   »Angriff auf Piëch«, *Focus*, 20.3.2006
10 »Wie ein Top-Manager«, *Focus*, 3.4.2006
11 »Super-Bonus für Klaus«, *Focus*, 16.10.2006
12 »Auf einem anderen Stern«, *Focus*, 20.11.2006
13 »Einsam, unsicher und verbittert«, *Focus*, 15.1.2007
14 »Der 20-Millionen-Mann«, *Focus*, 12.11.2007
15 »Genossen-Domino«, *Focus*, 18.6.2007

Der Cum-ex-Skandal

1   Vgl. »Das Warburg-Drama, Teil 1–4«, *Der Spiegel*, 30.4.2021
2   Correctiv.org, CumEx-Files II
3   Vgl. Deutscher Bundestag, *Drucksache* 18/12700, Beschlussempfeh-lung und Bericht des 4. Untersuchungsausschusses
4   Oliver Schröm, Oliver Hollenstein, »Der Meister der Gier«, *Manager Magazin*, 24.3.2021
5   Massimo Bognanni, »Verschleppte die BaFin die Aufdeckung?«, »Tagesschau«, WDR, 26.4.2021

6   Aus einem Gespräch mit Fabio De Masi, Aussage im Hamburger Untersuchungsausschuss

7   Oliver Schröm, Oliver Hollenstein, »Frau P., die Banker, Olaf Scholz und der Hamburger Bürgermeister«, *Manager Magazin*, 6.1.2021

8   Oliver Schröm, »Olaf und die Elbchaussee«, *Tagesspiegel*, 25.10.2021

9   Vgl. »Cum-Ex-Skandal: Bankier suchte Hilfe bei Scholz«, »Panorama«, NDR, 3.9.2020

10   Oliver Hollenstein, Oliver Schröm, »Das Millionenrätsel um Peter Tschentscher«, *Manager Magazin*, 2.3.2021

11   »Genossen und Banker: Das 47-Millionen-Geschenk«, »Panorama«, ZDF, 13.2.2020

12   Oliver Schröm, Oliver Hollenstein, »Staatsanwaltschaft prüfte Ermittlungen gegen Olaf Scholz«, *Manager Magazin*, 17.12.2021

13   Website der Rechtsanwälte Gerhard Strate, Klaus-Ulrich Ventzke, »Strafanzeige gegen Olaf Scholz und Dr. Peter Tschentscher«, 15.2.2022

14   Vgl. Website der Rechtsanwälte Gerhard Strate, Klaus-Ulrich Ventzke, »Beschwerde«, Aktenzeichen 5700 Js 3/22, 22.3.2022

15   Vgl. auch Volker Votsmeier, René Bender, »›Sie waren ein Rad im Getriebe‹: Banker von Warburg Invest zu dreieinhalb Jahren Haft verurteilt«, *Handelsblatt*, 9.2.2022

16   Vgl. auch Jan Diesteldorf, Nils Wischmeyer, »Warburg-Manager legt Teilgeständnis ab«, *Süddeutsche Zeitung*, 12.1.2022

17   Vgl. Sönke Iwersen, Volker Votsmeier, »Geständiger Investmentbanker belastet langjährigen Warburg-Chef im Cum-Ex-Prozess«, *Handelsblatt*, 13.1.2022

18   Aussage vor dem Hamburger Untersuchungsausschuss, vgl. auch »Scholz will sich im Cum-Ex-Skandal an nichts erinnern«, *Handelsblatt*, 30.4.2021

Verfolgt von Kopfgeldjägern

1   Vgl. auch Solveig Gode, »Einmal Himmel, Hölle und zurück«, *Focus*, 12.2.2019

2   Vgl. Florian Homms Buch *Kopf Geld Jagd. Wie ich in Venezuela niedergeschossen wurde, während ich versuchte, Borussia Dortmund zu retten*, Finanzbuch Verlag, München 2012

3   »Die Welt jagt Florian Homm«, *Financial Times Deutschland*, 19.5.2012

4   »Florian Homm – Abgang eines Zerlegers«, *Handelsblatt*, 24.9.2007

5   Vgl. US Securities and Exchange Commission (SEC), Litigation Release No. 21865, 25.2.2011

6   Carsten Knop, »Der Leerverkäufer seines Lebens«, *Frankfurter Allgemeine Zeitung*, 7.11.2012

7   Department of Justice, U. S. Attorney's Office, Central District of California, Press Release, »Ex-Beverly Hills Stockbroker Sentenced to 6 Years in Prison for Role in $215 Million Portfolio-Pumping Stock Manipulation Scheme«, 7.7.2020

Die Wulff-Affäre

1   »Unwahrheit über seinen Hauskredit«, *Bild am Sonntag*, 16.12.2012

2   »Wirbel um Privatkredit über 500 000 Euro«, *Bild-Zeitung*, 12.12.2011

3   »Das sprach Wulff dem Bild-Chef auf die Mailbox«, *Bild-Zeitung*, 25.2.2014

4   »Wer zahlte Wulffs Sylt-Urlaub?«, *Bild-Zeitung*, 8.2.2012

5   »Doch Prozess um Wulff!«, *Bild am Sonntag*, 31.3.2013

6   »Anklage gegen Wulff«, *Süddeutsche Zeitung*, 12.4.2013

7   »Es geht mir um Gerechtigkeit«, *Bild-Zeitung*, 15.11.2013

8   »Christian Wulff vor Gericht freigesprochen«, *Süddeutsche Zeitung*, 28.2.2014

Familienfehde ums Fleisch-Imperium

1   Diese Szene aus dem Gerichtssaal schildert folgender Artikel eindrücklich: Thomas Steinmann, Jens Brambusch, »Das Tönnies-Drama«, *Capital*, 31.7.2019

2   Anne Kunze, Stefan Willeke, »Der König der Schweine«, *Die Zeit*, 45/2015

3   Martin Mehringer, »Ein harter Knochen«, *Manager Magazin*, 23.6.2016

4   »Unser Spielplatz war die Wurstküche«, *Wirtschaftswoche*, 6.12.2019

5   So sagte es der Sprecher gegenüber der Deutschen Presseagentur. Vgl. »Tönnies und doppeltes Stimmrecht an falscher Stelle«, *Die Welt*, 9.3.2015

6   Vgl. »Wenn Clemens ballaballa wird«, *Der Spiegel*, 10.1.2014

7   Vgl. »Macht, Liebe und viel Niedertracht«, *Handelsblatt*, 11.11.2014

8   »Vaduz stoppt Verfahren gegen Tönnies«, *Capital Magazin*, 5.2.2016

9   »Robert Tönnies nennt Onkel Clemens größenwahnsinnig«, *Manager Magazin*, 30.9.2019

10   Vgl. »Clemens, Komma«, *Süddeutsche Zeitung*, 19.6.2020

11   »Germany's ›Sausage King‹ Is Said to Explore $5 Billion Sale«, *Bloomberg*, 18.3.2021

12   »Tönnies bleibt Familienunternehmen«, Tönnies-Pressemitteilung, 21.8.2021

13   »›Mal sehen, wie lange der Burgfrieden dieses Mal hält‹: Familie Tönnies stoppt Verkaufsprozess für Fleischkonzern«, *Handelsblatt*, 4.8.2021

14   »Unser Spielplatz war die Wurstküche«, *Wirtschaftswoche*, 6.12.2019

Sie nannten ihn »Big Manni«

1   »Big Manni, der Scheich von Karlsruhe«, *Bunte*, 17.2.2000

2   »Zweifel am Opfer«, *Der Spiegel*, 28.2.2000

3   »Er hat überhaupt nicht gebohrt«, *Stern*, 18.10.2001

4   »Aufstieg und Fall des Manfred Schmider«, *Bild am Sonntag*, 20.2.2000

5   »Großherziges Angebot«, *Der Spiegel*, 13.8.2001

6   »Wundersame Vermehrung«, *Der Spiegel*, 14.2.2000

7   »Probleme mit der Null«, *Der Spiegel*, 14.4.2001

8   »Im Mittelpunkt steht der Geisteszustand des Angeklagten«, *Frankfurter Rundschau*, 26.9.2001

9   »Prüften die Prüfer nicht genau genug?«, *Die Welt*, 10.10.2001

10   »Deckten Beamte die Flowtex-Betrüger?«, *Frankfurter Allgemeine Zeitung*, 4.6.2005

11   »›Big Money‹ – Wie ein Geschäftsmann Banken um Milliarden betrog«, SWR, 9.10.2019

12   »Big Manni macht wieder eine dicke Welle«, *Bunte*, 16.7.2009

Die Hochstaplerin Anna Delvey

1   Jessica Pressler, »Maybe She Had So Much Money She Just Lost Track of It«, *New York Magazine*, 28.5.2018

2   Vgl. Rachel DeLoache Williams Buch *My Friend Anna*, 23.7.2019

3   Vgl. »›Anna Delvey‹, Fake Heiress: 7 Bizarre Highlights From Her Trial«, *New York Times*, 28.4.2019

4   »Fake Heiress Anna Sorokin Convicted at Trial«, Manhattan District Attorney's Office, Press Release, 25.4.2019

5   »›Fake Heiress‹ Anna Sorokin Says Her Prison Sentence Was ›a Huge Waste of Time‹«, *Business Insider*, 15.2.2021

6   »Abschiebung Anna Sorokins nach Deutschland in letzter Minute gescheitert«, *Der Spiegel*, 15.3.2022

7   »I Have Seen the Death of Culture, and It Was Anna Delvey's Art Show«, *Rolling Stone*, 20.5.2022

Der Aldi-Familienstreit

1   »Die Brüder Albrecht«, *Westdeutsche Allgemeine Zeitung*, 12.9.2009

2   Dieter Brandes, *Die 11 Geheimnisse des Aldi-Erfolgs*, Campus Verlag, Frankfurt am Main 2011

3   »Geheimnisse eines Clans«, *Der Spiegel*, 1.8.2010

4   »So wurde ich entführt«, *Bild am Sonntag*, 19.12.1971

5   »Dieser Rechtsanwalt ist der Albrecht-Entführer«, *Bild-Zeitung*, 31.12.1971

6   Dokument liegt dem Autor vor

7   »Die Aldi-Entführung – ein grotesker Kriminalfall«, WDR, 20.11.2020

8   Ebd.

9   »So wurde ich entführt«, *Bild am Sonntag*, 19.12.1971

10   »Der Letzte Wille des Aldi-Erben«, *Bild am Sonntag*, 27.11.2016

11   »Die Akte Aldi«, *Bild am Sonntag*, 26.2.2017

12   »Die Akte Aldi«, *Bild am Sonntag*, 26.2.2017

13   »Alkohol-Tragödie in Aldi-Familie«, *Bild am Sonntag*, 20.11.2016

14   »Die Party ist vorbei«, *Bild am Sonntag*, 10.12.2017

15   »Aldi-Witwe geht auf ihre Enkel los«, *Bild am Sonntag*, 31.3.2019

16   »Aldi-Erbe kämpft um seine Freiheit«, *Welt am Sonntag*, 23.11.2021

Schwarze Kassen bei Siemens

1   »Das ist wie bei der Mafia«, *Süddeutsche Zeitung*, 14.1.2011

2   Dinah Deckstein, Gabor Steingart, »Nichts bleibt, wie es ist«, *Der Spiegel*, 12.5.1996

3   Viele Informationen in diesem Kapitel basieren auf dieser detaillierten Rekonstruktion des *Spiegels*: Dahlkamp, Dinah Deckstein, Jörg Schmitt, »Die Firma«, *Der Spiegel*, 14.4.2008

4   »Siemens: Der Brief, mit dem alles anfing – ›Prüfen Sie alle Projekte‹«, *Süddeutsche Zeitung*, 17.5.2010

5   »AUB-CHEF: Ich war als Lobbyist für Siemens tätig«, *Stern*, 30.5.2007

6   »Siemens und seine schwarzen Kassen: Zwei Männer packen aus«, *Süddeutsche Zeitung*, 19.5.2010

7   Vgl. Siemens-Homepage

Der verschollene Tengelmann-Milliardär

1   »Jetzt spricht Herr Tengelmann«, *Bild am Sonntag*, 20.3.2016

2   »Wortbruch, Erpressung, Machtmissbrauch«, *Business Insider*, 22.10.2020

3   »Die Akte Tengelmann«, »Panorama«, NDR, 6.12.2011

4   »Neue Öffnungszeit«, *Manager Magazin*, 1.7.1999

5   Ebd.

6   »Stunde der Revanche«, *Manager Magazin*, 20.11.2020

7   Ebd.

8   »Jetzt spricht Herr Tengelmann«, *Bild am Sonntag*, 20.3.2016

9   »13 Fahrzeuge verfolgten das Spitzel-Opfer«, *Bild am Sonntag*, 16.10.2016

10   Dokument liegt dem Autor vor

11   Dokument liegt dem Autor vor

12   »Operation Sissi«, *Bild am Sonntag*, 23.10.2016

13   »Operation Sissi«, *Bild am Sonntag*, 23.10.2016

14   »Kaiser's NRW-Filialen entscheiden im Supermarkt-Deal«, *Bild am Sonntag*, 30.10.2016

15   »Stunde der Revanche«, *Manager Magazin*, 20.11.2020

16   »Tengelmanns streiten ums Milliarden-Erbe«, *Bild am Sonntag*, 7.4.2019

17   »Keine schrecklich nette Familie«, *Welt am Sonntag*, 11.10.2020

18   »Wortbruch, Erpressung, Machtmissbrauch«, *Business Insider*, 22.10.2020

19   »Wortbruch, Erpressung, Machtmissbrauch«, *Business Insider*, 22.10.2020

20   »Untreue-Vorwürfe«, *Business Insider*, 29.12.2020

21 »Interne Tengelmann-Ermittlungen«, *Business Insider*, 7.3.2021
22 Pressemitteilung, Amtsgericht Köln, 14.5.2021
23 Recherchen des Autors
24 »Tengelmann-Inhaber erwartet Enteignung in Russland«, *Manager Magazin*, 23.3.2022

Der Drogeriekönig dankt ab

1   Pressekonferenz Schlecker, 30.1.2012, vgl. z. B. »Es ist nichts mehr da«, *Tagesspiegel*, 30.1.2012
2   »2 Kinder entführt«, *Bild-Zeitung*, 24.12.1987
3   »Schlecker vor Gericht – Vom Drogeriekönig zum Angeklagten«, »Plusminus«, SWR, 6.3.2017
4   »Die Königin von Ehingen«, *Süddeutsche Zeitung*, 17.5.2010
5   »Der größenwahnsinnige König von Ehingen«, *Handelsblatt*, 2.6.2012
6   »Schleckers letzte Chance – Jetzt übernehmen die Erben das Kommando«, *Manager Magazin*, 18.11.2010
7   »Schleckers letzte Rechnung«, *Handelsblatt*, 24.11.2017
8   Pressekonferenz Schlecker, 30.1.2012. Vgl. auch »Schrumpfkur für Schlecker«, *Deutschlandfunk*, 15.3.2012
9   Pressekonferenz Schlecker, 30.1.2012. Vgl. auch »Es ist nichts mehr da«, *Frankfurter Allgemeine Zeitung*, 30.12.2012
10 Urteil Landgericht Stuttgart vom 27.11.2017. Aktenzeichen 11 KLs 152 Js 53670/12
11 »Ende einer Ära: Die letzten Schlecker-Frauen schließen ihre eigene Drogerie«, *Business Insider*, 9.6.2021
12 »Wie Anton Schlecker seine Kinder opferte«, *Der Spiegel*, 27.11.2017
13 »Ein großes Comeback von Schlecker kann ich mir schwer vorstellen«, *Wirtschaftswoche*, 20.1.2022

Ein Spitzel, ein abgefackeltes Haus, eine Leiche

1   »So bespitzelte VW einen Zulieferer«, *Bild am Sonntag*, 15.4.2018
2   »Abhörskandal bei VW«, *Business Insider*, 6.9.2020
3   »Autokonzern wurde früh über Spionage-Verdacht informiert«, *Business Insider*, 13.8.2020
4   »Im Herzen der Melone«, *Wirtschaftswoche*, 25.9.2020
5   »Abhöraffäre bei VW wird zum Krimi«, *Business Insider*, 11.8.2020
6   »VW enttarnt offenbar Maulwurf«, *Business Insider*, 31.7.2020

7   »Im Herzen der Melone«, *Wirtschaftswoche*, 25.9.2020
8   »Warum starb Christian M.?«, *Die Zeit*, 5.8.2021
9   »Jetzt Ermittlungen gegen Top-Managerin in Russland«, *Business Insider*, 26.11.2020
10   Pressemitteilung, Staatsanwaltschaft Braunschweig, 16.7.2021